中近世山村の生業と社会

白水　智著

吉川弘文館

目　次

第一部　山村の生業と生活文化体系

第二部 山という場の特質

第三部　外部世界との交流

本書で取り上げる主なフィールド

本書で多く取り上げる二つの地域について、あらかじめ紹介しておきたい。一つは信濃国秋山（現在の長野県下水内郡栄村の秋山地区）であり、もう一つは甲斐国巨摩郡早川入（現・山梨県南巨摩郡早川町）である。

秋山は、信濃川の支流中津川渓谷の上流部、信越国境にまたがる地域を指す呼称で、現在は「秋山郷」の観光地名称で知られている（参考図1）。このうち信濃側がもともと「秋山」と呼ばれてきた中心地である。当地は、日本百名山にも数えられる苗場山（標高二一四五メートル）と日本二百名山の鳥甲山（同二〇三八メートル）の間の広い谷間に位置する奥深い山村地帯である。中世には土豪市河氏の支配下にあり、江戸時代にはいくつかの藩領を経た後、享保二年（一七一七）から幕府領となっている。行政的には箕作村の一部（枝）とされていたが、箕作本村からは直線距離にして一五キロ以上離れていた。江戸時代後期には山深い「秘境」への関心から、『北越雪譜』の著作で知られる越後塩沢町の文人鈴木牧之が一週間ほどの旅をし、挿絵入りの詳細な紀行文『秋山記行』を著している。なお、同書は、『鈴木牧之全集 上巻』（中央公論社、一九八三年）、『日本庶民生活史料集成』第三巻（三一書房、一九六九年）、『新編信濃史料叢書』第二四巻（信濃史料刊行会、一九七九年）、『越佐叢書』第五巻（野島出版、一九七四年）、『秋山記行・夜職草』（東洋文庫、平凡社、一九七一年）などの形で出版されている。秋山は、いわば人跡稀な「閉ざされた山村」の典型と見做されてきた地域であり、地理学・民俗学の方面から関心をもたれてきた。市川健夫『平家の谷』（令文社、初版一九六一年／二二版二〇〇八年）が実地踏査を踏まえた地理・民俗的な分野の基本文献となっている。

甲斐国早川入は、日本三大急流に数えられる富士川の支流、早川流域に伸びる渓谷地帯である（参考図2）。南アルプスの東側に位置し、現在の山梨県早川町の町域とほぼ重なる。同町は人口一〇七六人（二〇一八年四月一日現在）と、全国の町の中で最少規模であるが、面積に関しては三六九・九六平方キロと広大で、人口密度の低い典型的な過疎山村となっている。だが、『甲斐国志』によれば、近世後期の文化元年（一八〇四）には当該地域の人口が四一九二人と、現代よりはるかに多かったことがわかる。日本の人口が現在の約四分の一であった時代に、町域には約四倍の人が住んでいたわけで、前近代山村には多数の人を養うだけの潜在力があったことが知られる。当地は中世末期には武田氏親族衆穴山氏の支配下にあり、近世に入ると、享保九年より幕府領となり、幕末まで続いた。

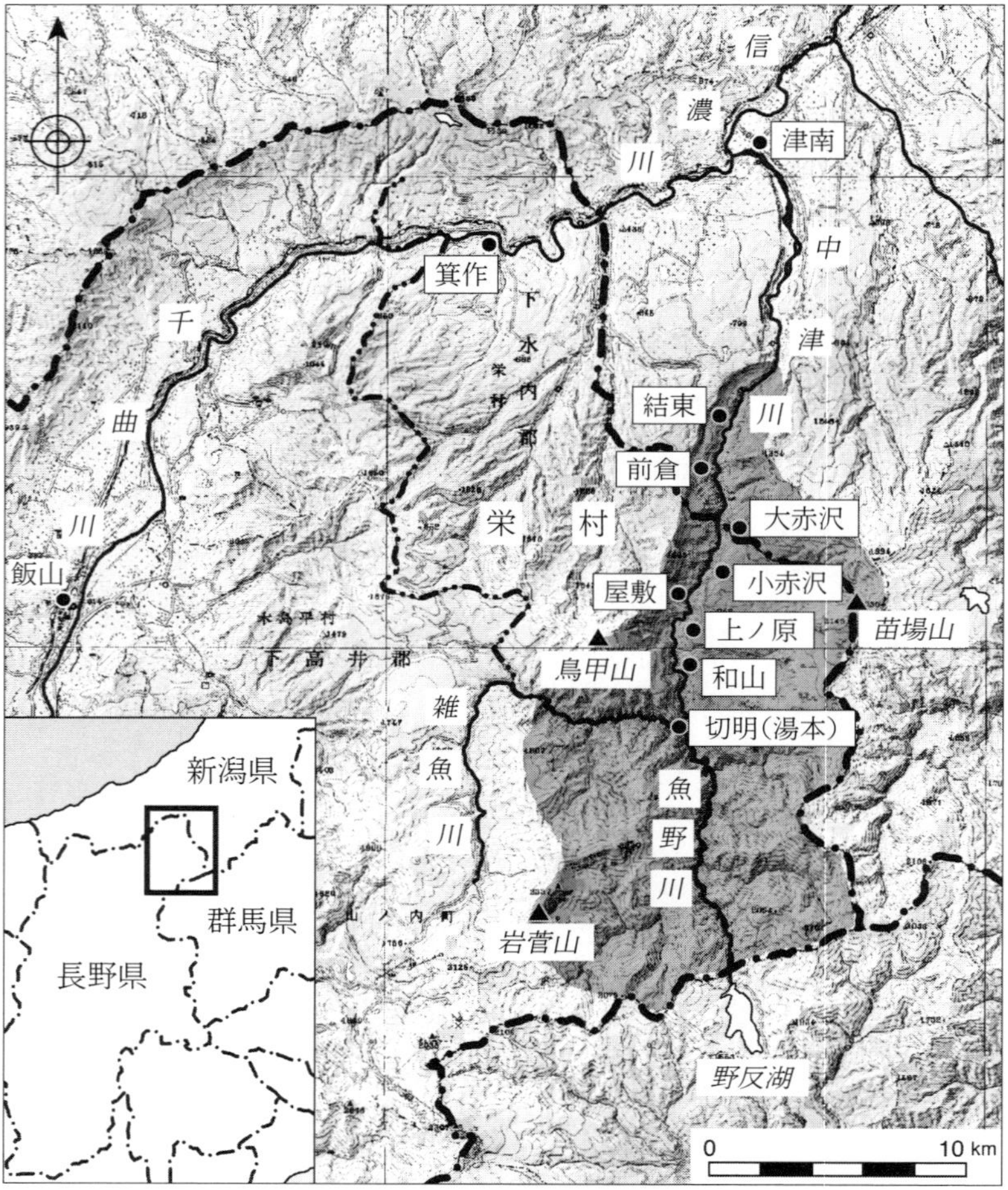

参考図1　栄村・秋山位置図

（出典）　白水智編『新・秋山紀行』（高志書院，2012年）の口絵（長谷川裕彦作成）を改変

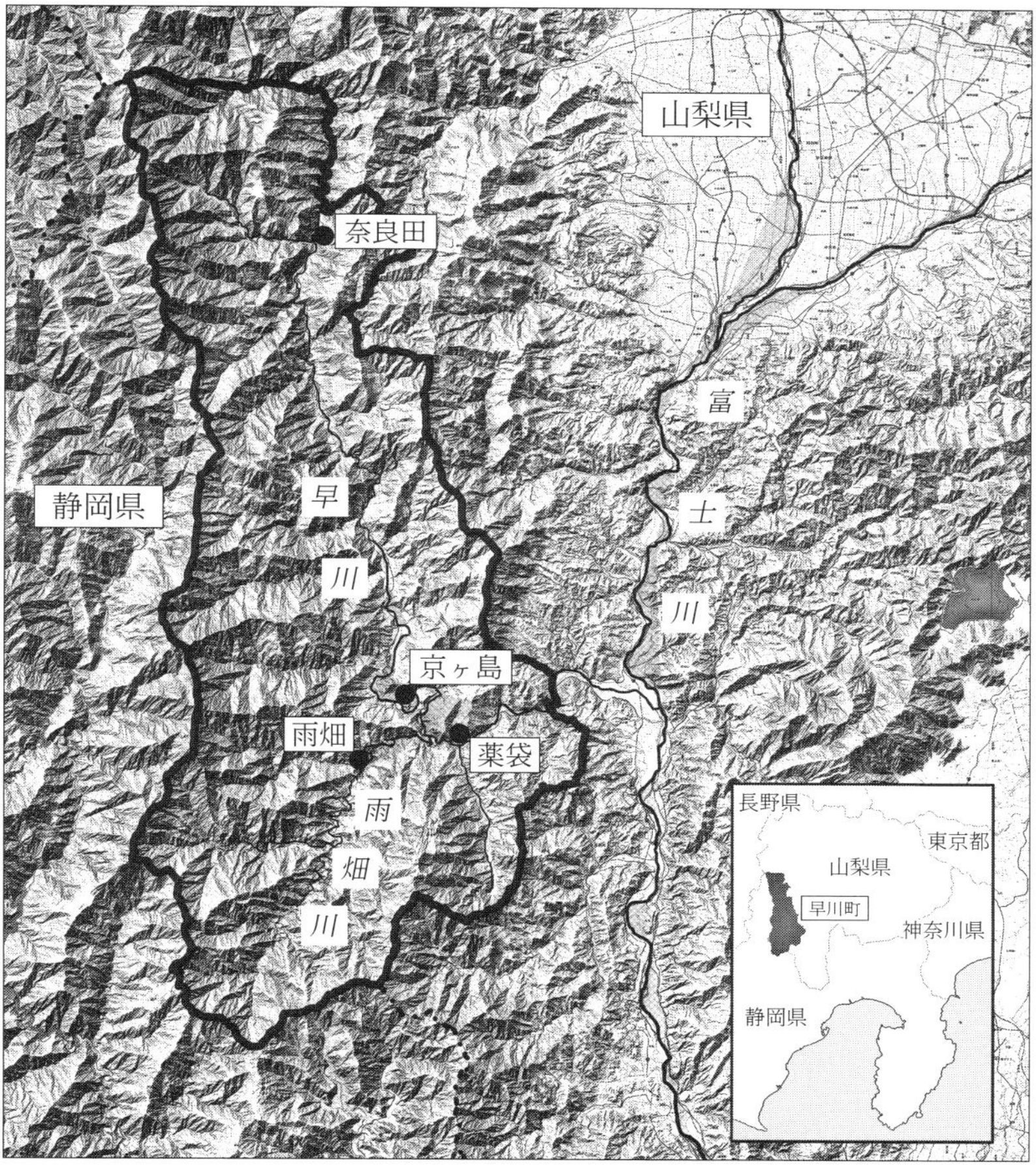

参考図２　早川地域図

序章　山村と歴史学

——生活文化体系という視座から——

はじめに——なぜ人は山を下りなかったのか——

日本列島の七割程度の多くを占める山地・丘陵地には、広くいえば近代、狭くいえば高度成長期に過疎化が進む以前には、多様な仕事があり、多くの人が住んでいた(1)。

従来の一般的な山村理解の一つに、「山村は後れた農村」という理解がある。いいかえれば、「条件の悪い農村」「住みづらい農村」ということである。確かに日本において大きな位置を占めてきた水稲耕作という農業を考えれば、山村での農業はまったくもって不利な条件下に置かれている。傾斜地であるがゆえの造成の苦労、田一枚当たりの面積の小ささ、山の用水の低温、日照時間の短かさ、上り下りの作業の労苦などなど、悪条件は揃っている。だとすれば、なぜ近代までの二〇〇〇年に及ぶ歴史時代に、人は山から下りなかったのか。山が住みづらい土地であるならば、大半の人々は、より暮らしやすい平野部に、いくらでも下りる機会はあったはずである。しかし、移動や通信などあらゆる面で現代よりはるかに不便であったはずの近代以前に、人々は山に住み続けた。これはなぜなのか。この素朴な疑問が筆者にとっては出発点となった。

民衆生活を総体として考えたとき、日本列島においては、農業ばかりでなく、実に多様な生業によって人々は暮らしていたと考えられる。が、世間一般でも研究の世界でも、無前提に〈民衆＝農民、村落＝農村〉とする記述が大変に多かった。農業だけでない多様な生業から成り立つ山村の特質を考えた場合、山村を「農村」の一類型と理解し、その住民を「農民」とした理解では、山村は「後れた農村」と見なされざるを得ない。歴史学が、変化していく時代の最先端を捉えようとする性質をもっていることからすれば、いわば先進的な「平地農村」のあとを後れてついてくるだけの「山奥の農村」には、特別研究するだけの価値を見出しがたい、ということになる。

しかし、もし山村＝山奥の農村というこの評価自体が間違っているとすれば、そこにはおのずと山村研究の意味が見出されるようになるであろう。すなわち、山村を「平地的な農業を主とする村」と見なさない視点に立つならば、山村は独自の研究対象として措定する必要が出てくる。そこには「後れた農村」以外の視点があるのではないか。山村に人が住み続けてきた背景には、そこでの生活を支える、平地とは異なった何らかの論理があったのではなかったか。一見不利と見える山村生活を支えた論理とは何なのか。疑問は尽きない。

海には多くの資源が包蔵されている。多種類の魚貝類が棲息し、海藻が繁茂し、塩の原料となる海水に満ちている。しかし、魚の利用や習性に対する知識、それらを捕獲する技能、海水の効率的な濃縮法、また海藻の利用法などに関する智恵がなければ、海は不毛な水たまりにすぎない。山も同様である。多種の草木が生い茂り、さまざまな動物がそこには棲んでいるが、これも利用する知識・技能がなければ、多くは不毛の資源である。しかし逆に、その環境に適した知識を受け継ぎ、技能を身につけていれば、そこで暮らしていく術は多様に開かれてくる。

日本列島は、海に囲まれ、山に覆われ、平野や盆地をもつ多彩な環境で構成されている。より細かく見れば、同じ平地でも、高原から台地、低湿地まで、さまざまな類型がありうる。列島の民衆生活は、これら多様な環境に適応し、その資源を使いこなす智恵とともにあったといっていい。そして、その土地土地の環境は、そこに生きる人々の生業を規定し、生業は社会集団のあり方や外部との通交、あるいは信仰の形態にも影響を与えたと考えられる。

しかし一方で、この多様性と制度とは必ずしも一致してはいなかった。例えば支配の根幹をなす徴租の制度は、時代によって形式に変化はあるものの、基本的には、平野部に多い農業を主体とした村落を標準的な対象としてきた。農業の中で最も重視された水田については、膨大な量の文書が作成され、それらが多く後世に伝えられることになった。農村でも、耕地の実情は水田ばかりではなく、畠の占める割合も高かったことは指摘されているが、(2)残存史料の比率で見る限り、畠に関する史料は水田関係史料にはるかに及ばない。まして山間や山中に位置する村落（以下、「山村」と表記する）で農業以外の生業の比重が高かったと考えられるところや、(3)海辺の村落（以下、「海村」と表記する）に関しては、その生活実態や生業の実情を伝える史料は限られた形でしか存在しない。平野部の社会を「標準」とする価値観と史料の少なさに妨げられて、山村や海村に関わる歴史研究は、平野部のそれに比べ、はるかに立ち後れてきたのである。従来の歴史学に欠けていたのは、これら多元的な資源・多元的な生活のあり方に対する想像力や関心そのものであり、その関心に基づく探求であった。

一　歴史学における山村の扱い

1　山村への視座の抱える問題点

歴史学の場合、民俗学や地理学が山村や山地をある種の範疇として取り上げてきたのとは対照をなしている。(4)「山村」という範疇に対する歴史学界の関心のなさ、あるいは軽視は、例えば一九九〇年代に向けて村落史全体を俯瞰する意味のあった企画といえる『村落史講座』の構成・執筆者にもあらわれている。

この講座では、「景観」をテーマとする巻に、古代から近現代まで各時代別に「山村と漁村」のテーマが設けられているが、近世と近代については、歴史学の研究者による執筆ではなく、民俗学と農学の専門家がこれを担当している。中世についても特に山村としての社会経済的な特質に触れたものとはなっていない。古代については、残存史料の面で山村をテーマとすること自体に困難があるかとは思われるが、それにしても執筆者は「山村は山にある農村というだけの意味しかない」として、歴史学にとっての山村研究自体に疑問を投げかけ、漁村のみを取り扱うことを宣言している。(5) これらの状況を見ても、山や山村に対する関心や認識が非常に希薄であったことは明らかといえよう。

ところで、旧来の山村に対する理解を大別すると、次の二つに分けられるといってよいと思う。(6) 一つは「異質説」ともいうべき理解で、要は山村は一般の村落とは異なった特殊な村落という考え方であり、もう一つは「後進説」というのが妥当であろうが、山村は異質なのではなく一般的な平野部の村落より後れているだけだとする考え方である。平野部の農村との間に差異を認め、その由縁を探ろうとした結果が、右のような理解につながっているわけである。この二つの考え方は、差異の原因が根本的な異質性にあるのか否かという点において一見対照的に見えるが、実はある共通の土台に立っている。それは、ともに平野部の農業村落を標準とする考え方に立ち、平地的な生業・所有・食文化・交通・労働などの価値基準に基づいて評価がなされていることである。すなわち「(平野部に比べて)異質」、または「(平野部を基準として)後れている」という理解に立っているのである。

さらに視角の問題として、次の点が挙げられる。それは、山が研究の素材とされたり関心の対象となる場合でも、山を、①水源山や肥料採集地の役割をもつもの、②境界領域あるいはムラを取り囲む縁辺に位置するもの、と理解する見方が多いという点である。しかし、これらの見方は、決して山地居住者の視点に立つものではない。前者は「平地農業にとって利益をもたらすものとしての山」という捉え方であり、山地に暮らす人々にとって山がどのような位置を果たしているかが全く視界に入っていないし、山地自体の包蔵する多様な資源価値にも目が向けられていない。また後者は、山を「非日常空間」と理解するものであり、山を生業・生活の場とし、山そのものを「日常空間」と捉える山地住民の視座に立ったものとはなっていないのである。両者ともに、平野部の農業地帯に視点をおいた見方ということができる。はたしてこうした理解・視点に立って、山村の特質は捉えきれるであろうか。

ここで山村を考えるにあたって一つ強調しておきたいのは、山の視点で山を見ることの必要性である。前述のように、山には山の、海には海の、そして平野には平野に適した生活の類型があり、多くの自然知・生活知が受け継がれてきている。しかし、あまりに平野標準の視座に立って歴史解釈がなされてきたために、ややもすれば山地や海辺の生活は、歪んだ視点で描かれ、理解されることが多かったと考えられる。山地住民の視点から山村における民衆生活を理解することは、当該研究にとって、まず前提とならなければならないであろう。(7) その上に立って初めて、制度との齟齬や乖離が理解可能となり、また制度とはいかなるものか、そして、平野部がどのような点で平野としての特性をもっているかも明らかになってくるはずである。実は「農村とは何か」というのも、これまで正面切って問われることのなかったより巨大なテーマといえる。村一般を指して「農村」と表現することが当たり前のように行われてきたが、とすれば、この「農村」こそがある種の虚像でもある。(8)「山村」を知り、「海村」を知ることは、ひいては「農村」という共同幻想の内実を暴くことにつながっていく道でもある。東京を日本の「標準」ではなく一地方と見ることで、初めて浮かび上がってくる地域性があるのと同様に、「山村」の研究は、日本全土の村落を指して漠然と使われてきた「農村」を相対化し、村落をめぐる支配や制度を根底から問い直すための一里塚としての意味をもつものと考える。

そもそも、一口に山村といっても、扱われてきた対象は里山的なものから山岳地帯の奥深くに位置するものまで多様で、その内実を明らかにしなければ、共通性も差異も見極めることはできない。これらを無前提に同じ性質をもつかのように理解すれば、却って山村像は混乱を招き、生産的ではない。しかし一方、研究対象を明確化しようとするあまり、山村の内実を見極める前に「山村」の厳密な定義を定めることは、困難である。山村と呼ばれるものにも多様な類型があるであろうことを想定したうえで、入口においては山村を大きく捉えておくことが肝要であろう。現段階では、山村とは山間・山中に位置し、山に多くを依存して生きるムラとしておくのが妥当であろう。そのうえでどのような要素をもつところを山村と呼ぶべきか、そして、山村にはどのような類型があるかを研究していくことが必要であろうと考える。

2　一九八〇年代までの研究状況

文献史料の特性や偏りにも左右されて、村落史は長く水田農村を前提とした研究となっていた。また、村落史以外でも、支配に関しては水田からの徴租を基本とする視角が自明とされ、民衆の労働は稲作を中心とする農業労働が標準・前提とされてきた。教科書などに見える民衆＝農民、村落＝農村とする呼称も、このような学問状況を反映していると考えられる。(9)

こうした見方に対して網野善彦が「水田中心史観」として批判を加えたのは周知のことである。(10)氏が「非農業」分野への注目を促し、研究を推し進めた結果、それによる刺激を受けて、海に関する研究はかなりの程度進んだが、山に関してはまだまだ未開拓の状態にある。もちろん従来から山に関係する研究が歴史学の中でなかったわけではない。山地産業に特化された研究、例えば林業史・鉱山史・木地屋の研究などは古くからある。(11)しかし、それらの多くはあくまで個別の産業史にとどまるもので、山村生活全般に対する理解を前提としたものではなかった。特に中世以前については、各産業史分野の研究も未だまったく不足した状態にある。[12]

こうした中で、すでに一九八〇年代半ばに提起された黒田日出男による開発史の視点は注目に値する。[13]氏は、開発を「狭義」と「広義」に分け、従来開発といえば農地の開発とされてきた視角を「狭義の開発」と位置づけ、それ以外の海に対する「漁場開発」や山地資源の利用に関わる技術・秩序の進展を「広義の開発」として、両様の「開発史」への関心を喚起した。しかしその後、広義の開発史への視点は継承されてきたとは言い難い。相変わらず農地としての「開発」を前提とした捉え方が目立つ状況にある。その一方で、一九八七年に関東近世史研究会が「関東の山間地域と民衆―生業と負担―」をテーマとする大会を開き、平野部とは異なる山村独自のあり方の検証を提唱したことは、本格的な山村研究姿勢の嚆矢として評価できる。[14]

3　一九九〇年代以降の研究

一九九〇年代に入ると、中世史の分野を中心に、次第に山への関心が高まり、山野あるいは山村の史料を扱った仕事が増えた。[15]そして、これ以降現在まで、近世史分野も含め、山村に触れた、あるいは山村に焦点を当てた研究が急速に増え始める。特に二〇〇〇年代に入ってからは、「環境史」や「自然史」への関心の高まりに絡んで山への関心が高まったことが特徴といえる。

村落史の分野では、春田直紀・水野章二や田村憲美、高木徳郎などが、次々と研究成果を発表してきた。田村は林業史に関しても堅実な研究を築きつつある。[16]また、新井孝重の悪党研究に絡めた山地土豪の研究もある。[17]その他、中世山村の実態に迫ろうとする地道な研究として、福井重治・松山知子・高木久史の研究なども進められてきた。[18]笹本正治は、年中行事や食文化などの民俗的要素をも踏まえた独自の視点から、山を意識した研究をまとめている。[19]水田中心史観に対する反省という意味では、畠作に注目した木村茂光の研究が挙げられる。[20]反水田中心史観＝非農業に向かうのではなく、水田のみに収斂されない農業自体の多様性を探る試みといえる。

近世については、残存史料の拡大に応じて、各地の自治体史に記述がなされるほか、林業史や鉱山史関係からの研究が多く行われてきた。[21]しかし、明確に山村を意識した研究となると、ごく少なかった。その中で、上原兼善は明らかに山村に注目した研究を行っている。[22]また、武井弘一も九州椎葉山をフィールドとした一連の研究を発表し、焼畑耕作の観点から新たな山村研究を切り開いてきた。[23]また、北遠州地域を主たるフィールドとして、近世山村の構造と検地・年貢収取のシステムについて数多くの分析をしてきた佐藤孝之の仕事は、当該分野での先駆をなす視点を提示してきたといってよいであろう。[24]しかし、近世史においても、上原自身が述べているように、民俗学や地理学から行われた山村に関する指摘がどこまで妥当なのか、全体としては十分に検証されてきたとは言い難いのが実情である。[25]

前記のように、急速に山村を取り上げる研究が増加したが、まだ全体的に見れば、中世史と近世史の間にも問題関心の持ち方に大きなズレがあるし、また、山あるいは山村をどう捉えたらいいのか、その軸足や視座が固まっていないため、研究も個別の論点に終始しがちで、従来の日本史学全体に対するアンチテーゼを提示するには至っていない状況にあった。山村への関心の高まりを認識しつつも、同時にその研究状況の初発の段階にあることを象徴的に示したのが、二〇〇四年度の民衆史研究会大会であった。この大会では、「中・近世山村像の再構築」がテーマとして設定された。このこと自体は山村への関心の高まりとして評価できる。しかし一方で、大会報告中、歴史地理学の米家泰作が「山村」の概念自体を問題とする発表を行い、また、筆者が山村を研究する際にどのような視座が必要かという課題を取り上げたのは、[26]未だこの時点で当該分野が研究の入口に立ったばかりであったことを示している。

それから一四年が経ち、この間、個別論文だけではなく、単行の書籍自体に「山」「山村」や「山間」、あるいは山村を象徴する生業をタイトルとして掲げるものが多く現れるようになった。あるいは、山間の個別庄園に特化した著書や自然と人間の関係そのものをタイトルに冠した著作なども関連する動きとして挙げることができる。これは一九九〇年代まではほとんどなかった動きといえる。

笹本正治『山に生きる—山村史の多様性を求めて—』（岩田書院、二〇〇一年）、米家泰作『中・近世山村の景観と構造』（校倉書房、二〇〇二年）、大賀郁夫『近世山村社会構造の研究』（校倉書房、二〇〇五年）、加藤衛拡『近世山村史の研究—江戸地廻り山村の成立と展開—』（吉川弘文館、二〇〇七年）、藤木久志・小林一岳編『山間荘園の地頭と村落—丹波国和知荘を歩く—』（岩田書院、二〇〇七年）、高木徳郎『日本中世地域環境史の研究』（校倉書房、二〇〇八年）、水野章二『中世の人と自然の関係史』（吉川弘文館、二〇〇九年）、坂田聡編『禁裏領山国荘』（高志書院、二〇〇九年）、盛本昌広『中近世の山野河海と資源管理』（岩田書院、二〇〇九年）、泉雅博『海と山の近世史』（吉川弘文館、二〇一〇年）、後藤雅知・吉田伸之編『山里の社会史』（山川出版社、二〇一〇年）、原田信男・鞍田崇編『焼畑の環境学—いま焼畑とは—』（思文閣出版、二〇一一年）、徳川林政史研究所編『森林の江戸学』『森林の江戸学Ⅱ』（東京堂出版、二〇一二年・一五年）、佐藤孝之『近世山村地域史の研究』（吉川弘文館、二〇一三年）、白井哲哉・須田努編『地域の記録と記憶を問い直す—武州山の根地域の一九世紀—』（八木書店、二〇一六年）、笹本正治『甲信の戦国史—武田氏と山の民の興亡—』（ミネルヴァ書房、二〇一六年）、小林一岳編『日本中世の山野紛争と秩序』（同成社、二〇一八年）などが次々に公刊された。

佐藤孝之は右著書の中で、「こうして、後進的・閉鎖的・低生産的といった近世山村のイメージは払拭され、もはや『山村貧困史観』は克服されたかの研究状況といえる」と述べている。確かに「山村本」が多く刊行される状況は、一九九〇年代までと較べれば隔世の感がある。しかし、はたして真に山村研究が活性化してきたかといえば、必ずしもそうとはいいきれない。佐藤自身は、右著書の中で、「稲作農村との生産力的対比によるのではなく、山地そのものに生産・生活の基盤を置く村落としての山村の、それ自体の歴史的展開を明らかにする作業が、今後必要であろう」との問題関心から山村史の研究に当たってきたと述べており、正鵠を射た取り組みと評価することができる。しかし、「山村」をタイトルに付けて発表されてきた著作の中には、当然ながら山村地域を対象として取り上げているものの、山村研究としての意識を前提にしてきたとは思われないものも少なくない。つまり研究素材としたのがたまたま山間地域の史料ではあったものの、必ずしもそこが山村であることを意識せずに研究してきたという場合が多い。既発表論文をまとめる段階になって、あえて「山村」の語を冠して一書にしたものの、個々の論文は、山村研究の意識を有してはおらず、冒頭や末尾の総括的な論考の中でだけ課題を挙げているということもある。その意味では、山村研究は未だ異端視されるような状況でなくなったというレベルにあり、内実についての研究は緒に就いたばかりといえるのではないだろうか。とはいえ、一書をなすに際して、通底する地域特性として「山村」を意識するようになったこと自体は評価できるし、それは二〇〇〇年代に入ってからの大きな変化ということができよう。

二　山村を捉える視座（その一）——体系としての生活文化——

山村研究にいかなる課題があり、どのような視覚で切り込むのかという共通認識が充分でない中で、闇雲な事例報告を積み重ねていても、迂遠な試みに前途を失う可能性がある。山村研究に関する重要な論点を共有できる環境を整えるためにも、まずは山村研究にアプローチする際の視座を提起する必要があろうかと思う。

異質とか後進的と捉えられてきた山村について考えるには、そこで行われている生活や生業の実態を知ることがまず重要である。これまでも多くの研究が積み重ねられ、また、多くの研究者にとって身近な平野部の生活形態とは大きく異なる部分があるからである。第一部の各章で詳述するように、山村では、年間を通して、季節ごとの仕事とその収穫物の利用方法がサイクルとしてでき上がっていることがうかがわれる。山地資源を利用して生業・生活を成り立たせるための、さまざまな智恵や技術・技能が集積されてきているのである。それらを駆使することで、平地の民には無益と思われている草や木でも、山村では生活資材や食糧にさまざまに利用することができる。[27] 山で暮らしていくための資源の利用の仕方が、それに関わる知識や技能と一体となって体系化しているということである。また山村という環境下では、生業をはじめ生活のさまざまな部面・要素が密接に連関をもって絡み合っている。例えば、労働組織のあり方が林業や狩猟といった生業に適したかたちに編成されたり、あるいは信仰も山村ならではの生業の保護と持続を願うためのものが普及するということであり、また、土地利用の観念が、移動する焼畑地の特性に起因して田や常畠とは異なるものとして意識されることなどである。つまり生活に関わる要素の一つ一つが個別的に存在するのではなく、それぞれ有機的に絡み合い、山地生活に適した生活上の体系をなしていると考えられるである。ここから筆者は、生業・生活（生業・労働・衣食住・交通・信仰など）の諸側面に顕れる、その土地で生活していくための知識・技能・心性・慣習などの要素を「生活文化」と捉え、しかもそれらの要素は有機的に関連しあって存在しているものとして、地域におけるその総体を「生活文化体系」と見る視点を提起してみたい。[28] 個々の山村による異同はありながらも、やはり平野部や海辺とは異なる大きな相違点を見出すことは可能であろう。

しかし、このように述べてくると、それならば海辺には海という環境に起因するさまざまな要素があり、また、それらが密接に絡まった生活文化の体系をもっているはずだ、ということに思い至るであろう。水田の広がる平野部も同様に、平野部なりの生活文化体系があるはずだと気づくはずである。また、平野部とはいっても、乾燥した畠作中心の場所と低湿地帯の集落とでは、自ずから生活文化の要素やそのつながりがさまざまな点で異なってくることは容易に理解されるだろう。要はこれまでの研究姿勢において、知らず知らずのうちに平野的な生活文化体系を「標準」としてそれと引き比べ、山地や海辺の村々を後進的なもの、発展途上のものと見なしてきた視点を変える必要があるということである。山地において平野部の環境を前提とした生活を営もうとすれば、当然不利な条件下に置かれることになる。それは、平野部において山地的な資源を前提にした生活が成り立たないのと同様である。山の環境という視点で山の生活を見ることが前提となっていなければ、山村住人の生活や行動論理は理解できない。

生活文化要素そのものは、家によって味噌汁の味が異なるように、詳細に見ていけば集落ごとに、さらには家ごとに異なった部分をもっている。しかし、必要以上に生活文化体系を細分化しすぎることは、却って全体的な構造を見にくくしてしまう。ここで問題にしたいのは、少なくとも集落単位程度のまとまりのもつ傾向である。特に惣村の成立以降は、土地利用や資源の採集・利用に、村の関与することが多くなってくると考えられるからである。(29) 肝腎なのは、生活文化体系のパターンを詳細に分類・類型化していくことではなく、研究対象とする地域を見ていく場合に、常にそこにどのような生活文化があるか、その要素がどう絡み合っているかということに目配りをする視点の必要性である。どこまでの共通性をもって類型化を図るかは、視座のとり方によって変わってくるが、少なくとも平野部の水田耕作を生活の基軸とする地域と山地資源に多くを依存する山村とでは、生活文化の体系そのものが大きく異なる事実を了解しておくことが、当該地域のありようを解明する大きな助けとなるであろう。

それでも平野部・都市部の人間は、奥深い山地での生活を貧困に苛まれた哀れなものだと理解しがちである。それは現代においても、歴史時代においても同様である。ところが、そうした捉え方に一石を投ずる史料がある。前近代について、奥深い山村に暮らした一住人が自らの生活をどのように感じていたのかを述懐し、それが記録に残されるのはきわめて稀なことであるが、稀有にして貴重な記録が『秋山記行』の中に残されている。それは信濃国の秘境山村に投宿した越後国の文人鈴木牧之が、家の主から聞いた答えである。老人（福原市右衛門）は次のようにいう。

翁が曰、己《うら》は七十五になれども山挊《かせぎ》が好きで、毎日〳〵夜明けより日が暮れねば内へ戻らず。

八〇歳にもなろうという市右衛門は、未だに早朝から日暮れまで山仕事に明け暮れているという。そして市右衛門は、「山稼ぎが好き」だというのである。生活が苦しいからといって老人が無理やり働かされているわけではない。むしろ自らのやりがいをもって山仕事に臨んでいる様子がうかがえる。これをあながち老人の強がりとして片づけることはできない。この感性が単に市右衛門個人の個性によるものではなく、山地生活者にそうした心性があったことは、近代・現代における同様の証言があることからもうかがえるからである。(30) 充分な史料批判は必要であるが、しかし、「もしかしたら山村の生活を好ましいものとして捉える感性・観念があったのかもしれない」という視点に立つと、山村史料の理解の前提が変わってくる可能性はあるのである。

三　山村を捉える視座（その二）——山という場の属性——

山村について考える際に、もう一つ認識しておく必要のあることがある。それは、山の生活文化に大きな作用を及ぼす、「山という場」のもつ属性についてである。この点については、本書第二部において詳述することになる。生活文化自体もそれぞれの地域環境によって異なるが、山や海や耕地など、生業や生活の舞台となる場そのものも、人間の営為との関わりにおいて、属性ともいうべき違いを纏っている。その属性は、それぞれの場における活動を考察する際に、視野に入れておかなければならないものであろう。生活文化要素も、場のもつ特性を底辺として生み出される部分が大きいと考えられるからである。

こうした場の特性については、すでに春田直紀をはじめ、何人もの指摘があるが、改めてまとめておきたい(31)。

1 複数者利用の可能性

山地には豊富な資源がある。土地資源・木材資源・鉱物資源・動物資源、山菜・木の実・キノコや生活資材に用いる植物性あるいは菌類などの採集資源が多様かつ重層的に存在している。技術や知識、需要や交易の段階差はあるが、これらの資源はその多くが中世以前から利用されてきたと考えられる。

田や畠の場合と異なって、ここでは時間をわずかにずらすだけで、複数の者が、いく種類もの資源を同じ場所で利用することが可能である。簡単にいえば、同じ山がときには山菜採取の場となり、あるときには獣狩りの場となり、またあるときには材木採りの場になる、ということである。もちろん材木の皆伐をすればその環境は大きく改変されてしまうが、そうした激しい変化がなければ、数時間、あるいは半日の差で資源の多様な利用が成り立ちうる。山はその意味で、特定の用途に特化されない性格を内包している。こうした性格は、基本的には耕地にはありえないものである（権利に重層性はあるとしても、同一の土地に耕作者は同時に複数存在しえない(32)）。

ここから、山は古代でいえば「公私共利の地」、中世の在地領主レベルでの一族内共同利用や惣村による共同用益、近世以降の入会（一村・複数村）といった、時代や状況に応じた用益類型が可能となってくる（もちろんそれがゆえの相論・争論も起こりうる(33)）。

一、あけ山《秋山》ハ往古よりさかいをたてわけさるあひた、いまはしめて《初めて》立にくきによりて、こあかさわ《小赤沢》を十郎ニたふ《給》

よりほかに、兄弟ともにもわけあたゐぬ也、さいもく《材木》とり、れうし《猟師》なといれん《入》ニ、わつらいをいたすへからす

（下略）

右に掲出したのは、中世に信濃国秋山を含む一帯を支配していた在地領主市河家に伝わった文書で、元亨元年（一三二一）に市河盛房から子息助房に発給された譲状の一部である（『鎌倉遺文』三六—二七八八六）。ここで盛房は、嫡子助房に惣領職を譲るとしたうえで、「あけ山」（秋山）について、昔から境界を区切ることはしてこず、今さら分けにくいので、小赤沢を十郎経助に譲る以外は、庶子個人個人に譲ることはしない、と述べ、惣領に一括して譲る旨を記したうえで、庶子たちが杣人や猟師を秋山に入れるにあたって、惣領がこれを妨害してはならない、と述べている。つまり、在地領主レベルでいえば、秋山は一族共同で利用すべき山であり、個人ごとに分割しての利用にはなじまないとされているのである。

実は海にも同様の属性がある。次に掲げたのは九州五島列島に伝わる青方文書であるが、ここでも、惣領に一族共用の水界を譲与している例が見られる（『青方文書 第一』一八九。傍線白水）。

しゝ《四至》ひんかしハふるかわ、ミなミハかきるミち、にしハかきるたふちのミそくたり、きたかきるみそくたりなり、

（中略）さんやをつくり、さいもく、ふなき・かいさうもつをすなとり候ハんに、そりやうせいのかきりにあるへからす候、ミたとく丸するかするまてもちきやうすへし、ミくし《御公事》の事、ふけん《分限》にしたかいてそうりやうによりあうへし、ひうとのさたなんとあらんとき、みはなさるゝましく候、よてのちのためにゆつり状くたんのことし、

けんかう二年六月廿二日　　ふちハらのたかつく

田畠は個人別に詳しく譲与分を書き上げているが、それと対照的に、山野・海に関わる用益については、「惣領、制の限りにあるべからず」と惣領の排他的利用を禁止し、一族での共同用益を言い置いている。

こうした山や海のもつ属性は、単純に個人の「所有」に帰する論理だけでは整理しきれない性格をもっている。ここには、所有（占有）を前提とする「田畠や屋敷の論理」とは異なる原理が働いていることが認められるのであり、山を主な舞台とする山村の生業・生活を理解するうえで見落とせない前提ということができる。

また付言すれば、これに関連して興味深いのは、積雪が土地の排他的私有性を無化させる性質をもつ事例である。毎年二〜四メートルもの積雪を見る豪雪地では、厚い雪に覆われた時期には、田畑の上を自由に通行したり狩猟時に利用したりすることができる慣習がある。(34) これは必ずしも山村地域には限らないことであるが、豪雪が排他的な私有領域を一時的に誰でも利用可能な場に変える作用をもつことは注目に値する。排他的な所有権のある耕地を、いわば入会の山林のような状態に置くということである。耕地をあたかも開発以前の無主の山林原野に戻すような事象ということができるかもしれない。こうした事象についても、別途さらに考えていく必要があると思われる。(35)

2　生業多様性

山が多様な資源を包蔵していることはすでに述べたが、それは季節に応じ、あるいは時代に応じたさまざまな生業を展開するうえで、大きな前提条件を与えていたことを確認しておきたい。表1に示したように、秋山の住民は実にさまざまな生業に従事していたが、それを可能にしたのが、この山地資源の種類と量の豊富さであった。

平野部に普遍的な生産の場である田は、稲作以外の用途での利用は限られている（水田漁撈や畦畔栽培はありうるが、それが稲作と同列の価値をもつ生業にまではなりにくい）。(36) 畠も栽培植物の多様性はありうるが、農地としての利用以外は基本的に考えられない。要は、耕地は農地としての利用以外、ほとんど可能性がないといえるわけである。その点で、山村民にとっての主たる生産の場である山は、農地として、林産資源の供給地として、狩猟の舞台として、日常生活

表1　秋山の生業と産物一覧

種　類	分　類	物　品・内　容
農　業	焼畑・常畠	**栗・稗・荏**・豆（**大豆**）・**蕎麦・菜**（野菜・大根）他
林業・木工業	伐木・運材・製材加工	**材木・板・折敷（曲物）**・盆・**桶・木鉢・木鋤**・（榑）・（椹皮）・（檜皮）・（栃盤〈醬油船板用〉）他
狩　猟	獣猟・漁業	**熊**・鹿・羚羊・イワナ・**巣鷹**他
採　集	食物・資材	茸・山菜・**栃の実・楢の実**・（栗）・イラクサ（**山苧**）・**シナ皮**・（**山蠟**）・（山牛蒡の葉）
商　業	居売り・振り売り	栗・稗・荏・木鉢・木鋤、樫・檜・松の盤、桂板・（栃盤）・椹檜《さわら》・白木の折敷、干茸・**シナ縄**・網ぎぬ（蠟袋）
鉱業関係	資材運搬・採掘？	（諸道具・食糧の運搬や連絡など）
手工業	織物・編物	**縮織り（内職または奉公）**・（苧績み）・網ぎぬ作り

（注）（　）は古文書に見えるもの。ゴシックは『秋山記行』と古文書両方に出るもの。
（出典）　鈴木牧之『秋山記行』より作成。

を支える採集の場としてなど、多様な利用の可能性をもつ。もちろんすべての利用を同時にするわけではないが、稲作を主体とする「農業村落」に比べれば、生業の選択肢ははるかに広い(37)。

　以上の例からいえるのは、つまりは、平野部の「田畠の論理」に対して、山には山の、海には海の、その自然環境の性格に対応した「場の特性（論理）」ともいうべきものが存在するということである。もちろん山村や海村にも田畠はあるが、村落の生業全体に占める比重から考えれば、やはり山村の場合には支配的な論理として山の特性が重要な意味をもっていることを認識する必要がある。

　従来は、山村・海村を平野部基準の論理（言い換えれば、農地として量的・質的に優れているかどうか）だけで評価しようとする傾向が強かった。これでは日本列島の大きな位置を占めたはずの山や海、そこを舞台として生活してきた民衆像を正確に捉えることはできない。米が穫れない、農地が少ないことをマイナスと見るのは、平野型の生活文化体系を前提とした発想によるものである。そうした先入観を排し、それぞれの土地の環境に即した形で民衆生活のあり方全般を見直していくと、先進的・後進的といった一元的な価値基準では見えなかったもの、説明できなかったものが視野に入ってくる。列島を総体的に視野に捉えるための視座として、生活文化体系の視点、および場の特性に関する認識は必要かつ有効なものと考えられる。

四　派生する問題への展望

これまで述べてきたことは、大きくいえば、環境によって在地生活の類型が多様なものになりうるという視点の必要性であった。そして、これは村落に対する支配の問題が絡んできたときにも、重要な問題点となりうる。また、日常生活を支える労働というものをどう捉えるかという論点と関わる、大きな課題を提示することにもなる。以下に、山村研究を一つの手かがりとして今後考えていかなければならない課題を提示し、論を閉じたい。

1　支配と庇護の問題

支配というものが形となって表れるのが、課税の問題である。そして中世以降、課税はしばしば土地を対象とする形式を取ってきた。もちろん支配の究極の対象が人間であることは言うをまたないが、その手段としては土地（主として耕地）単位での課税ということが広く行われてきた。特に制度上では、田が主要な課税対象となり、史料も多く田に関わって残されてきている。

課税は本来、支配者による一方的な搾取ではない。戦乱時における一時的な掠奪に近い賦課もあるが、恒常的には、被支配民にとっても何らかの有益性を含むものである。その有益性は、公としての秩序維持機能や再生産や生業の維持を手助けするための援助として顕現することが多い。農業村落の場合、後者については、勧農という仕組みがそれにあたる。つまりは農業の再生産のための、種子・農料の下行、あるいは公費による水路整備などである。下からの貢納に対して、上からの勧農という図式が、一般的に理解されやすい相互関係である。

しかし、多様な環境をもつ日本列島の場合、実際にはこのある種の互酬的・契約的関係はさまざまな形を取る。海村や山村にも何らかの支配が貫徹している限り、そこにも当然課税と勧農に相当する関係が存在する。より広くいえば、収取と庇護の関係である。収取については、土地単位では賦課できないことが多いため、さまざまな方法が取られる。米ばかりでなく金銭による定額制の貢納が行われたり、納める品目や量を固定したり、貢納から逆算した形式的石高を設定したりするなどの仕組みである。庇護の面では、特に生業の維持・発展という面において、農村部に比べ、より多様な援助の形態がありうる一方、貢租の低さが庇護の少なさ、自立性の高さを物語る側面も考えられる。山村や海村の事例をより多く検討していくことで、農村における勧農の意味も含めて、支配というものの本質について立体的に再考していく余地がある。

2　生業に関わる権利の問題

次に民衆による権利主張の問題がある。生業にまつわる権利、例えば生業の場が誰に、あるいはどの集落・村・庄園に帰属するか、という問題や、材木伐採や狩猟に関わる縄張りの問題である。農村であれば、田畠の境界や田の分水をめぐる紛争などの形で、権利の問題は起きやすい。田畠の境界で問題となるのは所有権・あるいは占有権である。

一方、山や海の場合は、同じ土地が共同での用益に委ねられている場合が多い。したがって、単なる線引きでは解決しない紛争も起こりうる。先に事例を挙げたような在地領主レベルでの一族共同用益地であったり、あるいは複数村の入会であったり、村内でも一村入会のこともある。また、遍歴型の木地屋による原木採取や猟師の場合など、広域的な移動を前提にし、自村を越えた領域で仕事が展開される生業類型もある。彼らは近世に入ると、しばしば権力者の発給に擬した偽文書を所持するようになる。どこの山で木を伐ってもよいなどという文書がそれであるが、実際彼らにとっては、そうした偽文書は必要不可欠な証明書であったといえる。海民に関しては、有力神社や天皇家、近世に入れば幕府や大名などが発給した特権保証の文書が実際にあるが、山民の場合には真正な特権保証文書はほとんど見られない。広域的な生業という意味では類似しているのに、なぜこのような違いが出てくるのか、その点を今後検討していく必要があるが、ただこの問題は、少なくとも農村的な耕地所有・占有の論理だけで読み解くことができないことだけは確かである。[38] 筆者は以前、海に関わる「特権的」漁業権が、「場」に対する権利ではなく「行為」を保証した権利ではないかと考えたことがあるが、[39] 山における権利のあり方も、未解明の部分が多い。

3 労働をどう考えるか

山村における労働は、焼畑のように種子を用意して耕作に臨むものを除くと、あとは基本的に山野の自然の中から資源を採取してくる生業が大半を占める。もちろん山仕事に使用する最低限の道具類は揃える必要があるが、それ以外は、単純にいえば「採ってくるだけ」である。いわゆる「元手」にあたるものは必要なく、各個人の知識や技能が全てを生み出すわけである。ただし、この知識と技能は非常に重要である。

狩猟にせよ、材木伐採にせよ、山菜や茸類の採集にせよ、どこに棲息・生育し、どのような習性をもっているか、あるいはいかなる植生のもとで生えているか、どの時期が適期かという知識がなければ対象物に巡り会うことすら難しい。そして、それらを手に入れるためには、動物を追って雪の急斜面を駆け下りる技能、あるいは材木を思う方向に切り倒し、造材し、運搬する技能など、優れた技能が求められることはいうまでもない。すなわち、山の生業の多くは、資源＋知識＋技能がもたらすものということができる。

ところで、従来の歴史学では、政治経済史に関して、「経済」として見えてこない営みは分析の対象になってこなかった。もちろん人間の心意の部分を扱う宗教史や思想史は数多の研究を生み、分野として確立してきている。しかし、あくまで時代の軸をなす部分に関して、あるいは通時的な地域や国家の構造については、経済や政治を基本と見なしてきた。とりわけ経済は、時代によってその体制やシステムが変化する政治よりも、さらに重要な下部構造をなすものとして捉えられてきた。しかし、そうして取り上げられてきた従来の「経済」は、山村で中心を占めるような元手なき営みや、自給的資材獲得を視野に捉える術をもっていただろうか。あるいは、その活動が新たな何物をも生産するわけではない家事労働や祭礼・儀礼にまつわるさまざまな仕事を視角に収めてきただろうか。

人間は常に「生産」的な活動をしているわけではない。むしろ多くの時間や労力を家事や儀礼、また共同体のための道普請や溝浚い・草刈りなどの環境維持労働ともいうべきものに費やしてきたはずである。人間がこうした多様な「はたらき」につぎ込む時間や労力は莫大な量になろう。そして、これらを取り込まないことには、本来人間の学である歴史学は成立しないはずであるし、例えば人間の生きる時間の半分は全く視野の外に捨てられてしまうことになるかもしれない。あるいは「生産」に関わらない仕事の分担は、社会的性差の問題にも絡んでくることが予想される。

従来の歴史学の中で山村がほとんど取り上げられてこなかったのは、単に史料の不足という問題だけではなく、狭義の「経済」外のはたらきや環境維持労働の側面が視野に入ってこなかったことにも原因が考えられる。歴史の中における労働を、人間性を否定する労苦とのみ見るべきか否かも含め、今後継続的に考えていくべき課題ではないかと考えている。(40)

おわりに

山村に目を向けることは、環境の問題、労働の問題、支配と貢租の問題、社会における権利の存在形態の問題、社会的性差の問題など、多様な視点をもつことにつながると考えられる。いまだ山村の研究は緒に就いたばかりであり、基礎的な事実からして、解明されていない事柄が多くある。今後、それらを一つ一つ明らかにしていく作業が必要とされるであろう。本書においては、筆者の既発表論文を中心に整理、補訂を施し、現時点における認識に基づいて、改めて発表していくことにする。

なお、本書では紙幅の関係から取り上げられなかった論考・問題も多い。本章で指摘した事項に関しても、所有の問題、徴租・貢納の問題、労働の問題などはほとんど載せることができなかった。山と共通した要素を多くもつ海・海村の問題についても同様である。別の機会があれば、是非盛り込んでみたいと考えている。

注

（1）江戸時代の日本の人口は約三〇〇〇万〜三五〇〇万人と推定されているが、現在の北海道・沖縄を除いた人口は約一億二三〇〇万人（二〇一五年度国勢調査数値より北海道と沖縄を除いた概数）で、江戸時代の三・五〜四・一倍という増加を見ている。筆者が調査フィールドとしている山梨県の過疎地早川町の場合、文化年間に四一九二人というデータがある（『甲斐国志』による）。日本全国の増加率と同じく人口が増えたとすれば、今の早川町には、一万三四〇〇人〜一万五五〇〇人が住んでいてもいい計算になるが、実際には、二〇一五年の国勢調査値では一〇六八人しか居住していない。粗い計算ではあるが、人口比率のうえで、江戸時代の七〜八％しかいないという事実は、逆に前近代にはいかに多くの人間が山村に暮らしていたかを考えさせる。

（2）木村茂光『日本古代・中世畠作史の研究』（校倉書房、一九九二年）。

（3）ここで「山村」とは、当面、山間や山中に位置する集落としておきたい。これは厳密に「山村」を定義したものではなく、あくまで考察の対象を表す表現にすぎない。対象の考察の中から、研究の進展に伴って、「山村」と呼びうるものの定義は自ずと明確になってくると考える。未だ山という環境に大きく依存して生きている集落の研究自体が不足しているので、初めに定義をする状況ではない。

また、歴史学的には、「村」というのは、時代性をもって成立してくる単位という側面があり、時代によって制度上の扱いも多様である。ここでいう「山村」は、そのような時代性を帯びた「村」ではなく、山間または山中に作られた集落という程度の意味で用いている。

（4）この点については、以前に問題点を提示してみたことがある。白水智「文献史学と山村研究」（『日本史学集録』一九、一九九六年）。

（5）『日本村落史講座』の山村に関する扱いは以下のようになっている。

古代…「山村と漁村」というテーマを与えられた関和彦は、山村は山にある農村というだけの意味しかなく、歴史学では成り立たない範疇であることを述べて、山村について取り上げることを拒否している。

中世…坂田聡が近江国葛川を素材に書いているが、そこで問題にされているのは、集村化のプロセスであり、特に山村としての政治経済的、あるいは社会的な特質に触れた内容とはなっていない。

近世…須藤護が山村の景観と山を利用した生活について説明し、内容的には山村の実態に踏み込んだものとなっているが、氏はそもそも歴史学の研究者ではなく、建築学科出身の民俗学者である。

近現代…土屋俊幸が草山の消滅と人工造林地の急増について書いているが、氏も歴史学ではなく、農学部出身の林学を専門とする研究者である。

（6）この点は、藤田佳久も山村研究に関わる論点として指摘している。同「米家泰作著『中・近世山村の景観と構造』」（『史林』八六—六、二〇〇三年）。

（7）民俗学の分野でも、かつて同様の問題点が指摘されていたことを知りうる。坪井洋文によれば、民俗学でもヤマの事象をサトの論理によって解釈してしまう場合が多く、「なによりもまずわれわれが、ヤマをサトから観るのではなく、ヤマでヤマの人を観ることが必要である」と述べている「ヤマとサトの民俗学」（『神道宗教』一〇〇、一九八〇年。のち、塚本学他編『日本歴史民俗論集4 村の生活文化』吉川弘文館、一九九三年）。

（8）米家泰作のいうように、平地＝稲作／山＝非稲作という二項対立的解釈には疑問がある（『中・近世山村の景観と構造』校倉書房、二〇〇二年）。実は平地も、畠作や里山での自然物の採集など、稲作のみに収斂されない多様性をもっている。

（9）生活・生業の実態と無関係に設定された形式的な村高の数字に対して、山村だからこのような低石高の数字が出るのだと評価している例として、静岡県の奥深い山中の井川を素材にした渡辺和敏「大井川」（豊田武編『流域をたどる歴史 四 中部編』ぎょうせい、一九八七年）がある。石高あるいは貢租額を実際の生産高と見、さらにその地の住民を閉鎖的な山間地に生きる「農民」と理解したために、実態とかけはなれた悲惨な生活状況を描写することになった例といえる。

（10）網野善彦『日本中世の民衆像』（『岩波新書』、一九八〇年）。

（11）代表的なものでは、小葉田淳『日本鉱山史の研究』（岩波書店、一九六八年。続編は一九八六年）、所三男『近世林業史の研究』（吉川弘文館、一九八〇年）、日本学士院日本科学史刊行会編『明治前日本林業技術発達史』（野間科学医学研究資料館、一九八〇年）、杉本寿『山村社会経済の構造分析』（巌南堂書店、一九七三年）など。

（12）例えば、田村憲美は中世の林業史について、「なにほどの研究蓄積も私どもは持っていないらしい」と鋭く指摘している（「中世林業史の一、二の問題―瀬田勝哉『木の語る中世』に寄せて―」〈『民衆史研究』六一、二〇〇一年〉）。

（13）黒田日出男『日本中世開発史の研究』（校倉書房、一九八四年）。

（14）『関東近世史研究』二四、一九八八年。

（15）「一九九〇年代以降」という捉え方をしたのは、一九九〇年代に書かれた論考が多く含まれるかたちで、後述するような二〇〇〇年代以降の個人論集がまとめられていく状況が存在するためである。

（16）春田直紀「中世の海村と山村―生業村落論の試み―」（『日本史研究』三九二、一九九五年）、水野章二『日本中世の村落と荘園制』（校倉書房、二〇〇〇年）、田村憲美「中世林業史の一、二の問題―瀬田勝哉著『木の語る中世』に寄せて―」（『民衆史研究』六一、二〇〇一年）、同「中世『材木』の地域社会論」（『日本史研究』四八八、二〇〇三年）、高木徳郎「中世における山林資源と地域環境―近江国葛川と周辺荘園の相論を中心に―」（『歴史学研究』七三九、二〇〇〇年）、同「中世的山野『領有』と相論」（『日本史攷究』二七、二〇〇一年）、同「荘園制展開期における山野の『領有』と相論―大和国平野殿荘における山野相論をめぐって―」（『鎌倉遺文研究』一〇、二〇〇二年）、同「中世における環境管理と惣村の成立」（『歴史学研究』七八一、二〇〇三年大会報告増刊号）。なお、上記高木論文の大半は同『日本中世地域環境史の研究』（校倉書房、二〇〇八年）第二部に収録されている。

(17) 新井孝重「中世成立期の杣山をめぐる地域的構造」（民衆史研究会編『民衆史研究の視点―地域・文化・マイノリティー―』三一書房・一九九七年）。

(18) 福井重治「飛騨の山の民」（網野善彦他編『中世の風景を読む 第三巻 都と鄙に生きる人々』新人物往来社、一九九五年）、松山知子「中世山間村落の生業形態―近江国葛川・伊香立荘を中心として―」（日本女子大史学研究会『史艸』四四、二〇〇三年）、高木久史「中世における越知山の山林と用益」（『あさひシンポジウム２００３記録集　山の信仰を考える―越知山と泰澄を深めるために―』朝日町教育委員会、二〇〇四年）。

(19) 笹本正治『山に生きる―山村史の多様性を求めて―』（岩田書院、二〇〇一年）。

(20) 前掲注(2)木村著書、同編著『雑穀 畑作農耕論の地平』（青木書店、二〇〇三年）。

(21) 前掲注(11)の諸論考など。

(22) 上原兼善「近世領主支配と山村―日向内藤領を事例として―」（藤野保先生還暦記念会編『近世日本の社会と流通』、一九九三年）。

(23) 武井弘一「人吉藩預所椎葉山における『侍分』をめぐる動向」（『地方史研究』二七八、一九九九年）、同「享保改革期における幕府の林政と椎葉山」（『九州史学』一二八、二〇〇一年）、同「近世の焼畑についての一試論―人吉藩のコバ型を事例に―」（『史海』四八、二〇〇一年）、同「近世の鉄砲改めと山村―人吉藩預所椎葉山を事例に―」（『宮崎県地域史研究』一四、二〇〇一年）、同「近世九州の山村と焼畑―人吉藩預所椎葉山を事例に―」（木村茂光編『雑穀 畑作農耕論の地平』青木書店、二〇〇三年）。

(24) 佐藤孝之『近世前期の幕領支配と村落』（巌南堂書店、一九九三年）。

(25) この点で、泉雅博「近世の山村と林産物交易―甲州郡内地域を中心に―」（『山梨県史研究』一〇、二〇〇二年）は、現状の近世山村研究について、根本的な批判と再検討をした成果として注目できる。同『海と山の近世史』（吉川弘文館、二〇一〇年）に収録。

(26)『民衆史研究』六九、二〇〇五年。

(27) 椎葉クニ子『おばあさんの植物図鑑』（葦書房、一九九五年）は、山村の一女性のもつ植物知識や利用の智恵を集成した興味深い本である。しかも、この本に掲載したのは、彼女の知識のごく一部であるという。ここからは、山村に生きる人々が身の周りの植物に対して広い知識をもち、それらを生活の中で有効に生かしていたことが知られる。また、『苗場山麓植物民俗事典』（苗場山麓ジオパーク振興協議会編、ほおずき書籍、二〇一八年）からは、信越国境地域の植物が食品・薬・民具材料・信仰用具などにどのように利用されてきたかがわかる。

(28)「生活文化」の語は、歴史学のほか、文化人類学・民俗学・家政学などの分野でしばしば使用されるが、必ずしも厳密な定義は伴わず、衣食住などの生活に関わる文化というような意味で用いられることが多い。歴史学での「生活文化」の語の使われ方については、定兼学『近世の生活文化史〈地域の諸問題〉』（清文堂出版、一九九九年）が要領よくまとめている（本書については、荒垣恒明氏のご教示を得た）。また、生活文化の概念自体を取り上げたものに、石川実他編『生活文化を学ぶ人のために』（世界思想社、一九九八年）や鍵和田務編著『生活と文化―生活文化論へのいざない―』（コロナ社、一九九九年）などがある。

(29) 近世には秋山近隣の地域で、栃の実採りに集落としての山の口が設定されていたことが史料上確認できる（島田一五八九―四四五）。

(30) 山田亀太郎・山田ハルエ述、志村俊司編『山と猟師と焼畑の谷』（白日社、一九八三年）。また、現代でも、ダム建設が遅延している間に、立ち退いた山間地の住民が帰ってくる事例がある（『朝日新聞』一九九五年一〇月二一日付夕刊、同一九九七年一二月一日付夕刊）。

(31) 前掲注(16)春田論文。

(32) ただし、農閑期の水田が共同の漁撈の場になったり、積雪期の田畑が誰もが通りうる交通路になるなどの例外はある。積雪という状態のもたらす私有の無化は興味深い現象である。後掲注(34)(35)参照。

(33) 山村一般の問題としていえば、歴史的に生態系を無視し資源の循環的利用が充分でないケースも見られる。いわば略奪的資源利用ともいいうるもので、中世前期に関していえば、葛川など畿内の杣山をめぐる濫伐や資源の枯渇の例が知られている。これは田村憲美の指摘するような主体性をもちうる村落が、未だ確立していないことも大きな原因と考えられるが（「村落と開発」『日本中世村落形成史の研究』校倉書房、一九九四年）、中世後期から近世になると、村落による自律的資源保全の動きも普遍的なものになってくる。

（34）「雪国妻有今昔物語　シミ渡り」（『妻有新聞』二〇一八年三月一〇日）。また、長野県栄村の複数の方からの聞き取りによる。

（35）白水智「近世山村における雪と生活をめぐる一考察―信越国境地域の事例から」『日本山岳文化学会論集』一五、二〇一七年。なお、これはかつて勝俣鎮夫が注目した一揆時の「篠を引く」「山林に交わる」意識・習俗（勝俣『一揆』〈『岩波新書』、一九八二年〉）との関連も考えるべきかもしれない。

（36）安室知『日本稲作の展開と構造』（慶友社、一九九八年）、同「『水田漁撈』の提唱」（『国立歴史民俗博物館研究報告 八七集 日本歴史における労働と自然』二〇〇一年）など。

（37）山だけでなく、海も農地とは異なった論理を多分にもっている。海も山と類似して、同じ場が漁業の舞台となったり、磯物採集の場となったり、海運の交通路となったり、塩水汲み上げの場となったりする生業多様性を備えている。

（38）田村憲美は、法的主体としての村落が未確立な段階で、村落が自然との間で用益実態に合わせて取り結んでいた関係を「テリトリー」と表現している（前掲注（33）田村論文）。

（39）白水智「中世の漁業と漁業権」（神奈川大学日本常民文化研究所奥能登調査研究会編『奥能登と時国家 研究編2』平凡社、二〇〇一年）。

（40）内山節『自然と労働』（農山漁村文化協会、一九八六年）、内山節・竹内静子『往復書簡 思想としての労働』（農山漁村文化協会、一九九七年）

第一部　山村の生業と生活文化体系

第一章　近世山間地域における環境利用と村落

――信濃国秋山の生活世界から――

はじめに

村落一般を指して「農村」と呼ぶことが、従前、何の疑いもなく行われてきた。例外として海辺の村落を「漁村」、山地にある村落を「山村」と呼ぶこともあったが、総体として日本の村落を称する場合には、広く「農村」と呼ぶのが普通であった。一方、こうした村落呼称と対応して、そこに住む住民の呼び方も、「農民」あるいは「漁民」のように、村落の頭に付く生業語彙を冠して表現されてきたが、(1)やはり広く一般に村落の住民を指して総称するときには「農民」とするのが普通であった。

一九九〇年代以降、網野善彦による「百姓＝農民ではない」との指摘もあり、(2)歴史学の世界では、次第に在地の一般住民を指して無条件に「農民」と呼ぶことは減ってきているように思われるが、村落に関しては未だに「農村」の語が頻繁に使用されている。その背景には、漁村や山村も含め、日本の村落は多かれ少なかれ農業を営んできているのだから、基本的には「農村」といって誤りではないのだ、という俗的な言説の強固に存在していることが挙げられるかもしれない。

歴史研究自体は時代とともに細分化・厳密化してきたが、村落内部の生業や生活の実態については、掘り下げて論じられることが少ない。その原因の一端は、「農村」や「漁村」という用語に象徴されるような、村落生業を安易に一元化して捉える類型化にあるのではないだろうか。もとより内実を充分に吟味しないで使用される「農村」「漁村」の語は、たいへん曖昧な概念にすぎない。村落住民の何割が農業を営んでいれば、あるいは収入の何割を農業に依存していれば「農村」なのかといった指標はなく、仮に設けたところで歴史学ではそこまでの追究は困難である。また、「農村」とはいっても、「農」の中身が稲作なのか畑作なのか、畑作といっても常畠作なのか焼畑なのかによって村落の中身には大きな差異がある。あるいは海辺の村落を「漁村」と呼ぶことも多いが、それでは製塩を主産業とし、わずかな漁業で生計を立てる村落はどのように呼ぶべきか。町場というほどではないが小舟での地回り商売を主にしている海付の村落はいかに呼んだらいいかなどなど、村落類型を実態に合わせて厳密化しようとすれば、その作業は隘路に陥ってしまう。また、近代以前、村落住民の仕事が現代生活のように各家ごとに単種ではなく、多職の形が一般的であったとの指摘を踏まえれば(3)、村落全体の性格を「農村」や「漁村」の一語で済ませることが、村落のもつ多様な生業構造や生活の諸側面を見えにくくさせていることは明らかであろう。個々の村落は、立地や自然環境に左右される面を多分に有しており、例えばそれによって規定された生業のあり方が村落内の身分構造や労働組織の構造に反映されることは充分想定できるし、信仰や世界観などの内面に影響を及ぼすことも考えられる。上記の諸点から見れば、村落類型呼称の安易な一元化は、村落研究の根幹に大きな欠陥をもたらす要因になっているといっても過言ではない。

こうした中、山地に立地する村落を「山村」と呼び習わしてきたことは興味深い。なぜなら、それが「農」「漁」などの生業名を冠さず、「山」という立地環境を付した呼び名だからである。山村の大半は突き詰めれば「奥まった農村」にすぎないとする見解もあるが(4)、要するに山地の村落は、一つの生業を冠することでは表せない多様な性格を有していたのである。それは従来の村落類型呼称の不整合を体現した一面をもっている。しかし同時に、この不整合は、山地村落の内実を追究していくことで、従来安易に行われてきた村落の類型呼称を見直すための可能性を示唆しているようにも思われる。民俗学や地理学の分野では、「山村」は村落類型の一つとして独立した範疇で捉えられているが、(5)歴史学の中ではほとんどそのような意識化はされてきていない。(6)生業・生活の全体像と周囲を取り巻く環境を視野に入れ、村落の内実を追究しようとする歴史学的試みの象徴として、「山村」は有意な対象と見ることができる。(7)

本章では、村落と地域環境の関係を考える一つの手がかりとして、序章で述べたことも踏まえ、信越国境の山間地である秋山地域を主な素材として取り上げ、住民の環境への接し方および接する際の志向を明らかにしていく。それによって、「農村」に一元化されるような捉え方では理解できない山地住民の論理を解き明かしていきたいと思う。そして、その作業を通して村落の性格づけを見極める際の視座を提示し、同時に、前近代村落の動向にある種の普遍性をもつ可能性のある基幹的思考についても併せて触れてみたい。

一　秋山の生業と生活

1　秋山の山地利用事業

山地の生業といえば林業がまず連想されるように、山では林産資源の占める比重が大きい。青森ヒバ・秋田スギ・木曽ヒノキなどの銘柄で著名な美林はもとより、飛驒・紀伊、それに四国や九州の山岳地帯は林業が盛んで、多量の材木や割板を生産していたことで知られる。これらの諸地域では、山持ちの有力者が存在し、都市の材木問屋と組んで多量の材木を生産していたり、領主の主導で板木を貢納品とする仕組みができ上がっているなど、恒常的に、あるいは大量に林産物を生み出すシステムがつくられることが多かった。

秋山でも宝永・文化年間(一七〇四～一八一八)に江戸の材木問屋が入り、伐採を計画していたようである。宝永五年(一七〇八)には紀伊国屋善八なる者が秋山での「売木杣取」を願い出ており(島田汎家文書一三九六号。以下、「島田一三九六」のように略す)、翌年にはそれと関連する可能性のある江戸の大坂屋高見嘉右衛門が事業に参入してきている(島田一〇四七)。

この他にも、文化一四年(一八一七)には、秋山のかなり奥地の山で江戸日本橋本材木町の境屋礒八が何らかの事業を行っていたようである(島田一三四)。また、幕末の元治元年(一八六四)には、名主三左衛門の許を越後国見付村の者が訪れ、秋山の大木を伐り出して売木したいと申し出てきている(島田六一四)。

すべてが実現に至ったわけではないが、江戸などの材木問屋が入って事業が始まれば、相当の大金が動き、山中に大きな活気が溢れたと考えられる。実際、宝永六年の事業に際しては、「秋山村中助成金」として年に四〇〇両もの金子を五ケ年にわたって支払うとの取り決めもなされている。この「助成金」の内訳を語る史料はなく、実際に支払われたのかどうかも知りがたい。しかし、伐採が始まれば、現場への道案内や荷運び、また、伐採や運材に関わる人夫として当然秋山の住民は加わることになろうから、それなりの稼ぎになったことは確かであろう。

また、林業と並んで鉱山業も山地では重要な産業となった。秋山では、青山大膳亮領時代、正徳二年(一七一四)六月頃に役人による見分が行われ(福原国吉家文書A-①-34-2)、翌年五月頃から銅山の採掘が始まり(島田一二五九—三〇)、かなり大規模に採掘が行われたようである。実際の事業を行ったのは、京都の奈里清兵衛という者で、複数の手代を送り込み、盛んに銅鉱石の採掘をしていた。必要な資金をはじめ、現場で使う多量の資材に至るまで、主に箕作村の三左衛門を通して調達され、多くの掘り子が動員されて採掘にあたった。(8)

しかし、享保三年（一七一八）になると銅山は閉山となる（島田一五八〇）。奈里清兵衛は、借金のカタとして、採掘した銅や諸道具を三左衛門に預け、撤退する（島田一二四四）。鉱山採掘は、山地で行われる産業の中では例外的に資源収奪型のものであり、目的の鉱石を掘り尽くしてしまえば、その時点で事業は中止される。もっとも、秋山の銅山の場合は、領主青山氏が転封となり、これ以後天領となったことが採掘停止の大きな要因であったかもしれない。いずれにせよ、銅山は足かけ六年の稼行で終わった。

ただ、この事業の中では、秋山住民の果たした役割は決して小さくない。銅山の人足にはまず秋山の者を優先して使うように、との命令が小奉行から出されているが（島田一二五九―二八）、確かに資材の荷揚げや銅鉱石の搬出に関わる人足として、あるいは伝令として、秋山の者たちが盛んに動員されていたことが、諸史料から知られる（島田一二六〇など）。人足の動員で地元の者に迷惑をかけないように配慮を求めたり、人足賃銭について協議したいと述べている、現場責任者から三左衛門宛の書状も残されており（島田一二五九―七）、秋山には銅山稼行に関連した収入がかなり流れこんだことが推測される。その意味では、銅山が開かれたことも、山間地の住民にとっては何らかのメリットをもたらしたものといえる。

長期にわたって存続した著名な林業地帯や鉱山の場合、その産業は平地からの富を呼び込む大きな手立てとなる。鉱物資源はその分布に偏りがあるので必ずしも山村の主要産業として一般化はできないが、林産資源は山地に普遍的に存在するため、山村の産業といえば林業、と理解されることが多い。租税の体系として榑木を貢納する仕組みの作り上げられた信濃国の南部地域や、(9)材木生産で知られた木曽地方をはじめとして、(10)その他各地に林業で知られた山間地域は多数ある。歴史学分野からの従来の山村研究は、これら山地「産業」としての林業を多く対象にしてきた傾向があるが、確かに林業は取り引き金額も大きく、山村を支える重要な産業であったことは間違いない。

2　秋山住民の日常的生業

右に見たように、豊富な山地資源を求めて、平地からはさまざまな形でのアプローチがなされていた。中には、詐欺的な形で資源を調達しようとする場合もあり、名主の三左衛門が代官所へ訴え出てそれを何とか阻止しようとしたこともあった（島田六一四）。しかし、そのような例外的事例は別として、一般的に大きな伐採・採掘事業が始まれば、秋山の住民には何らかの稼ぎの場が与えられ、生活の助けとなったことは間違いない。

だが、長期的な視点から山地での生活を考えた場合、はたしてこれまで見たような平地資本による産業としての林業や鉱山業は、主要な位置を占めるものであろうか。確かに年間四〇〇両の「助成金」のように多額な金銭の流入は大きな意味をもったと考えられるが、あくまで山の中で生きる住民にとって、それは自らを包摂する山地という環境とは切り離された要素でしかない。人足として、あるいは人夫としての賃労働とは異なる部分で、秋山の人々はどのように山を利用し、生きていたのだろうか。それを考えないことには、山地生活の内実は理解できないはずである。

もちろん時代による生業の変遷は考慮に入れなくてはならないが、全体として見れば、秋山住民の日常的生業は、ごく小規模で恒常的な「家業」的仕事から成り立っていたことが知られる。まず林産資源に関わる生業から見ていきたい。

［板木生産］　享保期に入り、秋山住民は境を接する越後領の百姓たちと山の利用をめぐって争いを始めた。その訴状の一部に次のような記述がある（島田一〇七五）。

一、秋山江道筋往古より越後之内通り申候、向後者秋山より御百姓家業ニ伐出シ申候板木等も道ニ而わり捨可申と
　風聞御座候

秋山は千曲川の支流中津川の上流に位置するが、途中で川を横断する形で越後国との国境が引かれているため、下流方向へ下るためには越後領を通らなければならなかった。紛争の中で、越後側は、その通路を塞ぐ挙に出るというのである。ここで秋山の者たちが、家業で伐り出す板木を運ぶために、平地へのこの通路を利用しているというところは興味を惹かれる。険峻な山道であるから、おそらく運ぶのは人の背に負える程度の、あるいは雪上をソリで運べる程度の板材であろう。元文四年（一七三九）の「高井郡箕作村差出帳」にも、

一、杣取之儀、当村之内秋山と申枝郷至極深山土地狭ク御座候故、従先年杣取少つゝ仕、割板・山折敷等越後
　筋へ相払渡世送り来申候、

とあり（島田四四三）、やはり小規模な板材生産を行い、それを越後方面に出していたことが確かめられる。文政期に当地を旅し、詳細なスケッチと文章でその生活を書き留めた文人鈴木牧之の『秋山記行』も、大赤沢藤左衛門家での応対を次のように記している（宮栄二校注・東洋文庫版『秋山記行・夜職草』平凡社、一九七一年、四九頁。以下、同書よりの引用は頁数のみ記す。なお、カッコなしのふりがなは原文のママ）。

門先より家の前後に、幅弐尺四五寸位の松の厚板、数々干し并べたるを問ふに、能々深山の奥より伐出し、里の商人《あちんど》が注文でござる。実に鳥獣ならで人も通はぬ深山幽谷にかゝる奇木も有ぬべしと、一点の節なきを賞翫いたしぬ。

里の商人から注文を受け、これに渡すための板材を生産することもあった。

また、秋山に近接する箕作村内の御巣鷹山で、近隣の越後領の者が多数の「栃之木ばん」を川出ししようとして巣

守に差し押さえられる事件が起きている（島田一一五〇―一〇）。これは享保一二年（一七二七）のことと考えられるが、関連文書に「栃之木ばん」は「栃盤」とも記され（島田一一五〇―二二A）、もともとは「醬油船板」用の栃板を求めようとしたものであったとされる（島田一一五〇―一四B）。醬油船板は、醬油を絞る際に用いる槽の材と見られるが、要するに板材の一種である。秋山のみならず周辺の地域でも、山棲みの者はこのような板材生産に従事していたことが知られる。

〔木工品作り〕 木は材木や板材とするばかりでなく、さまざまな形で木工品にも加工された。

宝永六年（一七〇九）、領主から秋山に関するお尋ねがあった際、それに対して出された文書では、秋山の生業について、

> 専一山かセぎニ而桶はち曲物板木等伐出シ、越後領ニ而相払、渡世送り来申候、

とあり（島田二五）、板木とともに桶・木鉢などの木地物や曲物が作られていたことがわかる。先に挙げた元文四年の「差出帳」にも、「山折敷」を作っていたとの記載があった。これらを裏づける記述は『秋山記行』にも見られる。小赤沢の福原市右衛門家にての聞き取りの中に、次のようにある。

> 又、里へ出して交易のものを問ふに、栗・稗・荏・木鉢・木鋤、樫、檜、松の盤、桂板・榒檜《さわら》・白木《ち》の折敷、秋は干茸・しな縄抔《なんず》居ながら商人《あちんど》が買に来る。（中略）雪中は、男子は木鉢・曲もの丶類業ありても、女子はいかゞと問ふに、近《ちん》年は里の真似して、浅黄《ち》の立島の縮織りけれども、夏は、足手叶ふ者《もん》は皆《みんな》、男女共に、山挊《かせぎ》に一寸の手透《すち》がないと云ふ（六九～七〇頁）

ここには木工品として木鉢・木鋤・折敷・曲物が挙げられている。ちなみに板木についても、具体的な樹種が、樫・檜・松・桂と挙がっているのが注目される。なお折敷については、『秋山記行』に、

年々春一度づゝ、組頭が折敷《をしち》年頭に持行《いく》序に、村中の宗門帳・印形を携《たがい》へ、箕作へ、是より十里ある処へ、百姓惣代行《いかず》と云（六九頁）。

とあるように、年頭に箕作村の名主の許まで折敷を納めにいくしきたりがあった。実際箕作の島田三左衛門による「万日記」にも（島田一五五二）、延享二年（一七四五）正月の部分に、「越年式」と題された記載があり、そこに

年続棚へひれ付さけ（鮭）五くし、秋山折敷四枚備申候外ニ、壱枚御王（垸）飯小きりめし十二、はし十二前（膳）備申候、しめかざり松なし

と、秋山折敷のことが見えている。

しかし、これら木工品製作は大規模な製造組織をもったものとは考えられず、あくまで家内で作られる程度のものであったと見るべきであろう。

【木皮とり】　島田三左衛門の前記「万日記」延享元年三月一九日条に（島田一五五二）、秋山から「さわら皮三」を背負い出してきたので、小糠と換えたという記載がある。サワラの木の皮を人力で運んで来たわけである。これなども小規模な家業の一つといえる。

【焼畑】　次に焼畑について考えてみたい。秋山は、第二次世界大戦後まで焼畑を行っていた地域である。史料中にも焼畑に関する記載は多く見えるが、最もくわしいのは、文政八年（一八二五）の「秋山様子書上帳」である。

年々大木生茂り木葉多分埋候所を見定、樹木を伐倒し、焼野畑ニ仕候へ者、陰地焼土与変し、草木久来之塵芥共ニ灰与相成、陽気勝之焼土灰之中へ種を蒔候へ者、陰気重之養ひを請、初年者宜作物を苅取、其翌年より地之陽気失ニ順し段ゝ出来劣、三四年茂過候へ者陰気強、作物不用立、此地を捨、又別場所を切開ゝ候故、其難行苦行可推知事ニ候、地味失果ニ付、大木堅木を切開候故、艱難而已多、瑣細之義ニ御座候、ヶ様之稼者其身不強壮候而

者難相叶事ニ候得共、平生草木実斗之食物故力量乏敷、斧・岃・鍬・鎌求候金銭も無之、悪敷道具ニ付、骨折而

已、其切者無御座候、此畑江粟・稗重ニ而大豆・荏・蕎麦も少し宛蒔候

ここには、用地の選定、火入れの効能、切り開きの作業の苦労や道具、作物の種類などが細かく解説されている。おそらくは秋山の百姓たちからの聞き取りによるものであろう。

他にも、秋山ではないが、箕作村内で約束違反の領分へ行った焼畑についての文書が目を引く（島田一二〇）。そこには、開作してしまったうえは、五、七年後に必ず返すのでそれまで焼畑をやらせて欲しいと書かれてあり、前記「書上帳」の記載よりは若干短い耕作の期間がわかる。地味によっても焼畑の使用年数は変化したのであろう。直接秋山に関わる史料では、秋山（大秋山と呼ばれた集落と考えられる）と矢櫃との焼畑地をめぐる争論の内済証文が残されている（島田七一四）。

当地の焼畑に関するまとまった記述は『秋山記行』の中にもある。小赤沢の民家で牧之が関心をもって尋ねたところ、当主の福原市右衛門がそのやり方などを丁寧に答えたためである。そこには、草木の伐採から火入れ、作物の種類と作付け順、作付け期間、さらに害獣除けの方法までが事細かに説明されている（七三・七四頁）。牧之は秋山のそこかしこで焼畑を目にしており、切り開かれた畑に切株や立ち枯れた木の立っている様が、スケッチにも残されている（一三二〜一三三頁）。

具体的に秋山の何割の者が、どの程度の面積の焼畑を行っていたのか、といったデータは残されていないが、焼畑での穀類・豆類が食生活に重きをなしたことは間違いないところであろう。

［狩猟］　民俗学的研究では、秋山は伝統的狩猟地帯として知られているが、文献史料でこれを確認することはかなり困難を伴う。狩猟技術の系統については、近世に秋田からやってきた猟師が当地に住み着き、その技を伝えたとさ

れている。[11] 実際『秋山記行』の中では、著者鈴木牧之が、湯本（現在の切明）の宿において秋田の猟師から聞き取りをしている。その内容は旅マタギと呼ばれる遠距離出稼ぎ猟師の実情を詳細に物語るもので、大変貴重な内容となっている。

古文書の方では、文化九年（一八一二）に出された高札の写が残されており、次のように書かれている（島田一一四七）。

近年御鷹巣山并百姓持山等江出所不知もの共入込、猥り致猟業趣相聞不届之至ニ付、以来右体之者有之者、見掛次第捕置早々可訴出もの也

杉庄兵衛

中野

御役所

これは箕作村枝郷長瀬組に下されたものであるが、長瀬は秋山に接する御巣鷹山を擁する山間地である。ここに見える身元怪しい猟師とは秋田猟師のことであろうか。

秋田猟師は確かに秋山の狩猟に一つの画期を与えたようであるが、しかしもちろんそれ以前に狩猟が行われていなかったわけではない。もっとはるか古い時代から狩猟は行われていたのである。

そのことを示す一つの証拠が、鎌倉時代の寛喜元年（一二二九）、秋山を含む地域一帯を支配していた地頭中野氏と隣接領主の木島氏との間で争われた鷹子盗人をめぐる相論の文書である（『鎌倉遺文』六―三九〇四）。当地（現在の長野県下水内郡栄村・野沢温泉村一帯）は往時志久見郷と呼ばれ、その山々は志久見山と称されていた。相論の中で、中野氏は「志久見山古老猟師江権守」「比企判官之時猟師別当二郎」の申状などを提出している。これは志久見山に故実

を知る猟師がいたことを意味している。

また、直接秋山に関する史料としては、同じ志久見郷地頭の市河盛房が子息に所領などを譲った際の譲状に、次の一項が見える（『鎌倉遺文』三六―二七八八六）。

一、あけ山《(秋山)》ハ往古よりさかいをたてわけさるあひた、いまはしめて立にくきによりて、こあかさわ《(小赤沢)》を十郎ニたふ《(給)》よりほかに、兄弟ともにもわけあたゑぬ也、さいもく《(材木)》とり、れうし《(猟師)》なといれんニ、わつらいをいたすへからす

（下略）

秋山については、これまで領分を決めてこず、今から分けることもしにくいので、小赤沢を十郎（経助）に与える以外は兄弟おのおのに分け与えることはしない。（つまり子息たち入会の山になるので、惣領たる助房は他の兄弟たちが）材木採りや狩猟のため、秋山に樵・猟師などを入れても妨げをなしてはならない、との意味である。ここから、秋山に猟師が入りこんで狩りをしていたことが知られる。

信州諏訪湖畔に鎮座する諏訪大社が強烈な狩猟神の性格を有していたことからしても、(12)同国の奥山地域は古来狩猟の盛んな地域であったことがうかがわれる。近世の秋山もこうした伝統を受け継ぎ、住民の日常的生業として季節的に狩猟の行われていたことは、まず間違いあるまい。

［採集・漁撈］　山地で生きる手段として、山で入手できるさまざまな植物を採集することも重要であった。鈴木牧之が秋山を訪れたのは晩秋であったが、この時期は秋の採集時期にあたり、とりわけキノコが豊富に採れたようである。牧之の案内役を務めた桶屋団蔵も、和山から湯本への道中で多くのキノコを採り集めている。

晩秋の霜茸朽木に生えて、誰れ狩る人もなく。是や往来の稀かして、樵父だに逢ず。（中略）夢幻に仙境に入るが如く、敵人間界とは更に思はざりき。流石は此閑道に往悩みて、足より杖は先に進めども、忽桶屋は先に立、

予が、跡より追つく迄には、片葉・霜茸・白獅子茸、笠に摘込み、袖・袂もふくるゝ斗り、又は担ふたる風呂敷に溜め、湯本にて菜にせんと。千万の大木己と臥し倒れ、種々の茸狩も責て今二十日も早くば、舞茸も有りなんなどと思ひぬ（一〇一～一〇四頁）。

「狩れる人もなく」とはあるが、もちろんこの幸を秋山の住民が見過ごすはずはなく、小赤沢の市右衛門の語るところによれば、秋山から平地への交易品の中に干茸が見える（六九頁）。彩色された挿絵にも、子供が紐で括ったたくさんのキノコを持って母親とおぼしき女性に差し出している図がある（六二頁）。こうした簡単な採集が女性や子供の仕事であったことを窺わせる。

その点では、市右衛門が「後の月迄は、手足の立つ子供は皆栃拾ひに出します」と述べ（六六頁）、また三倉という集落で、牧之が「其娵《よめ》らしきが籠に栃を拾ふて帰り合せ」ているのも、まさに同様の手軽な採集にあたる（三六頁）。ほかにも『秋山記行』には、「しな縄」「網ぎぬ」のことが出るが（六九・七〇頁）、前者はシナノキの皮から作られる縄であり、後者は山に自生するイラクサを原料として作られる衣類である。食料ばかりでなく、こうした生活資材の原料も採集によって得ることができた。

古文書の方では、なかなかこのような生活の細部にわたる描写は得られないが、断片的な情報としては、蠟実採り（島田一三二ほか）・葛葉採り（島田七三八）・薪採り（島田一〇七〇）などが見受けられる。これらは必ずしも直接秋山に関わる内容として出てくるわけではないが、少なくとも箕作村枝郷の山間地の事例には違いなく、秋山でも同様の採集活動が行われていた可能性は充分ある。

また、採集の一環としての漁撈についても触れたい。『秋山記行』には、湯本で湯守の子供が牧之を案内した場面に、魚獲りの様子が見られる。

たまたま洋々たる水溜りの岩上に、末へに鍵ある細長き竹を以、岩魚《イワナ》を掻き、予の慰にとて、惣尺余りなるを掻上たり。嗚呼、芸は道に寄って賢とは諺の如く、此童、常々秋田の猟師が水練・網釣の漁迄も（一一七頁）

湯守はもともと秋山の住民ではないのであるが、その子は猿のように身軽に渓を飛び渡り、秋田猟師に教えられたと思われる技で、いとも簡単にイワナを掻き上げてみせた。魚獲りは、キノコ採りなどと同様、子供が担うことが多かったと推測される。牧之は、越後側秋山の上結東でも、滝の落ちる場所に藤蔓で編んだ網を仕掛ける魚獲りの方法を見ている（一四四頁）。

大量に採るものではないが、こうした多岐にわたる採集・漁撈活動は、自給品や交易品を得る手段として個々の家にとっては少なからぬ意味をもっていたと考えられ、しかもこうした資源の多様性がまさに山ならではの特性に依存していることからすれば、それは全体として山地における生活文化の特徴的な要因と見なすことができる。

〔行商・商売〕　山地生活は、資源の自給的性格とともに、商品生産的生業の多い性格も指摘できる。すでに見てきたように、小赤沢の翁は、「粟・稗・荏・木鉢・木鋤、欅、檜、松の盤、桂板・榻檜・白木の折敷、秋は干茸・しな縄抔居ながら商人が買に来る」と述べており、山地資材の販売と、平地からの食糧や資材の移入とによって生活が成り立っていたことがわかる。

また、右の引用中に木工品と並んで粟・稗・荏が表れていることは大変に興味深い。近世後期に秋山住民の基本的な食糧である雑穀類は、同時に焼畑での多量の生産に伴って、商品にもなっていたのである。秋山はたびたび飢饉に見舞われ、山地故の貧しさと理解されることが多いが、実は主食糧の出来がよければ余るほどの生産も可能だったのである。荏についても、享保一四年に実際に次のような文書が出されている（島田六九六）。

（端裏書）
「野田沢甚兵衛誤証文」

指上申一札之事

一、拙者義当十月中秋山へ以夫申越候ハヽ、貴様方ニ而荏草御買可被成之由ニ候間、出来次第早々長瀬迄出し可申候、代金之儀ハ相場次第我等方江請取置相渡シ可申と偽申越候、右秋山之者実正ニ心得、少々長瀬迄出し申候、右長瀬太郎兵衛より御断申候ニ付、即時ニ拙者方へ御吟味被仰付候趣ハ、此方努々不存秋山辺之荏草一円望無之候処ニ、自分以勝手を謀計法外之致方ニ付御役所迄被仰上、何分ニ茂可被仰付候由重々誤入申候へハ、一言之申分ヶ無御座候、依之組頭中長瀬百姓衆頼入、色々御訴詔申上候へ者、先此度御免被下忝仕合ニ奉存候、自今以後加様之不埒仕候ハヽ何分之越度ニ被仰付候共一言之異義申上間敷候、為後日仍而一札如件、

箕作村之内野田沢

享保十四年酉十一月三日　伊左衛門子甚兵衛（印）

五人組　久左衛門（印）

清五郎（印）

（以下一〇名略）

名主

三左衛門殿

これは一種の詐欺事件で、箕作村枝郷野田沢百姓の甚兵衛が、秋山の者に対して偽りを申したことについての詫状である。その偽りとは、「名主の島田氏が荏草を買い入れたいと言っているので、出来次第長瀬まで運ぶように。代金は相場に従って受け取り、後日渡す」という内容であった。結果的に嘘が露見して詫状提出という始末になったの

であるが、この嘘がまかり通ったということは、当時実際に秋山で荏草の生産が行われていたことを示している。

近世後期には、これもすでに引用したように、「女子はいかがと問ふに、近年は里の真似して、浅黄の立島の縮織りけれども」とあり、女性による縮織りの仕事も行われるようになっていた。

古文書の方でもこのことは確かめられる。島田家文書一三〇七―九三には、次のようにある。

（端裏書）「卯暮秋山証文」

預り申金子之事

一、壱両九百五拾文　甚兵衛（印）

一、弐両壱歩壱貫百六拾九文　彦助（印）

（以下三六名略）

右ハ年々御上納金差滞書面之金子預り申所実正ニ御座候、秋山之義ハ田畑無之故、右書入として男女奉公人又ハ縮等を以来辰ノ四月中急度返済可申候、大切成御上納金末（ママ）進之義ニ御座候へハ、連判之内差障り出来上（者カ）候、村中ニ而急度弁済可申候、為後日預り証文仍而如件、

享保二十年卯十二月四日　箕作村之内秋山

長右衛門（印）

（以下五名略）

名主

団蔵殿

秋山の百姓たちは、名主からの借金に対して、「男女奉公人又ハ縮等を以」って返済するとしている。一二月の差

出で、来年四月中に返済ということからすれば、明らかにこれらは雪に埋もれる冬から春にかけての仕事である。

また、類似の文書で左のようなものもある（島田一三〇八―一三）。

(端裏書)「辰暮秋山証文巳之春重」

覚

一、不残春秋両度ニ相済シ可申候　善吉（印）

一、右同断　長左衛門（印）

一、右同断　源重郎（印）

（以下一五名略）

右之通来春中縮奉公人給金ニ而急度相済可申候、秋中ハ山かせぎニ而相済可申候、内外如何様之差障り御座候共、書面之分ハ春秋両度ニ急度返済可仕候、残り預り年々ニ御取立可被下候、為後日仍而証文如件、

箕作村之内秋山

元文元年　長左衛門（印）

（以下五名略）

名主

団蔵殿

ここでも借金返済の手段として、春は「縮奉公人給金」、秋は「山かせぎ」を挙げており、縮織りなどによる給金と並んで山稼ぎが現金収入の主要な手段であったことが知られる。

このほか、秋山から千曲川沿いの野沢村（現在の野沢温泉村）方面に行商に出ていたことを示す史料も残されており

（福原国吉家文書Ａ—①—44—9—2ならびにＡ—①—11—2(13)、『秋山記行』に「里へも、疱瘡ある村や市町へは恐れて売に行ず、其余の村々へは、何ヶ売にも往となん」（六九頁）とあるように、行商に出ていた。

3　山地利用の志向

右に見てきたとおり、住民の視点から見ると、秋山における山地資源の利用形態は大きく二様に区分できる。一つは大規模産業的事業とも呼びうるもので、まとまった量の木材の伐採や、相当量の資金と領主の政治的バックアップを背景とした鉱山採掘等の事業であり、そこに山地住民が技術者あるいは人足として関わるものである。二つめは住民自身が主体となる小規模日常的な生業で、伝統的技術や知識をもとに山地資源を多様に利用する形態である。

すでに見たように、鉱山採掘などに関しては、相当量の資材の運び上げに伴う人足仕事が生じ、秋山住民はこれに多数動員されているし、多量の食料の移入に伴って事業の現場では配給食料にありつく機会も多かったと考えられる。また、木材伐採に関して多額の「助成金」を地元に支払う約定が交わされるなど、これら大規模事業の影響は、特に経済的な面で大きなものがあった。

ところで住民自身は山地利用について、どのような志向をもっていたのであろうか。地域によっては、山地住民の中に土豪的な存在の者がいて、有力な都市材木問屋を巻き込み、あるいは領主からの注文を取り付けて積極的な林業経営を行う場合もある。しかし、秋山ではそうした土豪の存在は確認できない。秋山住民らの山地利用に関する捉え方を表した史料としては、以下の文書が一つの示唆を与えてくれる（島田一〇六六）。

（端裏書）
「秋山之事村中連判」

願書之事

一、当村之内秋山御用木為御見分、江戸より御役人様去冬御出被遊候所ニ、雪深御座候故先御帰、春中之内ニ又々御出、御用木御見分可被遊候由今度於御役所被仰付、いさい得其悉（意）奉存候、然上ハ御用木山ニ罷成候ハヽ秋山之者とも家業も無御座、本村ともニ諸色難義も可有御座候、迷惑至極ニ奉存候、依之乍御大義江戸表へ御出御訴訟成とも又ハ如何様ニ成共御願被仰上、初終村中難義ニ不罷成候様ニ被成可被下候、尤江戸道中夫金之義無御手支様ニ相調可申候、惣百姓名代として拙者共罷越候上ハ、縦此御訴訟不相叶候とも少も御恨申間敷候、為其願書如此御座候、以上、

宝永六年丑
正月六日　　箕作村

与頭　与四右衛門（印）
同断　庄左衛門（印）
五人組頭　五郎右衛門（印）
同断　佐右衛門（印）
同断　七兵衛（印）
同断　助右衛門（印）
同断　加兵衛（印）
同断　作右衛門（印）

庄屋
三左衛門殿

秋山から御用木を伐り出すことになり、宝永六年（一七〇九）、幕府役人が見分に来る件に関わって作成された願書である。これによれば、秋山の者たちは、御用木山になると「家業も無御座」き状態に陥り、大いに困ったことになるので、江戸まで出訴してほしいと庄屋に願っている。江戸までの路銀は不足なきように用意するので、たとえ御訴訟が叶わなくともかまわないから領主への訴えを出してほしいというのである。文中では、秋山のみでなく「本村ともに諸色難義」になると強調している。いかなる点で本村に難儀が生ずるのかいま一つ不明であるが、少なくとも地元の者には、この件が村の存続に関わる一大事との意識をもって受け止められたことは確かである。

文章からすると、問題は「家業」に関することであった。御用木山に指定されたり、実際に木が伐られたりすると「家業」は続けられなくなるという。普段庄屋から経済的に生活援助を受ける側の百姓たちが、自ら出費を覚悟で庄屋を江戸まで送り出そうというのであるから、その必死さが伝わってくる。山は「家業」を展開する舞台だったのである。

この訴えに関連して作成されたと見られる文書が、前記の「助成金」史料である（島田一三九六）。

杣取証文之事

一、今度信州高井郡窪島市郎兵衛様御代官所箕作村之内秋山売木杣取願申ニ付、貴殿与申合候所、秋山御百姓古来より山稼ニ而渡世送り来り申場所ニ而御座候間、右之山只今迄家業ニ被成候口山之儀除可被成候義、相心得申候、尤村中為助成金弐百四拾両右之山内我等願之通従　御公儀様被為　仰付候ハヽ相渡可申候、

右之通少茂相違仕間敷候、為後日証文仍如件、

宝永五年子十二月五日

紀伊国屋

善八

信州高井郡箕作村

三左衛門殿

箕作村からの願書では、前年冬に江戸から御役人が見分に来た（ただし雪が深く、実際の見分には及ばなかった）とあり、すでに宝永五年に事業が具体化し始めていたことからすると、右の史料もその動きの一環と見ることができる。ここには秋山の「家業」に配慮する旨の文言があり、前年段階には地元から何らかの懸念が表明されていたことが明らかである。そこで事業の請負人である紀伊国屋は、以下の点について約束した。秋山百姓は古来より山稼ぎで暮らしてきたので、家業に利用されてきた口山を事業範囲から除くこと、村中助成金として二四〇両を支払うこと、の二点である。

しかし、それのみでは秋山百姓は納得しなかったらしく、さらに翌年には新たな補償の約束が結ばれた（島田一〇四七）。

相定申証文之事

□州高井郡箕作村秋山ニ而今度材木杣取五ヶ年願上申候杣山之儀ハ、従古来山かせきニて渡世送リ来候付、杣取致候ハヽ末々□姓困窮可致之由尤ニ存候、依之秋山村中助成金として□年ニ金子四百両宛五ケ年之内毎年杣入之節急度相渡シ□申候、若檜一切出不申候年ハ右之半金相渡シ申筈ニ相定申候、□之通少茂遅滞申間敷候、若相違之儀御座候ハヽ、杣人足山内江□入被押置候共其時少茂違乱申間敷候、為後日仍如件

江戸本所松坂町弐丁目大坂屋

高見嘉右衛門

宝永六年丑七月

箕作村名主

三左衛門殿

材木問屋が大坂屋になっているが、はたして紀伊国屋に代わって事業に参入してきたものか、あるいは追加されたものかは明らかではない。いずれにせよこの事業が五ケ年にわたる相当に規模の大きなものであったことが窺われる。ここには前史料同様に伐木が「末々□（百）姓困窮」をもたらすことが書かれており、助成金の額も毎年四〇〇両を出すと約されている。その内訳には地元の者を人足として使うための給金も含まれていたかもしれないが、それにしても、秋山での材木伐採は、年間四〇〇両という大金を支払っても成り立つ事業であったことになる。ただし、檜を伐り出さない年は半額とあり、伐採の主目的は建築用材たる檜にあったことが知られる。

ここでは、やはり助成金が大幅に引き上げられた点が興味深い。増額の理由として考えられるのは、文脈からすると、杣取による秋山百姓の困窮がより重視されたからということである。正月の箕作村百姓らの訴えから七月に至るまでに、どのような事情があったのであろうか。実は五月の段階で名主三左衛門をはじめ秋山の百姓たちは御役所に対して左のような文書を提出しようとしている（島田二五。複雑な推敲の跡があるので、改行・字配りを原文のとおりに掲げる。◆は判読できない文字）。

（端裏書）
「宝永六丑　秋山御尋」

差上申口上書之事

一、信州高井郡箕作村之内秋山、古来立初之時代
御尋被遊候、右秋山之儀何百年以前より立初申候哉
年数難斗奉存候、前々より老人共申伝置候ハ、
往古平家方之落侍山中へ忍、数年罷有、

右之秋山見立致在居、段々子孫相続仕立来り
申候由ニ御座候、近キ頃迄武具之類少々持伝候者
御座候得共、折々困窮之節不残売払、只今ハ
左様之者も所持不仕候、尤家業之義も深山之
義ニ御座候へハ、何ニ而も〔外ニ田畑少も無御座、外ニ〕かセぎ可仕様も無御座、専一
山かセぎニ而板木〔桶はち曲物〕板木等伐出シ、越後御領〔領〕ニ而相払
渡世送り来申候、是又何百年以前より山かせぎ
仕候哉、往古之義ハ年数難斗御座候へ共、百年余
慶長年中よりハ代々御地頭様へ山為御運上〔年貢〕金
弐歩宛年々無増減只今迄上納仕、山かせぎ仕、
渡世送来り申候〔尤先御地頭様御代も右山ニ少も御構無御座候〕○自今以後共ニ秋山之儀山かせぎ
不仕候へハ、渡世送り可申様無御座候、〔右◆申候◆◆妻子等〕此以後〔間向後共ニ〕以御慈悲
往古より之通秋山之百姓永々相続仕候様ニ
奉願上候○少も相違之儀不申上候、○以而申上書如件、
○且又箕作村御林と申場所ハ先御代御地頭松平遠江守様御代
御用ニ而雑木
数年栗檜雑木伐出候所、

信州高井郡箕作村之内秋山

宝永六年丑五月

百姓

御地頭様代
本村より半道余有之深山続山之木立ニ而先御代も
御座候此所御林ニ■御引渡し■御座候哉と
申　留山ニ而御座候
御座候故　御
奉存候、御■札立置申候、此外ハ御林と
申ハ当村ニ無御座候、右秋山ハ本村より
七里隔り往古より秋山百姓かせき山ニ
代々　少も
御座候故、御地頭様より御構無御座候、右之通
少も相違之義不申上候、以上

孫右衛門
徳重郎
作重郎
長左衛門
与重郎
彦右衛門
（一五名略）
庄や三左衛門
組頭与四右衛門
同　庄右衛門

御役所

乍恐御加筆奉願上候

正月の嘆願を承けて、庄屋は御役所に何らかの訴えを出したようである。それに対して御役所からは秋山についての「御尋」がなされた。文中で秋山の生活と生業に関して詳しく述べられていることから類推すると、お尋ねは秋山の起源とともに「家業」に関わる山地利用に焦点の当てられたものであったと考えられる。

史料中で語られる内容は、訴願のためのものであるから一定度の誇張を含む可能性はあるが、秋山の実態を外に向かって説明する文章としては興味深い。文書は、まず最初に秋山の起源を説明するところから始まっている。ここで平家落人に由来する伝説が出てくる点は注目に値する。鈴木牧之なども平家落人伝説を地元の住民から聞いているが、文献史料上では一八世紀初頭段階のこの文書が初見であろう。秋山の古さを強調した内容となっている。

次にいよいよ「家業」の内容が語られる。山奥で田畑もないと述べ、山稼ぎを専一に暮らしているという。仕事は桶・木鉢・曲物・板木の生産で、それらを越後筋へ販売して生活しているというのである。そして、慶長年中（一五九六〜一六一五）より地頭に対して年貢を上納してきたと述べている。貢租負担は、生業に関わる権利が公認されてきたことの裏返しの意味をもち、これが後段、領主による配慮を求める際の根拠になる。

またこれに絡めて、秋山の内に御林が存在しなかったことが推敲の過程で挿入されている。その具体的内容は、末尾の追加部分に書かれている。要するに箕作村の一部には御林があるものの秋山にはなく、秋山は基本的に百姓稼山だとの主張である。ここでは、口山と奥山というような区別はなされていない。平地集落にとっての山とは異なり、そもそも山地集落では集落から相当距離の離れた山までが活動領域となる。口山と奥山の区別よりは、領主の強力な規制が及ぶ御林かどうかの方が問題とされるのである。

そして本文末尾に至り、この文書全体に関わる主張が現れてくる。それは文中の文言に従えば、「往古よりの通り、秋山之百姓永々相続仕り候様に願い上げ奉り候」ということである。山稼ぎができなくなっては暮らしていくことができない。だから従来どおりの細々とした山稼ぎの生業で暮らしていけるよう「永々相続」させてほしいとの主張である。いいかえれば、小規模日常的な生業を恒久的、安定的に維持していきたいとの希望である。山林の大規模伐採は、木工品作りなどの秋山住民の生業を脅かすものだったのである。こうした訴えを前提に、おそらく助成金は増額されたのであろうが、地元からの訴願自体が助成金額引き上げのための駆け引きであったとは考えにくい。というのも、地元百姓が名主に対して、費用は負担し、結果は問わないから江戸まで訴えに行ってほしいとまで頼み込んでいる事情があるからである。秋山の百姓にとって、自らの稼ぎの場となる山は、子々孫々にわたり永続的に利用すべきものと観念されており、一時の稼ぎのために生活の体系が破壊されることは避けるべきものと認識されていたことが読み取れる。結果的に島田家と大坂屋との間で四〇〇両助成の約定が交わされたかどうかはわからない。同文書には印もなく正文ではないためである。もしかすると、大坂屋側から提示された提案にすぎなかったのかもしれない。

いずれにせよ、助成金が約定どおり支払われたとしても、秋山百姓たちの懸念を解消するものになったのかどうかは疑問が残る。というのも、口山を伐採から除いたり、助成金を支払うことで生活維持の対価に充てるという発想は、山地住民の意識とは大きくずれるものと考えられるからである。口山が生活に密着した場であるという認識は、燃料としての薪や農業に必要な肥料を得る集落近隣山としての役割を期待してのものである。福田アジオがモデル化し[14]、歴史学の分野で盛んに引用された「ムラ・ノラ・ヤマ」という同心円状の理解と合致するものといってもいい。しかし、秋山のような山地の中に立地するムラの場合、集落そのものが傾斜地のただ中にあり、ヤマに対する観念のあり方も平地にとってのそれとは大きく異なると考えた方がよい。秋山の場合、集落に近いヤマは焼畑地などに利用されることが多く、時によっては相当離れたヤマまでが焼畑に利用された（近代の報告であるが、山田亀太郎・ハルヱ述による『山と猟師と焼畑の谷』〈白日社、一九八三年〉五九頁には[15]、集落から二時間も歩いた場所に焼畑を開いた体験が書かれている。）。したがって、平地的な意味での口山を伐採地から除くだけでは、秋山の生活・生業は維持できない。ムラから離れたヤマは木材採取の場となり、また狩猟の舞台ともなった。山菜・キノコ・繊維素材（イラクサ・シナ皮など）採取の場としての意味ももっていた。すなわち、ヤマのもつ意味や重さが平地の村々にとってのヤマとは全く異なるのである。そして、秋山はまさにそうした山の循環的利用を前提として生活を成り立たせてきたわけである。住民が山林の大規模伐採に大きな不安を抱いたのは当然のことであった。

二　「生活文化体系」の視点から

1　名主の提示した救済策

秋山地域を管轄していた箕作村名主の島田三左衛門は、秋山の困窮を救うために、代官に対して救済プランを提示し、そのための助力を求めていた（島田五二七）。しかし、名主の主張によれば、百姓たちは「頑愚」で、これまでのたびたびの助言にも耳を貸さず、あえて積極的に生活の改善に乗り出そうとはしていないという。では、名主の考える救済プランとはどのようなもので、いかなる考え方に基づくものだったのであろうか。

プランは、まずは大人も子供も含む住民たち全員に、一日一定量ずつの扶持米を与えることから始まる。三左衛門によれば、この方法は秋山の者が外へ移転する必要もなく、費用も少なく、苦労も薄い手段であるという。そして、その扶持米をもって自力で山林を農地に伐り開かせることがまず必要だと説く。そうすれば自然と陽気も地味も改善され、畑作の出来も良くなる道理であると。その資金調達案は次の幾種類かがある。

①　御公儀様のご威光をもって諸国豪家へ「秋山御手当金」として仰付けられることで調達する。この資金を御支配様方で預かって、利息金のみを下してもらい、年ごとに村役人が米穀を買い求め、毎月朔日と一五日の二回割り渡す。

②　近年一ケ所で何千両もかかる御国役普請が多く行われているが、その内訳は諸雑費のみで、やってもやらなくてもさして効果のないものが多い。そうした小さな御普請場に費やす費用を回してもらうだけで、秋山は永続さ

せることができる。

③　一〇年間無利息の御拝借金を下され、身元宜しき者に一〇両、二〇両預け置き、元金は年限とともに御返済する。利息金は積み立てて御役所付け送り金として支配所へ貸し付け、その利息金をもって年々米穀を買い求め、秋山への御手当とする。しかし、長年の御支配中には潰れ金も出る可能性がある。

④　右の金子（無利息の御拝借金）をもって田地を買い（買うには過分の年数もかかるであろうし、融通金子の二倍程度の入用になる）、秋山分と名付け、作徳米の内から年貢諸役・村入用を支払い、残りを村役人から年々添え渡すようにすれば、御公儀様にも損分は出ず、秋山も飢渇を免れて凶作にも餓死者は出なくなる。

右のごとき案を提示したあと、さらに次のように書き記している。

米穀を食候ハヽ、里地同様人勢盛ニ相成山林を切開、糞養も相増、悪土転而良地与相成、終ニ者御益筋出来者歴然可成候、付淵川縁等之御新開より遙ニ相増可申候、其上壱ヶ月両度ニ割渡候ハヽ、年々二十四ヶ度御尊名之顕候義ニ付、年々歳々月日与倶ニ御慈悲之無尽期万々歳ニ至候而茂今日右村江御来臨御手渡被下置候、同前民之父母と可奉仰、末々何億万人之命を御助可成哉難斗知、無此上御徳行ニ奉存候、

すなわち、米穀を食せば里地と同様に人勢盛んとなり、山林を伐り開くことができる。糞養も増して悪土は良地に転じ、利益も上がるようになることは明らかである。川沿いの新開地などよりは遙かに益が増すことであろう、というのである。さらに一ヶ月に二回恩恵を施すことになれば、年に二四回も御尊名を拝することになるなどと、代官の名誉欲をくすぐるようなことも書き添えている。

2　救済の根底にある認識

名主三左衛門は、右のようにいくつものプランを提示し、秋山救済の方策を探っている。三左衛門がこのような提案をするに至ったのは、時の代官矢島藤蔵が秋山の生活の悲惨な様を知り、名主に対してお尋ねをなしたからである。(16)三左衛門の案は、諸国豪家から「秋山御手当金」を取り立てるなど、当初から実現可能性を疑わせるような内容を含んではいるものの、文中で祖父以来の秋山救済の実績を強調し、自らも資金を拠出する用意があることを表明するなど、善意として、あるいは名主の責務として、秋山の者たちを救ってやらねばならないとの意志は強く感じられる。三左衛門は「貧村の義、見るに忍び難く」と、この機会に具体的な救済手段を具申しようとしたのである。

ただ、その根本的な認識には、疑問符を付けざるをえない点が含まれている。それは救済の基本的方針として、「米穀を食べさせること」「山林を伐り開かせること」「畠作農業をさせること」を措定している点である。言い換えれば、「里地同様」の生活をさせることで、秋山の者たちは幸福になれると考えている点である。米を与えて体力を養い、それによって山林を伐り開けば日当たりも良くなり、地味も改善する、と述べているが、これは明らかに畠作を目的とする開発にほかならない。当地で焼畑農耕が広く行われていたことは前述のとおりだが、三左衛門の案に見える「畑作」は畑地と山林との循環的な利用を繰り返す焼畑ではなく、常畠を想定していると考えられる。ここには、山を山として利用する視点は全く欠如している。これは山の利用は生活の改善には役立たないと見切ったゆえの判断かもしれない。しかし、それでは秋山の住民の生きてきた環境や、もっている知識・技能からは相当乖離した生活を強いるものとなるであろう。

もちろん三左衛門の提言は、代官から秋山救済のための資金を提供してもらうための願書であるから、役人向けにことさら生活レベルの低さを強調し、またあえて秋山人を劣位に置かれた存在として貶めて表現した要素もあるかもしれない。その意味では、「秋山様子書上帳」の内容が全て事実かどうかという疑問はあるし、三左衛門の本心どおりの認識が記されているかどうかはわからない。ただ、少なくとも平地的な生活を是とする認識があったことは確かであり、その点では秋山の生活を総体として理解していたとは考えにくいのである。

3　「生活文化体系」という視座

当然のことではあるが、個々の集落には、その環境に適した生活のスタイルがある。同じ平地でも低湿地帯と台地では異なるし、海辺でも都市的な海運の拠点と漁業や塩業を主体とする地域では異なるはずである。山中の集落も同様で、所与の資源の種類や量によってその差は現れてくる。まして秋山のような山中の集落と名主の住む平地の村とでは、その違いは相当大きなものとなろう（もちろん微細な視点で見れば、集落内の各家ごとによっても多様な差異はありうる。ただここでは生活共同体的な集団としての傾向を問題にするため、集落という単位を問題としている）。各集落には、そこで生きるための環境利用のあり方、衣食住のスタイルや信仰の類型、あるいは生業や生活の維持に適した村落組織などが自ずと形成されてくる。また、環境を利用していくための知識（生活知）や身体技法・技能も自ずと身についてくる。そして、これら諸種の文化要素が相互に絡まり合って、その土地で生きるための一つの体系をなしていると見ることができる。これら生活に関わる文化的事象を一括して捉える概念として、「生活文化体系」という用語を用いるならば、各環境によって生活文化体系は異なったものになるのが当然と見るべきであろう。

ところが一般的には、平地（特に稲作を主体とする農業村落）の生活型が「標準」的であり、また理想型であるとする理解が浸透しているように思われる。それは過去を眺める現代の視点のうえでもそうであり、過去の平地民による認識も同様であったと考えられる。すなわち、生業としては稲作に励むのが真っ当な姿であり、米を食べられるのが幸福だという認識である。名主三左衛門の提案も、こうした認識に立ったものであったことは明白である。

しかし、貧しいといわれる山村に長寿地帯があるように、食文化一つ取っても、単純に米食が理想といえるかどうかは安易な思い込みを許さない部分がある。秋山の場合も、鈴木牧之の出会った齢八旬に及ぶ老人は、昔はトチ・ナラの実をたくさん食べたが、近頃は驕りが増して粟や稗を多く食べる家もあると話し、「こう奢が増長してはならぬに、是には込《(困)》り申た」とまで述べている。多少貧しさを強調して平地人の驚きを誘おうとするニュアンスも感じられ、これを本心と断言することはできないが、それでも、豊富な雑穀や木の実があれば体力を維持し、長寿を全うすることも可能であったことは興味を惹かれる事実である。少なくとも山地集落における生活文化体系の多様な側面を視野に入れ、平地的生活を上とし山地生活を下とする「常識」を一歩引いた視座から見つめ直さない限り、秋山住民に対する支援は現実的なものとはなりえないであろう。その点で名主による救済策は、秋山の人々にとって埋めがたい認識の溝をもつものになっていたといえる。

4　多様な環境利用のあり方——大規模伐採を求める山村——

秋山の場合、地元住民は大規模な林業開発には不安を示し、反対の意志を表した。そして、小規模日常的な環境利用の恒久的維持を第一に考えていた。しかし、山地集落がみなそのような型の環境利用を志向していたかというと、必ずしもそうではない。もとより山地と平地とでは生活文化体系そのものに大きな差異があるが、同じ山地にある集落でも、秋山とは異なった様相を見せる地域もあった。山村によってはむしろ地元の百姓たちが積極的に都市の材木問屋と結び、森林伐採を主導している場合もある。甲斐国巨摩郡早川入諸村の場合がそれにあたる。

甲斐国は中央に逆三角形の盆地をもち、周囲は全て山に囲まれた地形をなしている。北西部と北東部に源を発する川が盆地南部でY字形のように合流して富士川となり、南の駿河湾に向かって流れ下る。富士川最大の支流が、西側の南アルプス寄りから合流してくる早川である。早川流域は急峻な渓谷地帯で、古くは早川入りと称されてきた。一帯は良材の産地で、早川・富士川を通して運材の便も良く、中世末期には相当量の林業生産があったと考えられる。戦国期に当地を支配した武田氏親族の穴山氏に対しては、在地土豪から材木の奉公がなされたし、徳川家康が駿府城を建て、さらに江戸に入ってひどく傷んでいた江戸城を緊急修理した際も、早川からは合計二万本に及ぶ材木が送られたと考えられる。(17)

こうした材木生産を主導的に行ったのは、早川入各地に蟠踞していた土豪たちであった。近世に入っても、彼らは平地部・都市部との連携を保ち、積極的な林業経営を行っている。例えば、早川の支流雨畑川沿いの狭隘な谷あいに位置した雨畑村では、手広く各地の建築現場に材木を送っており、その相手先は近隣の身延（久遠寺）・甲府（田安屋敷）ばかりでなく、江戸（寛永寺・江戸城・水戸屋敷?・筑前国黒田美濃守産物会所?）・駿河江尻（妙蓮寺）・駿府（浅間社）・鎌倉（八幡宮）・京都（御所）といった遠方にまで及んでいる。(18)そして、この盛んな林業生産の背後には、材木需要を目ざとく発見し、他を出し抜いて売り込みをする経営努力があった。雨畑地区の旧家に次のような文書が残されている（『早川町誌』六六四頁掲載史料）。

乍恐以書付奉願上候

今般就御用当国御林、並百姓山、其外地木等まで御取調御見分在之、右者去月中私下調奉書上候川内領村々社木、百姓持木、檜、槻、杉、樅、御材木並ニ板木共伐出し方之儀、最寄私共に請負被仰付被下置度奉願上候、尤他木川縁通ニ御座候茂、此節より被仰付被下置候て年内中江戸廻木御上納可仕候、勿論御代永之儀は江戸請負人納方

より成丈引下ゲ御請負可仕候、尤御差急き御用ニ付、御代永之儀は木品出来高ニ応じ、其時は御見分奉請、当御役所様におゐて御渡方被仰付様奉願上候、既ニ先年久能山、東叡山御材木被仰付被下置候節茂、中井清太夫様御役所におゐて御渡被下置候御用相勤候、

右願之通被仰付被下置候ハヽ難有仕合奉存候、以上

天保十五辰年七月四日上候

巨摩郡　雨畑村

願人　源次郎

高山又蔵様

御役所

ここからは、周到な見積もりのうえに、早い納期、価格の割引、代金後払い、実績の強調と、営業活動のお手本のような売り込みを展開していたことが知られるのである。また、同じ早川入の京ヶ島村の名主斎藤家は、左のように他地域の者と手を結び、共同事業として伐採を行っていた（斎藤義直家文書A－j③－18－3）。

相対議定一札之事

一、甲州巨摩郡黒桂村山買請唐檜・白桂之類、乗物棒其外白木荷物ニ致、何国江成り共直段宜方江相廻し仕切之上横徳三ツ割之積り議定仕候所相違無御座候、然上ハ右仕入金高ニ応し、三ツ割ニ無滞出金可仕候、右議定仕候上ハ、万一損失仕候節ハ相互ニ無相違出金可仕候、為後日仲間相対議定一札仍而如件、

信州稲核村

宮下佐右衛門（丸印）

同所

文化十一戌年三月廿九日　　　　　　　川上勝右衛門（丸印）

甲州京ヶ島村

斎藤茂兵衛殿

この史料によると、斎藤家は信州北部の稲抜《いねこき》村の者とはかって、早川入にある黒桂《つづら》村の山から唐檜・白桂などを伐る計画を立て、三分の一ずつの出資高や儲けの三等分の原則などを決めている。(19)

5　早川と秋山の相違と共通性

このように、早川の場合には盛んに伐採を行っていた。その背景には、良材の産地であることや、太平洋岸までの運材ルートの存在など、恵まれた条件があった。そして何より事業を推進する在地有力者（中世の土豪の系譜を引く名主など）の存在があった。

この点で比較すると、秋山には、主体的に大規模な事業を生かす条件が整っていなかったし（在地有力者の不在）、個々の家の経営形態もおそらく早川とは異なっていたと考えられる。同じ山村とはいっても、山の深浅、資源の量、河川など平野部との通路のあり方、地域による需要の違いなど、種々の条件によって生活文化のあり方は大きく異なっている。また、同じ集落であっても、時代とともに生活文化の諸側面に変化が見られることもある。つまり、空間的にも時間的にも、山村の姿は一様ではないのである。

ただし、山地環境の利用のしかたや労働の組織などについて異なる点はあるとしても、山地集落としての共通性は見られる。それは山地の住民が、その生活の平地に比べた悪条件を並べ立てて負担の軽減や支援を求める場合に端的に表れる。そして、実際そうした機会は多くあった。早川入でも、享保二〇年（一七三五）には、「御国一の大悪所」ぶりを強調し、村々が一致して貢租負担方式の軽減化を訴え出た事例がある（斎藤義直家文書D‐c‐①‐七‐八）。延享三年（一七四六）にも、早川入のうち一〇ヶ村が、田が少なく、日陰地が多いため畑の出来も悪く、急流となる谷川は水害を起こし、地震で山は崩落し、獣が出てきては畑を荒らすという、数え上げればきりがないほどの悪条件を掲げて、年貢負担の軽減と支援を要請している（佐野政男家文書七一）。米家泰作が紹介している奈良県吉野川上流の四一ヶ村が提出した諸役免許の嘆願書も、早川入や秋山の場合ときわめて類似した文言によって山地のデメリットを強調している点で興味深い[20]。

一、吉野郡之儀ハ、極山中、皆畑ニ而、第一粟・稗・芋・大豆・小豆作仕候処、猪鹿猿近年夥敷徘徊仕、作物をあらし申ニ付、猪鹿垣并垣内ニ幾所も小垣を仕、毎夜猪鹿追仕候貴（費）大分也事ニ御座候、其上山畑之儀ハ、こやし修理等ニ以之外手間掛り、平地とハ客別費多御座候、（正徳六年〈一七一六〉「吉野郡古蔵入四十一ヶ村嘆願書控」、『川上村史史料編　上』九一～九四頁）

秋山でもこれとほぼ同時期の文書に、

深山之義にて御座候へば、田地一円無御座候、尤、焼野畑仕、粟・稗・大豆・小豆・荏等少々作り申候へ共、渡世に罷成候程之儀にて無御座候、栩《とち》之実等第一之食事に仕候

と書き上げられている（島田四七八）。冒頭の部分などは、共通のテキストを参照したかのような類似ぶりである。

山地に平地型の生活類型を持ち込んで暮らそうとすれば、当然ながら悪条件に苛まれることになる。傾斜地で水田は開けず、森林に覆われて耕地への日当たりは悪く、日照時間は短く、生産性は悪い。上り下りを要する地形で重労働となり、米を主食とはできないままに体力は激しく消耗する。生活文化体系が異なるので、実際には山地で平地的

な生活をするわけではないが、少なくとも平地人の思い描く山地生活の劣悪さは、右のような想像を可能とする。しばしば共通するのは、耕地が水田でなく畑または畠であること、雑穀を主に栽培していること、山崩れや地震の被害が大きいこと、野生動物による被害が大きいこと、農業が困難なためやむを得ず林業や木工などで糊口を凌いでいること、しかしその収入はわずかで生活が困窮していること、などである。こうした悪条件を並べ立てる上申書や願書の類は、平地人の想像を逆手に取ったともいいうる文章である。類似の文章が各地に残されているということは、山地集落における生活文化に、小異を超えるある共通性があったことを示唆している。山地の生活文化は多様でありながら、平地に対してはまたある種の共通性を有していたのである。それは生活文化体系の相違を逆手にとった言説ともいえるものであった。

三　根幹的志向としての「自律」

1　依存と自律と

確かに箕作村の名主は秋山救済の意志はもっているものの、秋山の生活文化に対する理解は必ずしも十分とはいえない面があった。また、秋山住民には、名主が手を差し伸べても、容易にはそれに従おうとしない面があった。両者の間の齟齬はどこから生じるものなのであろうか。これまでの考察によって、生活文化体系やその認識についての差異に、一つの重大な答えがあることが明らかになった。ただ、唯一の解答をそこに求めるだけでは未だ充分ではない。名主や領主からの援助に応じている場合もあるからである。援助に応じたり拒絶したりと、秋山住民は一貫しない態度を取っているようにも見受けられる。ここにまだ別の要因は隠されていないだろうか。もう少し両者の関係について考察を進めてみたい。

享保七年（一七二二）、秋山は飢饉となり、領主から金六両余の貸渡しを受けた。翌年より三年間で返済の予定であったが、翌年も霜害により「大悪作」となったため、返納の延期を申請している（島田八六四）。ここで領主との間を取り持って借用金受給を計らい、さらに返納延期を願い出ているのは、ともに箕作村の名主であった。また延享元年（一七四四）、秋山の小赤沢で権之助家など三軒が焼ける火災があり、これについて名主三左衛門は秋山から来た者に合力のため「こぬか」四斗五升を渡してやった。同年には、秋山から太左衛門・長助がやってきて年賦金の日延べを依頼され、三左衛門は願いのとおり聞き届けている。このうち長助は三〇〇文を返済金として持参していたが、これも受け取らず秋まで日延べを許している。さらに同年、秋山に稗を貸した記載もあり、また、秋山から背負い出してきたサワラの樹皮三枚を「こぬか」に換えてやったりもしている（島田一五五一）。あるいは天保八年（一八三七）の飢饉に際しては、箕作村全村が公的援助の対象になったが、秋山の四集落七七軒に対しても、一軒当たり「粉のか（ぬか）」五升・塩一升ずつを配給した記録がある（島田八三八）。

これらはたまたま断片的な日記や文書の中に現れた事例であるが、おそらく実際には、より多く名主の支援を受ける場合があったものと考えられる。すなわち、秋山住民は必ずしも名主との関係を拒絶したり、頑迷に援助を受け付けなかったりしているわけではないのである。ある場合には困窮を救おうとする名主の意志に対してこれを受け入れ、またある場合にはこれを拒否することもあった。名主をして「偏屈」と言わしめた理由はこのあたりにもあると考えられるが、この一貫しない対応はどこに発するものであろうか。

まず冒頭の名主による秋山救済策に関して検討してみると、秋山住民が頷じようとしなかったのは、生活スタイルそのものを変えるような働きかけに対してであることがわかる。他地域への移住はもとより、平地に下っての奉公を生計の主とすることも嫌っている。名主は山林を伐り開かせて常畠を広げさせようと考えているが、おそらくはこれも秋山の住民には受け入れがたい考え方であろう。一方、拒絶していない援助は、一時的な食料や資金の援助であり、生活文化体系の改変を伴わないものであった。

ここにはたらく原理を考えた場合、根本的で長期的なものか、緊急で一時的なものかの違いということもできるが、別のより深いレベルで捉え直すこともできるのではないか。それはすなわち、究極的には、自らが望んでいるかいないかの問題であろうと考えられる。どんなに外から合理的に見えても、自らが望んでいない変革を押しつけられることに対しては強い拒絶を見せる。言い換えれば、自律的な判断として望む援助は受け入れるが、押しつけの支援には従わないということになる。自律性が確保できるかどうかがカギとなっているのである。当事者としての自己決定の論理と言い換えることもできる。この判断のうえに立って、一時的な援助は自らが望むものであるゆえにこれを要請し、あるいは受け入れ、生活文化の改変を伴う支援については望まないものであるために、これを拒絶したと考えることができる。

2　能登国時国村における曽々木の自律性

実は類似の事例を見出したことが過去にもある。能登国鳳至郡時国村の近世初期における例がそれである[21]（図1）。秋山とは対照的に海辺の事例で、舞台となるのは日本海に面した曽々木という集落である。曽々木の百姓はもともと製塩と漁業、それに小規模な地廻り廻船で生計を立てていたと考えられる。ところが近世に入ると、海辺から川を一キロほど遡ったところにある時国村の枝郷として行政的に組み込まれることになった。時国村の本村は時国家という

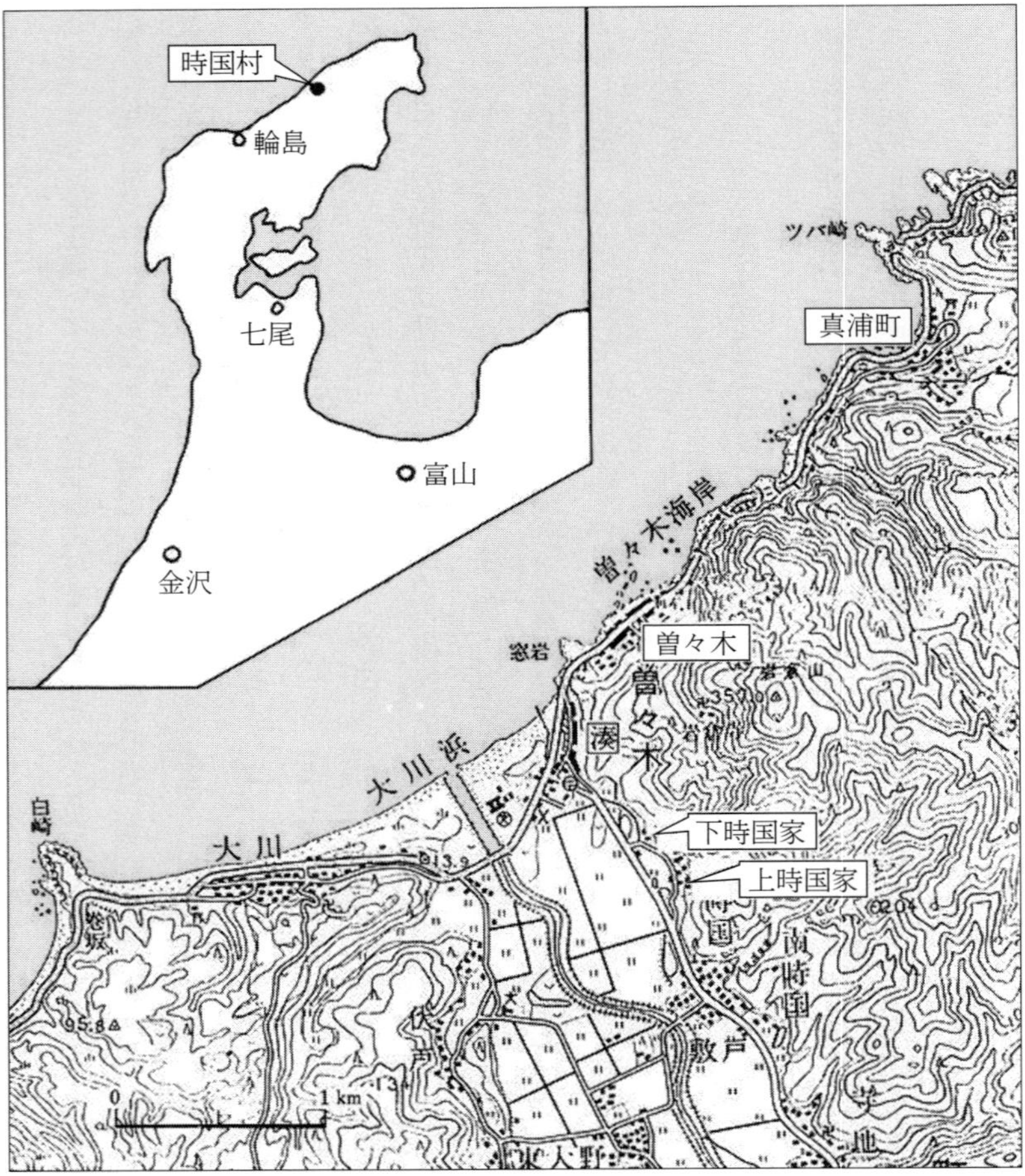
時国村
輪島
七尾
富山
金沢
ツバ崎
真浦町
曽々木海岸
曽々木
窓岩
湊
大川浜
大川
下時国家
上時国家
南時国
敷戸
東大野
1 km

図１　時国村周辺図

中世以来の有力家が一人で百姓をつとめる村で、同家は、広い田畠を有して農業を経営し、また、廻船業を営んだり鉱山採掘にも手を出そうとするなど、多角的な経営で地元の産業センター的な役割を担っていた[22]。やがて曽々木は時国村の庄屋時国家からさまざまな支援を受けることになる。例えば、塩生産のためにあらかじめ貸し付けられる米（塩手米）が入手できずに、時国家を介して調達を頼んだり、塩年貢の代銀が領主に納められず、時国家の口ききで塩問屋から借金をしたり、時国家の持ち山で製塩燃料となる薪を幾度も盗伐し、そのたびに詫状を書いて許してもらったりしている。

このように生活の諸側面で時国家に助けてもらっていたわけであるが、何と寛永七年（一六三〇）になると、曽々木の百姓たちは時国村から分離独立したいと訴え（『奥能登時国家文書一』九〇号文書。以下、「時国一―九〇」のように略す）、さらに、万治年間（一六五八～六一）にかけて、時国家を相手取り、塩手米を貸し付けて「村を潰そうとした」と主張し、別村にしてほしいと訴え出たのである（時国一―一四八・二一二～二一五・二一七）。このの後、訴訟はいくつもの論点を含みながら天和二年（一六八二）頃まで断続的に続けられるが、不可解なことには、この訴訟の係争中にも曽々木の百姓たちは時国家を頼り、借金をしたりしているのである。相手に援助を頼みながら、その相手の支援を「村を潰す企みだ」と訴えるというのはどういうわけか。さまざまな状況から検討してみると、次のようなことがわかってきた。

曽々木側が問題としていたのは、庄屋としての責任と権限を楯に、望むと望まざるとにかかわらず強制的に曽々木の生業に介入し、意に従わせようとする時国家の姿勢であった。曽々木は中世以来時国家とつながりをもち、必要なときには頼ることもしてきた。時国家は、製塩燃料として欠かせない山を広く所持していただけでなく、製塩作業の元手となる米も多量に有していた。地域にとってある意味で公的な性格を帯びた家であったといえる。したがって、時国家と曽々木とは有機的な関係を築いてきたし、こののちもそうした関係を断絶することはあり得なかった。

しかし、時国家が曽々木にとって必要な存在であることと、時国家の庇護下で過剰な介入を受け、従属を強いられることとは同意ではない。時国家とは村の立地条件も生業類型も生活も異なる、つまり生活文化体系が異なる曽々木にとって、その独自のあり方を維持するためには、「必要なときには頼るが、望まない介入はしてほしくない」という意志があったのである。頼ることそれ自体が自律的な選択の結果でなくてはならなかった、といってもいい。もちろん頼ることに対して、応分の負担をすることは曽々木側も当然のこととして認めている。要するに、必ずしも「自立」はできないが、自らの進路は「自律」的に選択したいというのが曽々木百姓たちの意志であった。

3　「自立」と「自律」

場所も立地条件も全く異にするが、この曽々木の事例と秋山の事例には、ある共通したものを読み取ることができる。もとより、両者とも他からの援助を全く受けない「自立」は不可能な状況にあった(23)。しかしだからといって、大規模災害によって集落が消滅でもしてしまわない限り、そこでの生活を捨て、あるいは生活の形を大きく変えることは難しかったし、改変する意志ももたなかった。

それは、背後に、長期にわたって蓄積されてきた生活文化の智恵（生活知・生業知）があったためであり、逆に生活のあり方を改変して新たな生活に即した智恵を蓄積していくことが容易ではなかったためと考えられる(24)。とりわけ山村は、自然の中に食料や資材を求める度合いが高く、有用な動植物に対する知識やそれらを生かすための身体技能が多く求められる場であったことが指摘できる(25)。山地集落が、外部から一方的に貧困・後進といった印象で見られがちであったのは、自然利用を大きな要素とするその生活・生業の全体像が理解しにくかったことに大きな要因があるといってよかろう。それだけ山地では自然との関わりが大きく、逆にそこを離れた生活はしづらかったと考えられる。従来ともすれば我々は、「自立」の度合いで村の強さを測り、意志決定の根拠と見なしてきた。すなわち、「自立」した村は諸事自己決定が可能であり、他に頼りがちな村はその自由をもたず、不納得なまま意志に反した進路を強いられたと。しかし、それでは説明しきれない事例が多いのではないか。もちろん常に満足した決定であったかどうかは疑問である。不満足ながら納得しなければならなかった場合も多かったに違いない。しかし、満足か不満足かは別の問題として、たとえ不満足であろうと、納得したうえでの決定と納得も了解もしないまま強いられた事態とは全く事情が異なる。これは貢租の納入などと同様の事柄といってもよい。喜んで負担することはなくとも、何らかの形で負担しなければならないものであることは承知したうえで自ら支払うのである[26]。決して満足＝自立、不満足＝従属ではない。満足・不満足を問わず自律的な判断がなされているかどうかが、自立と従属との相違点である。

近世の集落に即していうならば、「自立」しているかどうかではなく、「自律」的な意志によるかどうかが、集落の進路決定に際して、むしろより普遍的な重要性をもつのではなかろうか。秋山住民が名主に積極的な依存をしたことがあったとしても、それは名主による援助を全て受け入れる根拠とはなりえないのである。与えられた環境を生かし、自らの技能と生活知をもとに自主的に暮らしていく。困窮した折には、自らの意志で頼る先を選び、申し出る。この「自律」こそが集落としての独立の証であり、これを放棄した場合、自らの生活文化体系を改変し、他者の隷属下に入る可能性を容認することになるのであろう。

もはや本章中で提起した、なぜ秋山の住民は「頑愚」にも名主の提案に従わず、生活の改善に取り組もうとしなかったのか、の答えは明らかであろう。

おわりに

第一に、秋山と箕作とでは生活文化体系が大きく異なるにもかかわらず、名主が示した生活改善策は、平地型の生活・生業類型をそのまま秋山に適用しようとするものであったからである。そして第二には、援助を求めるか否か、支援を受け入れるか否かは、あくまで住民の自律的な意志に委ねられるものであり、どれほど善意に発するものであろうとも、それに従うか否かは住民の意思に拠ったからである。そして、実際に名主の提案は秋山における生活文化体系を大きく改変するものであり、住民にとっては受け入れがたい内容であった。名主からすれば、平地型の生活を営めるようになることはすなわち秋山住民にとって幸福であり、また住民もそう望んでいると理解していたであろう。そのための提案を拒否し、従来の生活にこだわることは名主には理解できず、「頑愚」としか言い表しようのない不合理な態度と映ったのである。

しかし、平地民から見る秋山の生活と、実際に住民の抱く感覚には大きな開きがあった。鈴木牧之が「蝦夷人のごとき」と考えていた秋山びとの生活について、小赤沢のある老人は次のような言葉で述懐している。「己《うら》は七十五になれども山挊《かせぎ》が好きで、毎日〳〵夜明けより日が暮れねば内へ戻らず」（六六頁）。この部分は、前後の文脈から考えて、牧之の作り話と考えることはできない。実際に老人が語ったことであろう。外から見れば、過酷な労働に苛まれ、禽獣に等しい非文化的な環境に置かれていると捉えられる山地の生活であるが、当事者の老人には全く異なった感覚で認識されていたのである。もちろん労働の厳しさは平地人の想像を絶するものがあったであろう。それは近代の秋山の生活を聞き書きした前掲山田亀太郎・ハルエ夫妻による『山と猟師と焼畑の谷』やハルエ氏による『山の女』(白日社、一九九二年)を一読しただけでも一端を知ることができる。[27]しかし、二人が労苦とともに味わってきた充実もまた行間から読み取ることができる。

多様な立地条件・環境に抱かれた村落を見ていくとき、我々は無意識に自らの生きてきた「常識的」感覚でその性格を捉えようとしていないだろうか。同時代人ですら生活文化の感覚を共有できない中、現代に生きる我々が村に対して無意識のうちに平地的な農村像をイメージしてしまうのは仕方のないことかもしれない。しかし、安易に村々を「農村」と呼び習わすことで覆い隠されてしまう事象は想像以上に多いのではあるまいか。村落の実態を見ていくとき、本来ならばさらに個々の家の生業形態や家内での分業形態にも相応の関心をもって臨むべきかもしれない。同じ集落でも家によって多様な生活が営まれるのも普通のことだからである。が、文献史料にそこまでの情報を求めることはなかなか困難である。今の我々が心懸けなければならないのは、不用意な「農村」呼称を慎み、注意深く生活文化体系への目配りをすることであろう。村落の類型やその呼称をどのように追究・措定していくかは、今後考えていかなくてはならない課題であるが、少なくとも山地や海辺の村々には、「農村」と一括りにしては捉えきれない諸種の側面があることは確かである。

注

(1)「山民」という語は、柳田国男の述べた「山人」ほど特異ではないが、単純に山地の住民の意味ではなく、民俗的なニュアンスを含めて平地民と異なる若干特殊な意味合いで使われることが多いように思われる。

（2）網野善彦・石井進『米・百姓・天皇』（大和書房、二〇〇〇年）第五章、網野善彦『日本の歴史00巻「日本」とは何か』（講談社、二〇〇〇年）第四章、など。
（3）例えば、内山節・竹内静子『往復書簡 思想としての労働』（農山漁村文化協会、一九九七年）二一九～二二〇頁などに、他分野からの指摘がある。
（4）渡辺兵力「山村対策の基調」（山村振興調査会編『山村の変貌と開発』ミネルヴァ書房、一九八一年）、柳田国男「山立と山臥」（『定本柳田国男集 三一巻』筑摩書房、一九七〇年）、関和彦「山村と漁村」（『日本村落史講座二 景観Ⅰ』雄山閣出版、一九九〇年）など。
（5）歴史地理学の米家泰作は、山村を含む村落類型の成立を歴史的条件の中で捉える試みを展開している。それによれば、近世においてすでに、現代の「農山漁村」といった捉え方につながる「里方」「山方」「浦方」という区分が見られ、それは支配役人による在方把握の必要から生まれてきたものとしている。「地方書にみる近世の村落類型観―里方・山方・浦方―」（『中・近世山村の景観と構造』校倉書房、二〇〇二年）第七章。
（6）二〇〇〇年代に入るまで、文献史学の分野で「山村」をタイトルに冠した研究書はほとんどなかった。古島俊雄編『山村の構造』（日本評論社、一九四九年）は、山村の歴史・経済・社会に関わる書として著名であるが、その内容が本来的な山村の問題とずれていることは、拙稿「文献史学と山村研究」（『日本史学集録』一九、一九九六年）で指摘した。
（7）筆者は山地社会への関心から、本章論文までにいくつかの論考を発表してきた。「文献史学と山村研究」（『日本史学集録』一九、一九九六年）、「山村の潜在的経済力―甲州・野州の史料から―」（『中央大学山村研究会報告集』Ⅷ、一九九九年）、「ヤマから歴史を考える」（『長野県民俗の会会報』二四、二〇〇一年）、「山地の資源とその掌握」（笹本正治他編『定本武田信玄』高志書院、二〇〇二年、本書第一部第三章）、「山地土豪の中近世移行期」（『山梨県史研究』一一、二〇〇三年）、「山の世界と山野争論」（峰岸純夫編『日本中世史の再発見』吉川弘文館、二〇〇三年、本書第二部第一章）。
（8）この間の事情については、赤澤計眞「近世秋山郷の銅山経営」（『新潟史学』四二、一九九九年）。ただし、赤澤が享保三年以降にも銅山を経営していたとするのは誤りで、それは材木などに関する人足である。
（9）市村咸人「南信濃の山村におけるくれ木経済」（『市村咸人全集 八』下伊那教育会、一九八〇年）。
（10）所三男『近世林業史の研究』（吉川弘文館、一九八〇年）。

（11）田口洋美「クマ猟の谷―信濃秋山郷の狩りと暮らし」（『マタギを追う旅―ブナ林の狩りと生活―』慶友社、一九九九年）。

（12）中澤克昭『中世の武力と城郭』（吉川弘文館、一九九九年）第一部第二章。

（13）白水智「凍結された地名発音」（『別冊歴史読本 八一 地名を歩く』新人物往来社、二〇〇四年）。

（14）福田アジオ「ムラの領域」（『日本村落の民俗的構造』弘文堂、一九八二年）。

（15）山田亀太郎・ハルヱ述、志村俊司編『山と猟師と焼畑の谷』（白日社、一九八三年）。

（16）矢島は在任中に秋山救済法を具体的に立案しようとしていたようだが、文政八年四月に転任が決まってしまった。そこで矢島は金三両を秋山に下し、一両につき一月銀一匁の利足で希望者に貸し付け、年三六匁の利金のうち三〇匁を秋山年貢の一部として使い、残り六匁は世話役の筆紙代とするようにと、具体的な指示を出している（島田一四九）。

（17）白水智「山地土豪の中近世移行期」（『山梨県史研究』一一、二〇〇三年）。

（18）白水智『知られざる日本―山村の語る歴史世界―』（日本放送出版協会、二〇〇五年）一二八～一三五頁掲載の一覧より。

（19）白水智「山村地域の歴史をさぐる―早川町内の古文書調査から―」（『中央大学山村研究会報告集』一二、二〇〇三年）。

（20）前掲注（5）米家著書、第六章第二節。

（21）白水智「奥能登時国家にみる別各村問題」（『古文書研究』三八、一九九四年）。

（22）網野善彦『海から見た日本史像』（河合文化教育研究所、一九九四年）。

（23）もっとも考えてみれば、近世には「自立」など達成していない集落も多かったであろう。洪水、不作、飢饉といった状況に対して、何らかの形で近隣の有力者や領主にお救いを求め、あるいは公的資金による川除普請を申請し、あるいは食料の給付や貸付を願うことがたびたびに及ぶ集落も決して少数ではなかったはずである。

（24）ダム建設で水没する山間集落のさまざまな生活知を調査した『山に生かされた日々―新潟県朝日村奥三面の生活誌』（「山に生かされた日々」刊行委員会、一九八四年）は、そうした面の一端を示している。

（25）序章注（27）参照。

（26）現代の障害者問題について、「当事者主権」ということがいわれているが、これとも原理的には同様である。支援を受けなくては生活できないとしても、非障害者が自らの日常で常に自己判断していくのと同様に、最終的に支援を受けるかどうか、あるいはどこまでの支援を受けるかは自律的な判断をすべき事柄だとする考え方である。中西正司・上野千鶴子『当事者主権』（『岩波新書』、二〇〇三年）。なお、同書については石浜哲士氏のご教示を賜った。

（27）　前掲注（15）および山田ハルヱ述、志村俊司編『山の女』（白日社、一九九二年）。

第二章　近世山村の変貌と森林保全をめぐる葛藤

——信濃国秋山の自然はなぜ守られたか——

はじめに

現在の我々は、山といえば青々と木々の繁る風景を思い浮かべ、また実際にそうした山を目にしている。しかし、日本の山は昔からそのような姿で続いてきたわけではない。明治時代から高度経済成長にさしかかる時期の写真を見ると、山の上まで開き尽くされ、使い尽くされた山の景観を見ることができる。近代以前の山は、木材・薪炭その他さまざまな資源の供給地として、人の生活と深く関わりながら濃密に使い続けられてきたのであった。それはしばしば過剰な伐採を引き起こし、また、必要な資源を枯渇させてきた。ところが高度成長後、燃料も建材も食料も海外からの輸入に大きく依存するようになり、それまで資源の供給地であった山が見向きもされなくなると、皮肉なことに山には緑が溢れるようになってくる。つまり私たちが現在目にする山の姿の多くは、過剰利用の対極にある、手入れすらされず、荒れた山でもあるのである。

ところが近年、「日本人は昔から自然と調和しながら生きる智恵をもっていた」といったイメージが、実態の検証なしに耳当たりのいい言説として巷間に流布している。過剰利用にせよ手入れの放棄にせよ、およそ「自然との調和」とは言い難い実態がこれまでの日本にはあった。その一方で、山間地域に生きてきた人々の中には、確かに「賢明な利用」と呼んでいい持続的な資源活用の智恵も存在した。愚かな利用と賢明な利用、この二つはどのような背景のもとに生じたものなのか。また、それらを現出させた論理は何であったのか。私たちは歴史上の事実を正確に知っておく必要に迫られている。

ところで「自然との調和」を話題にする言説にはある特徴がある。それは弥生時代も古代も中世も飛ばしてなぜか縄文時代と江戸時代とを「自然に優しい」持続的な資源利用の時代としてことさらに持ち上げる傾向である。資源利用の智恵にまつわる起源が縄文時代に求められたり、あるいは江戸時代が自然と理想的に共存していた時代として説かれることが多い。一部にそうした動きがあったとしても、やはり理念的にも実態上も、それらを自然の賢明な利用を基調とした時代と見なしていいかどうかは、実証的に事実を積み上げて検証していく必要がある。(1) さらに、江戸時代を前近代社会の完成形と措定することは可能であるが、歴史的に見れば、同じ江戸時代の中ですら、その初頭と末期とでは、生活文化に大きな変化が見られることも重要である。つまり二百数十年の間にも生活自体は刻々と変遷を遂げているのであって、「江戸時代の生活」や、ましてや「縄文以来の生活」を自然との関係上単一的な像として見ること自体に問題がある。それは後進的・閉鎖的と誤解され、平地のような変化がなかったと考えられがちな山村地域に関しても同様で、実際にはその時代の政治・社会・経済を反映して多くの変化が訪れている。もちろん自然との関わり方、資源利用のあり方についてもしかりである。

本章では、信越国境の秋山地域の近世を素材とし、時代条件の変化の中で、自然と人間との関係性にどのような変遷があったのか、また、過剰利用と資源の保全をめぐる葛藤がどのような背景のもとでせめぎあったのか、そうした問題をたどってみたいと思う。(2)

一　秋山イメージの虚実

秋山地域は、いわば人跡稀な「閉ざされた山村」の典型と見なされてきた地域であり、世間的には、「古き良き生活文化が残る」というプラス評価の反面、「文化的に後れた生活を長く営んできた」場所と見られてきた。民話に「愚か村話」というジャンルがあり、全国各地の「後れた生活」をしていると認識されたところが蔑みと笑いの対象とされたが、秋山もその一つに数えられている。(3) もちろんそれは山村生活の豊かな智恵や技能を知らない平地人の勝手な作り話であり、後述のように山には山のすぐれた生活文化の体系があったのである。(4) しかしいずれにしても、秋山で営まれてきた生活スタイルに関する従来のイメージは、『秋山記行』に描かれているような近世後期の生活様式に関わる見聞や、また、近代以降の古老からの聞き取りによる生活文化の情報をもとにしたものであった。曰く、広大な山地を見渡す限りの焼畑に拓き尽くしてアワやヒエなどを作り、基本的な食糧を生産してきた。曰く、トチやブナなど広葉樹を素材にした木工品作りが盛んに行われ、人々の重要な生業となってきた。曰く、秋田マタギの系譜を引く伝統的な狩猟文化が現在に至るまで長く伝えられてきた。

確かに『秋山記行』を見ても、「拓き尽くされた広大な焼畑」のことは複数の箇所で書かれているし（宮栄二校注・東洋文庫版『秋山記行・夜職草』平凡社、一九七一年、五八頁。以下、同書よりの引用は頁数のみを記す）(5)、木鉢・木鋤などの木工品作りをはじめとする生業にも触れられている。また、秋田マタギの技術伝承による熊猟の様子についても、実際に秋田猟師からの聞き取り内容として語られている。

しかしながら気になるのは、私たちが近代以降の社会の大きな変化と対比して、こうした秋山の姿を太古の昔から続いてきた不変の印象で捉えがちだ、という点である。(6) 確かに明治以降、特に高度成長期の変化は劇的であり、秋山にも社会・生活のさまざまな面で大きな転換をもたらした。しかし、それ以前と以後の生活に二分し、前近代の生活文化を固定的に捉えるのは、はたして正しい理解であろうか。

秋山の歴史を史料からたどってみると、同じ江戸時代でも、その中でさまざまな変化が起きていたことが知られる。つまり私たちは、「古来の」「伝統的な」とされるような事象がはたしてどの時点からのことを表しているのか、それを厳密にたどってみる必要があるのである。そこで以下に、比較的大きな変動が秋山を覆ったと考えられる一八世紀後半から一九世紀前半にかけての社会状況を追いかけてみる。秋山の古き良き伝統とされてきたような生活のあり方は、おそらくその頃に作られたものではないかと考えるからである。

また前述したように、私たちが、伝統的な生活は常に自然との関係に配慮して営まれてきたようなイメージを抱きがちなことにも注意が必要である。長年にわたる自然とのつきあいの中から、山菜や動物の獲り方、あるいはその保全などに関し、さまざまな智恵・技能が磨かれてきたとはよくいわれることであり、確かにそうした一面があったのは事実と考えられる。がしかし、いつも誰もがそうであったわけではない。そこには人間の欲や自然との複雑な関係性があり、常に持続的な自然資源の利用を実現してきたわけではなかったのである。

大事なことは、過剰利用や逆に資源の保全を求めた論理がどのような背景をもっていたかということであり、また、問題の発生したときに、当地の人々がどのような打開策を見出してきたかという点である。資源の枯渇や人間社会内部の矛盾や葛藤が起きると、それまでにない生業やルールが生み出され、そこから新たな伝統と呼べる生活文化が築かれてきたと考えられる。山がそうした人間—自然関係の再生をなぜ可能にしたか、という点もまた重要である。そこには山という場に特有の資源特性を考えなくてはならない。

二 『秋山記行』の語る変化――「世の中は天変いたし申した」――

中津川沿いを遡り、大赤沢の集落に着いた鈴木牧之は、その地で八〇歳を越えた古老藤左衛門から次のような言葉を聞いている。

世の中は天変いたし申た。かゝる立木も知らぬ山中迄驕《おごり》が増長して、拙若《うら》い時分とは、天と地と、白いと黒いと云程違ひました（四七・四八頁）。

前後の具体的な記述からして、これは単なる文飾とは思われない。『秋山記行』が書かれたのは、文政一一年（一八二八）、つまり一九世紀前半だが、大赤沢藤左衛門の生きた時代の間に、大きく世の中が変化したというのである。藤左衛門の「若いとき」とは、一八世紀後半（一七〇〇年代後半）にあたることになるが、では、この頃、秋山にどのような変化があったのだろうか。

まず挙げられるのは、家構造の変化である。『秋山記行』では、大赤沢・小赤沢の場面で家屋の構造に関する記載が見られ、数十年前までは秋山の家々は基礎も土台も据えない掘建て造りだったと記されている。それが近年は基礎を据え、土台も設え、梁をもち、柱には貫穴を掘る構造に変わってきたというのである（三三頁）。壁も萱を掻き付けた草壁から土壁に変化を見せつつあった。また、食事に関しても、以前はナラやトチの実を中心としたものだったが、近年は粟・稗を多く食べるようになり、これは驕ったことで嘆かわしいと古老が語っていたり（四八頁）、夜具に関しても、里のような綿入れをもつ家が出てきたと述べられている（五八頁）。つまり、一八世紀後半から一九世紀初頭にかけて、生活の諸部面でさまざまな変化が見られたということになる。しかし、それだけではなかった。

表2　秋山の世帯数の変遷

年　号	西暦	世帯数	備　　考
元禄11年	1698	14	
宝永 6年	1709	23	
正徳元年	1711	21	
享保15年	1730	38	
享保20年	1735	37	
元文 2年	1737	37	
元文 3年	1738	33	18世紀半から19世紀初にかけて倍増している
文政 8年	1825	67	
文政11年	1828	67	
天保 8年	1837	77	幕末から昭和初期にかけて1.3倍に増加している
昭和10年	1935	100	
昭和31年	1956	132	
昭和50年	1975	132	
昭和60年	1985	125	
平成 7年	1995	131	
平成17年	2005	127	

特に注目したいのは、この時期の世帯数の増加ぶりである。表2は、史料上で確認できる世帯数を拾い上げたものであるが、一八世紀前半から一九世紀前半の一世紀に世帯数が倍増したことがわかる。世帯数が二倍になったからといって人口も倍増したとはいいきれないが、かなりの人口増加があったことは間違いないであろう。一九世紀初頭の日本の人口は二六五〇万人ほどとされ、現在の五分の一程度であるが、当該一世紀の間に特別人口増加があったとは考えられていない[7]。ではなぜ、この時期に世帯数が大きく増えたのか。現時点では明確な答えは提示できないが、北接する越後からも周辺の信濃地域からも薪や材木、それに木工品材料の伐採が急速に進んでいることからすると（後述）、都市・平野部での商品経済の活発化が背景にあったことは否定できない。それらの要因が秋山における商品生産を拡大させた結果と見ることもできるが、この点はもうしばらく課題としておきたい。いずれにしても、この時期、秋山の世帯数が大きな伸びを示したことは記憶しておく必要がある。

三　生業・生活の変化と資源の枯渇

では、この人口増加は秋山に何をもたらしたのであろうか。その一つの影響と考えられるのは、焼畑の拓き尽くしである。

安永九年（一七八〇）、ともに秋山に属する大秋山村と矢櫃村との間で、焼畑地をめぐる争論が起こった。大秋山の住民が近辺の山林を拓き尽くし、矢櫃村間近の山へ進出したことがきっかけであった。史料によれば、「土地悪しく耕地狭く、焼畑作り尽くし、手詰まり」になって、矢櫃村の方まで開発しようとしたという（島田汎家文書七一四号。以下、同家文書は「島田七一四」のように略す）。すでにこの頃には、畑地不足が深刻になってきているのである。これも世帯数増加が大きな要因と考えられよう。もっとも、秋山内部でも、集落によっては近代に至るまで焼畑をどこに開くかは自由であったというところもある（島田一八二八‐一）。したがって一律に秋山全体で焼畑地が拓き尽くされたとはいえない。ただ、一八世紀後半になって焼畑地の不足する集落が現れ始めたことは確認しておく必要がある。

ほかにも、森林環境自体の変化を見ることができる。それは同時期における利用樹木の伐り尽くしという形で顕れた。文政八年（一八二五）に書かれた「秋山様子書上帳」によれば（島田五二七）、「昔は椹《サワラ》（中略）・姫小松（中略）・五葉松など稀にこれ有り候へ共、用いる事を知らず候所、百年前より此の物器に成るべきを覚え、曲物を製し、榑を取り売り、余程の助成に相成り候所」とあるように、以前は針葉樹を材料に曲物や板材を作り、生活を支えていた。ところがその後、「人欲は限り無し、材木は数百年経申さず候ては用立ち難く、限りあるのゆえ伐り尽くし、只今は材木御座無く」というように、それらを伐り尽くしてしまったのである。広葉樹は無尽蔵といえるほど豊富にあったことからすると、史料上で「材木」と読んでいるのは針葉樹のことであり、当時まではそれこそが利用価値の高い資源とされ、広葉樹はさほど重要とは認識されていなかったことがわかる。宝永六年（一七〇九）の書上では、「桶・鉢・曲物・板木」を製作と述べているが（島田二五）、桶も曲物も針葉樹が材料であったこと、また、板も作りやすさからまずは針葉樹材が優先して利用されたと考えられることからすると、確かに一八世紀初頭までは針葉樹材を使用した木工品が中心だったことになる。

そして、材料枯渇の事態は単に秋山の住民自身による利用が招いただけではなかった。一八世紀前半以降、周辺村から秋山に対しての森林伐採圧力がかかってきたことも見逃せない。享保一五年（一七三〇）の史料によれば（島田四八五）、夜間瀬村・上木島村・毛見村等の西側周辺地域から秋山へ一日に八〇〇人から千数百人の者が徒党を組んで侵入し、椹《さわら》・椴《とどまつ》・栂《つが》・五葉松《ごようまつ》などの木をわがままに伐採すると秋山の者たちが訴えている。

しかも、周辺からの伐採は西側からにとどまらなかった。北接する越後国の領内からも住民が大挙して押し寄せ、大規模に伐採を続けていたのである。享保一三年に勃発する信濃国の巣守衆と、越後六ケ村（赤沢・谷内・芦ケ崎・大井平・子種・宮野原）およびその枝村との争論がそれで、享保一五年に幕府の裁許が下るまで、激しい訴訟が続けられるのである（島田一〇八〇）。この争論は、信濃国箕作村・志久見村の巣守たちが守る巣鷹山（北腰山・大道山）に越後衆が入り込み、多量の樹木を伐採したことが問題とされた事件であった（図2）。巣鷹山とは、鷹狩りに使う鷹を捕獲して領主に献上する目的で設定され、樹木の伐採や営巣期の立ち入りなどが領主によって厳しく規制されていた山のことである。(8) 少なくとも鎌倉時代以来、当地は巣鷹の産地として知られ、(9) 江戸時代には秋山の周囲にも四ケ所の巣鷹山があり（島田四四三）、幕府から一定の扶持を与えられて巣鷹山を管理し、鷹の子を献上する巣守が地元百姓の中から任命されていた（島田一〇一〇）。ところが、その山林が激しい伐採にさらされることになったのである。

そのきっかけは、犬公方で知られた徳川五代将軍綱吉の「生類憐れみの令」であった。「生類憐れみ」の一環として、幕府は元禄元年（一六八八）に将軍や諸大名が行っていた鷹狩りを停止し、鷹雛の献上も無用としたのである（島田一〇七五）。その後、正徳年中（一七一一〜一六）に巣鷹献上が再開されるまでの約三〇年間、巣守の人々はその

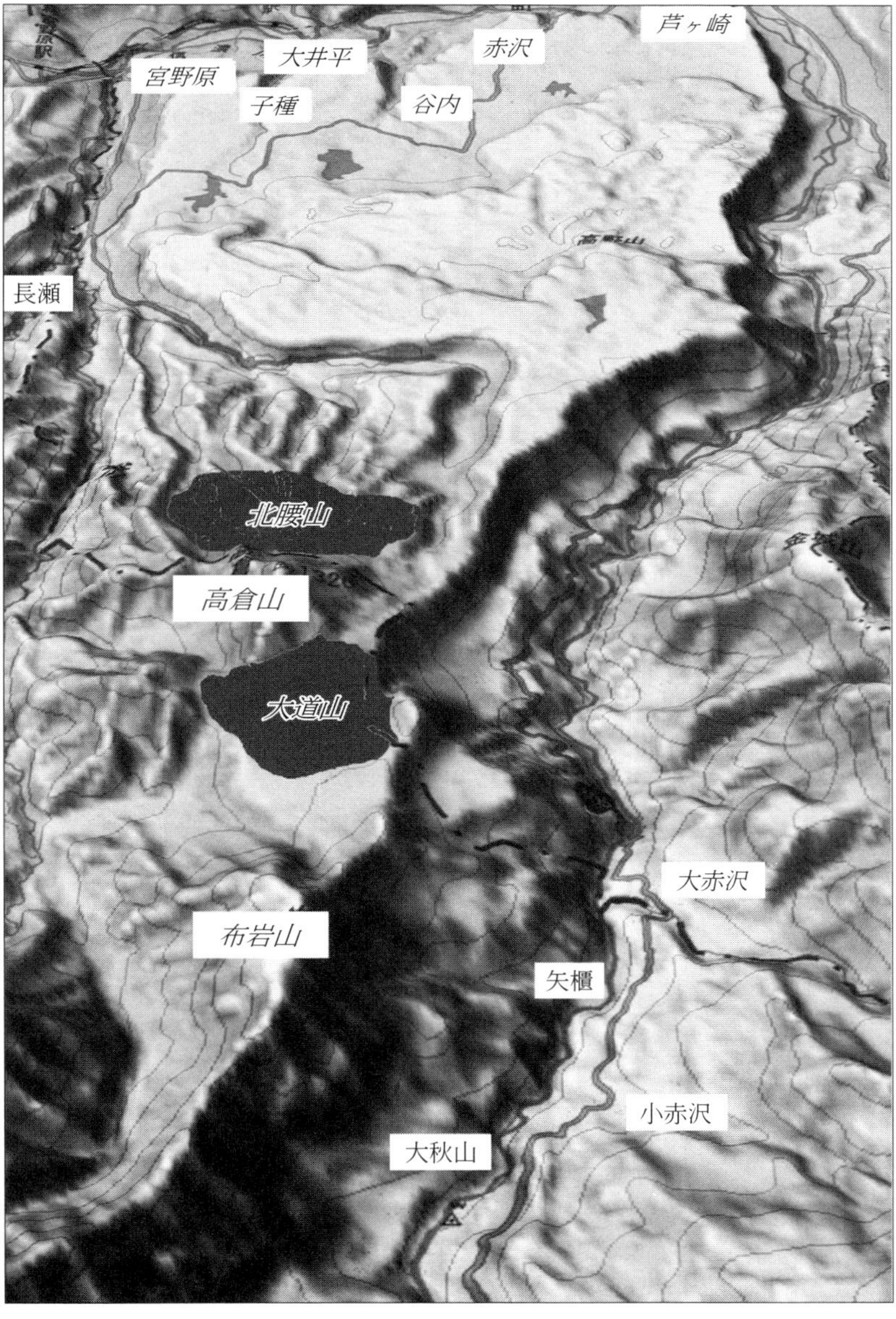

図２　巣鷹山係争地鳥瞰図
（注）　斜体の村名は越後領の村

役目を失い、巣鷹山の管理はおろそかになった（島田一一二八）。この間に越後の人々は巣鷹山に入り込み、生活を支えるために木を伐り続けてきたのであった。いざ巣鷹献上が再開されて巣守が山を確認すると、巣鷹山間近まで激しい伐採の手が伸びてきていたのである。こうして秋山の下流域に当たる高倉山山麓を舞台に、争論が展開されることになるのである（島田一〇八〇）。

さらに、一八世紀後半は天変地異が続く。秋山の根本と称された大秋山集落の滅亡が天明三年（一七八三）であるが（島田五二七）、これは有名な浅間山大噴火の年にあたる。さらに天保八年（一八三七）には、天保飢饉の最中に甘酒集落が滅びている(10)。一八世紀は、秋山諸村にとっても、生業・生活スタイルの大きな節目となる時期であったといえるのである。

四　森林環境の変化と対応

以上のように、一八世紀の間には、さまざまな形で森林利用の形に変化が見られた。人口増加や経済状況の変化に伴い、森林への圧力はそれまでになく強まり、秋山の外部からも内部からも森林の伐採というある種の「環境改変」が起こった。ただ、ここで注目すべきは、内部での伐採と外からのそれに対して、地元住民の対応に大きな差異があったことである。

まず外部からの伐採について見ていこう。こちらは薪・材木・板木などの需要増大に伴う他村領への侵入、そして、無秩序大量伐採ともいえる伐り荒らしである。秋山の西部および北部からの伐採は、一日数百人以上という多人数での大量伐採であった。これは小規模家族経営的な材料採取とは質を異にした動きと見ることができる。自給的な薪などの採取ではなく、商品生産のための材料を短期間に大量に確保するための行為であろう。新たな商品の発現に伴って、ある限りの資源を村内部のみならず外延部に向かって消費し続けていく強い動きを、そこに見ることができる。

ここで注目したいのが、越後領諸村からの大量伐採の特徴である。その際の史料では、「前々は越後山内場広にて材木・薪等・売木迄も伐り取り申し候えども、数拾年の間に伐り尽し、近年信州地内御巣鷹山え強勢に入り込み申し候」と、越後諸村が自領の立木を伐り尽くしたために信濃の巣鷹山にまで侵入してきた旨が記されている（島田一〇八〇）。当時作られた絵図を見ても、高倉山北麓の越後側地域には立木がなく、畠が開かれつつあるさまが描かれている（島田一七三七）[11]。すなわち、この伐採は、特定の樹種、あるいは針葉樹・広葉樹を選別しての伐採ではなく、手当たり次第に立木を皆伐する形で進められてきたものであったことがわかる。言い換えれば、森自体の消失をも厭わない激しい伐採であった。自領も他領も関係なく、商品生産のためにはなりふり構わぬ伐採に突き進む状況が見て取れる。

こうした幾度もの森林への圧力に対して、秋山の住民は早く一八世紀初頭から、「家業が成り立たなくなる」として反対の訴願をし、何とかこの森を守ろうと働きかけてきた。宝永六年（一七〇九）に秋山の森林が幕府から御用木山に指定されそうになった際には、「道中の路銀は負担するので、江戸への出訴も考えて欲しい」と必死の嘆願を名主に対して行っている（島田一〇六六）。秋山は、平野部の人々や領主からは貧しい地域と認識されており、その住民が自ら路銀の負担を申し出てまで訴詔を望んだということは、これが秋山住民にとっていかに切実な問題であったかを思わせる。こうしてみると、現実に越後領から日々森林が伐採され焼失していく事態というのは、さらに大きな眼前の死活問題であったことがわかる。この争論に関して注目されるのは、越後領からの伐採に対し、係争地が巣鷹山であることを強調し、もっぱら巣鷹山への違法な侵入・伐採を問題にする形で、訴訟を提起している点である。これは巣鷹山制度を盾に、支配者の権力を利用して相手方を排除しようとした動きともいえる。そして実際、それは功を奏し、信濃側勝訴の裁許が出されたのである。

とはいえ、判決は信濃・越後双方の百姓に対して巣鷹山への立ち入りを禁止とする主旨であった。しかし、信濃方が望んだのはあくまで越後側からの侵入を抑えての自分自身（信濃側百姓）の森林利用であり、決して領主のために巣鷹を獲ることのみを目的としたわけではなかった。つまり、現実には巣鷹山も利用の対象ではあったわけである。その証拠に、以前は山手米を信濃側に支払って越後衆も山を利用してきた事実があるし（島田一〇八〇の三項目）、判決後も越後側からは別途信濃側の勝訴を踏まえての利用申し入れが行われている（島田一一三七・一一三九）。

次に、秋山内部において見られた、特定の利用樹種の過剰利用問題に注目してみよう。「人欲は限りなし」との史料文言にもあったように、この件では、外部からの侵入・伐採を阻止しようとした秋山の人々自身が、目前の生活のために椹・椴などの伐採を過度に繰り返し、その結果、針葉樹材の枯渇を引き起こしていたのである。こうした商品需要の増大が、秋山に世帯数・人口の増加をもたらした背景にはあったと考えられるが、このことは、秋山の人々が常に「自然に優しく」生きてきたわけではなかったことも示唆している。

しかし、資源が枯渇しようとも、住民はそこで生き続けなければならない。そこでさまざまな智恵を絞り、対応しようとした。具体的には、これまであまり利用されていなかった広葉樹材への材料転換である。もちろん木鉢が作られているように、以前から広葉樹材は利用されていたが、それが主体となってくるのは一八世紀後半以降と考えられる。近代から現在までの秋山の木工品は、日用品としては、ブナを材料にしたコースキ（木鋤＝雪下ろしなどに使われるスコップ様のもの）やトチを材料とした木鉢[12]、調度品としてはトチなどの大木を利用したテーブルや衝立などが中心となっている。つまり、針葉樹を使った曲物や桶作りだけでなく、木地物の製作へと生業内容をシフトさせたのである。秋山の広葉樹材利用の木工は、ある意味では「仕方なく」始められたものなのであった。利用資源の枯渇が起これば、常にそれに対応していくというのが一つの方程式であり、こうした動きは近代から現代に至る過程の中でも繰り返されてきている[13]。

以上二つの「環境改変」は、どちらも資源の枯渇が共通点となっているが、ただここで見逃せない相違があることにも留意する必要がある。他地域からの無秩序大量伐採の場合は、森自体の消失を厭わないのに対して、秋山の場合は針葉樹は伐り尽くしたとはいえ、広葉樹の森までも皆伐しているわけではなく、「森が無くなっては生活が成り立たない」と訴えたように、むしろ森林自体は保護しようという姿勢が見られることである。この相違はどこから来るものであろうか。

五　秋山住民にとっての山とは

背景として考えられるのは、集落の立地と生業の相違である。越後側の諸村は、集落自体は中津川左岸の比較的平坦な河岸段丘上に位置し、必ずしも奥深い山中の村ではない。すでに近世には水田も開かれ、必ずしも秋山のように山地を主要な生業の舞台としているとは考えがたい[14]。もちろん薪炭林や刈敷採取地としての利用などはあろうが、どちらかといえば平地村的な要素が強いと考えられる。その意味では、森林環境の大幅な改変も集落の存亡に関わるほどのものとは認識されていなかった可能性がある。

これに対して秋山は、山を舞台に生活を成り立たせてきた地域であった。山は単に建築材や木工材料としての樹木の供給地ではない。一般に山村＝林業と、建築材の生産を連想することが多く、林業の成否のみで山村生活の質が云々されることがしばしばある。しかし、これは山村の一面しか理解しない偏った見方である。前章で明らかにしたように、山は、羚羊《かもしか》や熊など野生動物の狩猟、かつて主食であった木の実（特にトチの実）の採集、あるいは山菜・キノコなどの食料や薬・生活資材などの採集、イワナをはじめとする川での漁撈、そして傾斜地の山野で行う焼畑など、複合的な生業を営むことのできる場であった。この複合性こそが山村の大きな特徴であり、単一あるいは少数の生業から成り立つ平野型の生活文化体系とは趣を異にする点である。その意味では、森林に覆われた環境そのものを消失させては生きていけないが、逆に特定樹種を枯渇させることはあっても、森林が保全されてさえいれば、継続できなくなった生業をほかの生業に代替させていくことは充分可能であったのである。(15) この複合的生業構造にこそ、秋山の人々が山の環境を保全しようとした根本的な理由があったと考えられる。

しかし、こうした考えは、なかなか平野部の人間には理解されないものであった。江戸時代の秋山地域は、行政的には千曲川沿いの平地にある箕作村の飛び地として扱われていたが、その箕作村の名主が、秋山の経済的困窮を救済してもらおうと領主に提出した書類がある。前章で取り上げた「秋山様子書上帳」がそれである（島田五二七）。かなり長文の上申書で、秋山の立地、世帯数や人口、衣食住から生業や信仰に至るまでの生活ぶりについて詳細に述べたあと、住民の生活改善のために考えられる方策を提案しているものである。この史料には平野部と奥山との生活観や生業意識の落差が如実に表れており、すでに近世から、平地の者には山の環境に基づいた生活文化が理解されていなかったことがはっきりとわかる。

秋山の人々が望んでいたのは、山の資源の多様さを活かして営まれる生活であった。そのことは、一八世紀前半の宝永六年（一七〇九）、秋山から大量の材木を伐採する事業が行われようとした際の上申書に示されている。そこには、秋山が農業よりも山稼ぎ専一の家業で暮らしてきたこと、山稼ぎで「秋山之百姓、永々相続」していきたいとの願いが書かれているのである（島田二五）。これは名主の考える方向性とは全く異なるものであった。

おわりに

本章では、大きく二つの論点について述べてきた。一つは、漠然と「昔ながらの生活」と考えられてきたものにも時代による変遷が確実にあり、自然資源利用のあり方やルールに関しても、時期により案外大きな差異があったことである。一八世紀前半に三〇軒台であった秋山の世帯数は、一九世紀前半には七〇軒台に飛躍的に増加し、その変化は、集落近辺を一面の焼畑に変え、また、基本的な食糧を木の実中心から焼畑で穫れる雑穀に変化させた。さらに、椹・樅・栂・五葉松などを利用していた木工品は、それら針葉樹材の枯渇とともに、ブナや栃など広葉樹を素材とした木鉢・木鋤などに次第にシフトし、多くの収入を得るようになった。あるいは家屋も掘建て柱の構造から基礎・土台を据えたものへ、壁も草（萱）を掻きつけたものから土壁へと変わっていった。秋田から猟師が来訪して住み着き、新たな狩猟を伝えたのも一九世紀前半のことであった(16)。鈴木牧之を案内したような商人が頻繁に訪れるようになったのもこの時期であろう(17)。

こうしてみると、我々が今まで近世秋山の生活として描いてきたイメージは、結局のところ一九世紀以降の姿であって、それは激変期ともいうべき一八世紀を乗り切り、資源の枯渇や村落間の対立を克服した後の姿でもあったということができる。

もう一つの論点は、近世に起きた秋山および周辺地域での二タイプの「環境改変」についてである。一つのタイプは、森林を根こそぎ消失させていくような激しい濫伐であり、秋山の西方や北方から押し寄せてきた。これに対して秋山住民は必死の訴願を行い、ときに巣鷹山という幕府の権威を錦の御旗に立てて、山を守り通した。しかしその一方で、秋山住民自身も針葉樹を伐り尽くしてしまい、木工や板材生産がそれまでどおりには続けられなくなってきた。これが第二のタイプの「環境改変」である。しかし、秋山の人々は素材を広葉樹に転換し、木工品の種類を替えることでこの危機に対応していった。そして、それが可能であったのは、多様に自然環境を利用してきた生業の複合性という伝統であり、それに基づいた森林資源の永続的保全という考え方であった。もともと山中の住民たちは森林を焼畑・林業・木工・採集・狩猟・漁撈などさまざまに利用してきており、一つの資源が枯渇してもほかの素材や生業に転換できる柔軟性をもっていたのである。そして、それを根底で支えたのが、「家業が成り立たなくなる」と主張したように、資源の輻輳する森林環境自体を維持しなければ生きていけないという認識だったのである。

巣鷹山のあり方を考えてみても、それ自体は権力者の都合で設定されたものであるが、その維持・管理や巣鷹の献上自体は、山中に暮らす住民たちの協力なしでは成り立たないものである。住民が本気で守ろうと思わなければ、巣鷹山も御林山（領主が自らの用材確保のために、一般住民の利用を制限した山）も、その保全は覚束ないのである。激しい濫伐から山を守ることができた一因は、権力側の設定した巣鷹山という条件にあるが、やはり背後には、地元の住民自身による森林保全の意志が強く働いていたと考えなければならない。

秋山をとりまく山地資源が大幅な改変を見ずに保全されたのは、山に依存し、山と共存することで生活を長らえてきた住民がその環境を守ったからにほかならない。そして、その背景には多様な資源の輻輳する山地の特性と、それを活かした複合的な生業・生活を可能にする文化があったと理解しなくてはならない。

注

（1）例えば、『現代農業 増刊 自給ルネッサンス 縄文・江戸・21世紀』（農山漁村文化協会、一九九九年）など。また、ジャレド・ダイアモンド著・楡井浩一訳『文明崩壊 下』（草思社、二〇〇五年）は、近世日本では幕府主導で積極的な森林保全が図られたように述べているが、典拠不明の荒唐無稽な理解が随所に見られる。一方で脇野博「秋田藩林政と森林資源保続の限界」（『徳川林政史研究所 研究紀要』四三、二〇〇九年）などは、実証的な立場から資源保全政策について見直したすぐれた成果といえる。

（2）秋山に関しては、市川建夫『平家の谷』（令文社、一九七三年）、田口洋美『マタギを追う旅』（慶友社、一九九九年）、白水智『知られざる日本—山村の語る歴史世界』（日本放送出版協会、二〇〇五年）ほか。

（3）樋口淳・高橋八十八編著『語りによる日本の民話・越後松代の民話』（国土社一九八七年）、松本孝三「日本の愚か村話—その特質をめぐって—」（『日本昔話研究集成4 昔話の形態』名著出版、一九八四年）、松永伍一『落人伝説の里』（角川書店、一九八二年）。

（4）前掲注(2)、白水著書。

（5）『秋山記行』に「村家近ければ、大樹原切り広げ、小木は焼払畑となす故、日光朗也」とあるほか、随所で焼畑の風景を描写している。

（6）時代的変化を視野に入れないこのような超歴史的解釈は一般にもしばしば見られる。例えば、飯田辰彦は「日本文化」のルーツは数十万年にわたる山の文化にあると述べている（「日本文化のルーツは山にあり」〈『日本農書全集』月報一〇、農山漁村文化協会、一九九五年〉）。しかし、数十万年前は当然ながら日本列島も誕生しておらず、人類史でいえば原人段階にあたる時期であって、誕生して一二〇〇年にすぎない「日本」という国の文化とつなげて考えるには落差がありすぎる。

（7）鬼頭宏によれば、近世には一七世紀に大きな人口の伸びを見せるが、近世後半には近代の急速な人口増加を前にした一時的な停滞が見られるという（『人口から読む日本の歴史』講談社学術文庫、二〇〇〇年）。

（8）荒垣恒明「巣鷹をめぐる信越国境地域の山地利用規制」（湯本貴和編『シリーズ日本列島の三万五千年—人と自然の環境史 第五巻 山と森の環境史』文一総合出版、二〇一一年）。

（9）「市河文書」（『鎌倉遺文』三九〇四・三九〇八）。

（10）ただし、飢饉と集落消滅との関係については、滅びなかった集落も存在したことからすれば、慎重に考える必要がある。本書第一部第四章参照。

（11）「島田」一七三五の絵図の注記には、「此《こ》れ北腰、慶長年中より御巣鷹山にて高倉山の北腰に帯し申し候、則ち信越の境は分明に御座候、証拠は信州分は木立しけり（繁り）、越後分は切かへ畑（切替畑＝焼畑）・萱地にて御座候」とある。

（12）井上卓哉氏のご教示による。

（13）井上卓哉の聞き取りによって、戦後、桶材がサワラからスギへと変化したケースや、木鉢の材料となる民有林のトチが枯渇してきて国有林のものを伐採するようになった事例などが明らかになっているが、これなども同様の例として挙げられる。なお、小山泰弘氏のご教示によれば、秋山でサワラと呼ばれるものは標準和名でいうクロベの可能性が高い。

（14）天和三年（一六八三）の検地帳には、赤沢村六町一反余・谷内村六町八反余・芦ヶ崎村五町一反余・宮野原村六町一反余などの田地が記載されている（『新潟県の地名』平凡社、一九八六年）による。

（15）内山節は『「里」という思想』（新潮社、二〇〇五年）の中で、群馬県上野村に伝わる「山上がり」という風習について触れている。経済的に困窮した人がいると、昔は山に小屋を建ててそこに一年ほど住み、一方で働き手の家族がその間に町場へ出稼ぎに行って現金収入を持って帰ってきたのだという。山へ上がった家族は、その間、山のものを採取するだけで暮らしを立て、充分生活していけたのだという。悲惨な緊急避難ではないかという質問に対して、地元の古老は、「むしろ逆だよ。昔は山にさえ上がれば、一年や二年、一銭もなくたって暮らしていける、という気楽さがあった」と話し、「昔の人は、山にあるすべてのものを利用しきる智恵と技をもっていた」というのである。一つの生業、一つの資源にとらわれない山の資源の多様性・重層性を示す事例といっていいであろう。

（16）田口洋美『マタギを追う旅』（慶友社、一九九九年）。「島田」一一四七では、長瀬・北野の巣守が、「御巣鷹山・百姓持山へ出処知らざる者が猟業に入り込んでいるので、見かけ次第召し捕るべき」旨の高札を受け取った旨が記されている。

（17）牧之は秋山に通い慣れているという商人桶屋団蔵の案内で秋山を訪問している。

第三章　山地の資源とその掌握

はじめに――山国甲斐を支える力――

1　山国甲斐の底力

戦国時代の甲斐は、勇名を馳せた時代の雄、武田信玄を生んだ国として知られている。正確には、国中地域を支配するとともに、一国全体にわたる外交・軍事・交通に多大な影響力を及ぼした武田本宗家、南よりの富士川流域にあたる河内領を支配した武田親族穴山氏、郡内地域を領有した小山田氏、この三者の協調によって、その勢力は周辺の上野・駿河・信濃にも大きく広がることとなった。この力の源泉はいったいどこにあったのだろうか。

日本における歴史の発展を見る場合、その原動力は水田稲作の生産力にあるとするのが、一般的な理解である。大名など領主の政治的勢力を評価する際にも、それを下支えする支配地の経済力を肥沃な水田の多寡によって測る場合が多い。結果的に戦国の世を制した織田・徳川の大名も、中部地方の肥沃な水田地帯から力を伸ばしたとされる。しかし、甲斐の勢力はこの条件に必ずしも当てはまらない。平地は甲府盆地の部分広がるのみで、むしろ水田地帯は少なく、大半が山に覆われた地勢である。とすれば、強大な勢力の背後に我々は何を見ればよいのであろうか。

考えてみれば、日本列島はその大半が山地帯である。にもかかわらず、国土の七割近くを占める山地を、実はこれまでの歴史学では等閑に付してきたきらいがある。三割の平地のあり方をもって日本全体のあり方を論じてきたといってもよい。山の問題を考えることは、根本的には日本の歴史全体を見直すことにもなるのである(1)。

2　山の富のあり方

一般に、山地は平地に較べて不毛で生活のしづらい地域と認識されているであろう。それは、平地と異なり、水田や畠の開ける平坦地が限られることや、作物の生育に不利な水温の低さ、日照時間の不足、傾斜地からくる労働や移動の困難さなどに規定されると思われる。確かに、今挙げた条件はどれも平地型農業には不利な制約になるであろう。しかし、それは山間でも稲作をはじめとする農業を行って暮らすことを考えた場合の話である。見方を大きく転換して、山には山に適した型の農業があり、さらにはあえて農業に依存しなくとも、山の資源を利用した他のさまざまな生業があったと考えれば、通説的に考えられる悪条件の多くは解消される。

筆者は、山には二つの富があると考えている。一つは、山地で生きるための生活文化と密接に関わる自給的な富であり、具体的には山から獲得される衣食住などの生活資材がそれにあたる。もう一つは、外部との交流によって収入を得るための産品を生み出す、産業的な富である。山地には、林業・木工業・鉱山業・狩猟などのさまざまな生業が展開されるが、実はここから生み出される産品のほとんどは、平野部などとの交流によって換金され、あるいは交換される「商品」にほかならない。もちろん、狩猟において、獲得した毛皮は商品に、肉は自家食料にされるように、自給品と商品とが混然としている場合もあるが、いずれにしても、二種類の富が山地から生み出されることは間違いない。これらの富を包蔵する山地という空間を、甲斐の人々はいかに利用し、また、支配する領主はそれをどのように掌握しようとしたのか。これが甲斐の権力を支えた力を解明するための、一つの重要なカギとなる。

一　山に生きる人々、山を生かす人々

1　山地の百姓

おそらく天文一二年（一五四三）のものと思われる次のような史料がある。[2]

【史料1】

返々御心へ候へく候、しからハ大ぬた《（坔）》へぬいへもん《（縫右衛門）》御のほせ《（上）》候へく候、
先度よりいつミ《（和泉）》してうけたまハり候大ぬたのやまちの事、ゆのおく《（湯之奥）》ぬいへもんひやくしやうニなりたきよし、
そのはう□《う》けたまはり候間出し候、しからハてかた《（手形）》おの□□たまハて、なんときニてもつくり候ハヽ、
ねんく《（年貢）》ハありそ《（有所）》ニあるへく候、そのうへへつき《（別儀）》あるましく候、しかれ共、ふさたの事候ハヽ可申、しかれハ御
心へ候へく候、くハしくハいつミして申候間、さう〳〵申候、恐々謹言、
　十月八日　　虎達（花押）

これは、山梨県身延町の山間部湯之奥にいた佐野縫右衛門が、尾根一つ越えた近隣の山間地大坔《おおぬた》の「やまち」を百姓として請けたいと、当地の地頭と考えられる虎達に、何者かを介して頼んだ際の史料である。結果的に、希望どおり縫右衛門は手形を発給され、年貢の納入を条件にこの「やまち」の用益を認められたのであるが、この権利はただで手に入れたものではなかった。次の史料によれば、縫右衛門は相当多額の謝礼を各方面に配っている（『県』九八

八）。

【史料2】

時天文拾参乙年　巳三月廿九日
おふた（大垈）の山の地ついてつかひ（遣）申候代物の事、まつ形（刑）部介殿へ一貫文、新三殿へ二百文のわきさし（脇差）一、美作殿へ五百文、又形部介殿へ二貫三百のかね一りやう、又いまさか（みカ）とのへ三百文、しもつけとの《茶二斤》、わたなへとの《百文ちや一斤》、あ□《ま》りけんゑもんとの《二百文》、三沢和泉殿《二百文》、彼人数之御あつかひをもつておちつき申候、

刑部介に対しては、二回にわたり三貫三〇〇文相当、刑部介に対するのと同じく「又」がついているところから「いまさかとの」を「美作殿」と見れば、それに対しても二回にわたり八〇〇文、さらに新三殿に二〇〇文相当の脇差、甘利けん右衛門殿と三沢和泉守殿に二〇〇文ずつ、下野守殿、渡辺殿に茶計三斤と、この「山の地」を確保するために使われた費用は、合計五貫文ほどにも及んでいる。縫右衛門の申し出を認めたのが刑部介とすれば、その次に多くの謝礼を受け取っている美作守が前者の一〇月八日付文書の受け取り手であって、実質的に仲立ちを勤めた人物と考えられる。(3)

さて、ここで気になるのは、なぜ五貫文もの礼物を払ってまで大垈の山地を手に入れようとしたか、である。山が何らかの富を生み出すものでなければ、縫右衛門の行為は理解できない。そこで縫右衛門の生業を考えてみると、いくつかの手がかりが得られる。まず、領主穴山氏から竹や一万枚もの葺板の進上を命ぜられ（『県』九八五・九八六）、また、「山造」すなわち林業での奉公を条件に五間分の普請役を免許された史料が残されている（『県』九八九）。さらに、狩猟に関わる猟犬を保護したとも想定される「犬の安堵状」を発給されている。(4) これらの文書の中には宛名に「殿」のついたものもあり、山地の林産・動物資源を生かして生計を立てていた当地の有力百姓であったことがわか

る。湯之奥も大垈も狭隘な山間地にあるが、周囲は豊富な山地資源に恵まれており、佐野家はそれを背景に穴山氏から直接諸役免許を受けるほどの生業活動を展開していたのである。戦国期の甲斐の文書には、漆・材木・松木板・葺板・木の皮・檜皮・薪・木工品（檜物・挽物・立具・将棋盤）・石柱・藤籠・黄金・鷹・茶など多様な山地の生産物が見え、山が充分に利用されていたことが知られる。近世初期の寛永年間（一六二四〜四四）のことであるが、山がちな富士川両岸地域の河内領には、年貢大切金値段が国中より一割高に設定されたという（早川町京ヶ島斎藤義直家文書B‐a‐⑦‐1）[5]。それは、「川内領之儀、舩筏勝手能、米穀并居村等之竹木其外布木綿たはこ諸事払方自由」との理由によるものであった。舟運による米の輸送や、山地を利用した地域の産品の販売によって富裕な側面があることを、秋山半右衛門・石原平兵衛という二人の代官は見抜いていたのである。舟運の規模や商品作物の生産量などの点で近世よりは若干劣るかもしれないが、農業に不利な条件の中で、通常、盆地を中心とする国中地域より貧困と考えられがちな河内領が、実は山地資源を生かした生産と商売・運送によって成り立っていたことは、中世末期段階にも共通すると考えて良いと思われる。

2　早川入の山地資源

富士川の支流早川の流域は、早川入と呼ばれ、山地資源が豊富なところである。西は南アルプスの峰々にほど近く、深く刻まれた渓谷が日本第二の高峰北岳の麓まで続いている。まずは史料も豊富な穴山氏領有下のこの地域を素材に、山地の生産と支配を見ていきたい。

当地の資源を生かした生業については、すでに笹本正治・須藤茂樹によって、林業・木工・番匠・鉱山などの諸点から詳細な言及がある[6]。ここでは領主が特に着目した材木と金、それに鷹について、順次見ていきたい。

薬袋《みない》地区の佐野家に残る文書によれば、穴山氏は薬袋郷の佐野七郎兵衛に対し、材木などの供出を幾度も命じている。元亀元年（一五七〇）には、「天輪寺御用之間、五六五拾丁早々申付可進者也」との印判状を発給している（『県』一〇四六）。五六と呼ばれる五寸×六寸幅の角材を進上するよう申し付けた文書であるが、「早々申し付けて進上せよ」という文言からは、佐野氏が配下に林業技術をもつ職人集団を抱え、その者たちに材木の用意を命ずる立場にあったと考えることができる。また同郷には、「小ころく三百丁、来月十日以前急度とらせ、江尻へ可下者也、仍如件」と命じた年未詳の文書も残されている（『県』一〇七九）。[7]小ころく（五六）がどれほどの材木かはわからないが、少なくとも三〇〇本もの材木を二〇日弱で用意できる技術者が薬袋にいたことは確かである。このほかにも、文書に残らない多くの供出があったであろう。実際、近世初頭の天正一三年（一五八五）頃から文禄二年（一五九二）頃にかけては、薬袋佐野氏らの差配によって、駿府城・江戸城等の用材と考えられる用途で、二万本に達する材木を下したことが知られるが（佐野弘家文書五九号。[8]以下、『佐』五九のように略す）、これも先立つ戦国期に何らかの技術的・組織的背景がなければなしえないものである。さらにここで考えなければならないのは、こうした技術や組織が領主への貢納・供出のためだけに生み出されたものであったのか、という点である。むしろ支配者は、在地で行われている生業・産業の成果に着目し、それに網をかぶせるように課税・賦課していくのが普通であろう。とすれば、そこには民需用の林業がすでに成り立っていたと考えるのが自然である。林産資源を抱えているということは、莫大な富をもつに等しい一面をもっているのである。

鉱山資源もまた、早くから領主の注目するところであった。甲斐では、山梨郡の黒川金山がよく知られているが、[9]早川入で中世に確実に稼業していたのは、保《ほう》・黒桂《つづら》の金山である。[10]これについては、天文三年（一五三四）の穴山信友判物写が初見となるが（『県』一〇四二）、写しであるうえに宛名が欠けており、詳細はわからない。次に天文一二年、「芳(保)山・小沢之すち(筋)かせき候て、きり出し奉公申へきなり」との穴山信友判物が、村田善九郎ら六名の者に宛てて出されている（『県』一〇八三）。「筋稼ぎ」は鉱山での採掘を意味しており、また、近世にかけて金山として名が知られることからも、中世段階における保金山の存在は間違いない。天文一九年には、前記六名の一人望月善左衛門尉に対して、「つゝらの分、ほうへ近年わか(分)さり候、為新恩地出置候、能々たしなミ奉公可申者也」との穴山信友判物が出されている（『県』一〇八四）。これは黒桂から保に屋敷・在家などが分派して新出したのを、領主穴山氏が追認する形で、新たな採金拠点として安堵したもののように理解でき、当時の盛んな稼行の様子が窺われる。

動物資源たる巣鷹も、領主から期待された山地資源の一つである。鷹は、鷹狩りに使うためのものであったが、飼育には常に生き餌の小動物などが必要なことから、専業の鷹匠のほか、それらの調達が可能な領主がもつことが多かったと思われる。元亀三年・永禄一〇年（一五六七）には、「鷹之ゑかい」（鷹の餌買いか餌飼いか）助兵衛や、「鷹打惣左衛門尉」の名の見られる史料も残されている（『県』一一一二・一一一四）。さらに、鷹は領主自身の狩猟のためだけでなく、他の領主やより上位の権力者への進物にも用いられる貴重な生物であったが、山深い地に生息する自然の鷹の子を獲るには、貢上させるしかなかった。[11] 天正年間（一五七三〜九二）に薬袋の佐野七郎兵衛が受け取った文書の中に、巣鷹に関するものが二点あるが、必ず見出す（発見して進上する）よう求めたり、貢上されないことに対する処罰などの内容のものである（『県』一〇五一・一〇五四）。鷹も山地ならではの価値の高い産品であった。この他にも檜物師・轆轤師等の製作する木工品や猟師の獲る毛皮など、[12] 史料上で確認できるものは多い。

3　山地生活を支えた焼畑

一方で、山地生活に関わる自給的な富については、なかなかその詳細を知りえない。山からは多様な生活資材を獲得していたはずであるが、歴史研究の主たる古文書には、それらの情報が書き残されにくいためである。ただ、実態として山の資源に支えられていたことは充分に想定しておかなければならない。史料の欠如をもって、実態への探求を切り捨て、放棄すべきではない。例えば、近世後期の北信濃山村の日常生活を記録した著作に、鈴木牧之の『秋山記行』という著作がある。そこにはさまざまな山の資源と、それらを使いこなす生活の姿が豊かに書き残されている。しかし、同じ地域について当該期の古文書から知られる生活の情報は、ごくわずかな内容にとどまる。山村の生活文化に関わる側面については、古文書の限界性をよく認識しておかなければならないであろう。

こうした中で、史料的に取り上げることの可能な数少ない民衆生活の一面が、広範な焼畑の存在である。甲斐では、近世史料、特に検地帳の類に多く苅立畑《かりゆうばた》・刈生畑などの呼称が見られるが、これは焼畑を意味する地目であった。河内領では、寛文一二年（一六七二）に一斉検地がなされながら、その後、延宝五年（一六七七）に再度それがやり直されているが、その理由は、焼畑の面積把握と石盛が実情をかけ離れて高く設定され、百姓の反発が強かったためといわれる(13)。従来、焼畑は常畠を持てない貧困な百姓層が生活の助けとするために行っていたものと見られていたが、これを覆したのが溝口常俊であった。氏は、近世の早川入において、むしろ上層の百姓ほど積極的に焼畑経営を行っていた事実を明らかにし、他村への出作をするほどであったことを指摘している(14)。氏の寛文・延宝検地帳からの集計を参考にすると、早川入一八ケ村のうち、検地された耕地に占める焼畑の割合は、最も少ない村でも二八・二％、最大では九〇・九％に及び、平均で五九・八％となっている。中世に関しては、焼畑の広がりを示す史料がないが、近世初期にここまで広範に存在した焼畑が、その頃から広まり出したものとはとうてい考えられない。中世にも一般的に行われていたものと考えるべきであろう。甲斐の大部分を占める山間地域において、日常食糧の多くが焼畑から賄われていたことが想定されるのである。

4　山村の生活文化体系

以上見たように、産業に関わる資材についても、個人の衣食住の資材についても、山地の森林資源・土地資源・動物資源は大きな価値をもち、山での生活を支えていた。同時に、山地に生きる人々のもつ、それら資源を生かす知識や技術の体系があって初めて資源は価値をもつことになる。人間が生きていくための、生業・生活にまつわる知識・技術、また食文化、信仰・観念などの文化的要素、これらをまとめて生活文化と表現するならば、山地には山地なりの、平地とは異なった生活文化の体系が存在したといえるのである。

従来、ともすれば、無意識的にせよ、農業を中心とする平地型の生活文化体系をもって、山地や海辺など、性質の異なる地域を測る傾向があった。異なる環境に置かれた地域どうしが相互に交流し、影響しあう側面を意識しつつも、まずはそれぞれの立地に規定される生活文化体系のあり方を充分に意識の内に入れておくことが必要である。特に山国甲斐の場合は、平地的なものの見方で割り切っている限り、山地の持つ富を視野に捉えることはできないであろう。

三　山の富を握る

1　技術の動員

次に考えなければならないのは、前節で見たような山地からの富を、領主がどのように掌握し、吸い上げて己の力に結び付けていったか、ということである。山地にある資源も、それを生かす知識・技術を持つ人がいなくては無価値であることは先に述べたが、とするならば、山地の富を掌握することは、山地で活動する住民を掌握することにほかならない。戦国期の甲斐において、実際にどのような形でそれが実現されたか、ここでは技術の動員、山地資源の動員、山地住人への一般的課税の三点から見ていきたいと思う。

まず技術の動員ということが最もはっきり表れたのは、職人の腕を生かした戦時における資材調達・築城・城攻めの場合である。周知のとおり、中世甲斐には黒川・中山の金山があり、金山衆と呼ばれる人々が在地にいたことがはっきりしている。すでに笹本・桜井英治が整理し、指摘しているように(15)、金山衆は武田氏らの領主に直接雇使される掘方ではなく、掘間（坑道）を持ち、掘子を使って採掘を進める経営者的な立場の者たちであった。つまり彼らは、採掘と経営を行う技術者集団を構成していたのである。そして、武田氏が隣国の北条氏と対決した元亀二年（一五七一）の深沢城攻めにおいて、黒川・中山の金山衆がそれを落城に導く決定的な役割を果たしたことは、すでに明らかにされている。本章注15の笹本著書第三章に記されているように、敗れた北条氏政が「敵金鑿を入、本城外張迄鑿崩候」と書き記し（『御殿場市史1』古代中世史料二一三）、『甲陽軍鑑』に城攻めに際して金掘りを用いる有効性を説いた記述のあること（『甲陽軍鑑』品第四十二）、また、武田晴信が北条氏に加勢して永禄四年（一五六一）に上杉憲勝の守る武蔵松山城を囲んだときのこととして、『鎌倉九代後記』に「山城ナルニヨリ、金鑿リヲ入レテクツス」とあることなどからすると（永禄四年一一月一一日条）、もはや城攻めにおける金山衆の動員は常識となっていたことが知られる。山地の地形や地質を読み、土を掘り崩し、穴を掘っては水を抜くなどの作業は、採掘の現場たる山地において鍛えられた技術であった。

同様のことは、材木の伐採や加工を担う杣や番匠についてもいえる。やはり笹本が豊富な事例を挙げて明らかにしているように、戦闘・防御の拠点としての山城や櫓の造営には、多量かつ緊急に竹木などの資材が必要であった。それらを現場ですばやく調達し、加工するためには、林業を日常的に行っている技術集団は有効に機能したであろう。山地の土豪・有力百姓に対して諸役が免許される際にしばしばその理由として見られる「材木奉公」の中には、平時における物資の調達ばかりでなく、こうした戦地での活動も含まれる場合があると思われる。

2　資源の動員（その一）——寺社の役割——

山地の森林資源を日常的に管理・用益している主体としては、在地の有力者たる土豪・百姓などが通常思い浮かぶが、この他に寺社の存在も忘れてはならない。寺社は、その境内林ばかりでなく、背後・周囲に山をもつことが多い。しばしば大名・領主の禁制によって伐採の禁止がうたわれ、それらは一般に恒久的に維持される保護林的な意味でとらえられることが多い。が、寺社の管理下の森林は、必ずしも保護されるばかりではなく、積極的に利用され、領主の意向によって伐採されることもあった。

永禄六年（一五六三）、甲斐二宮造替の材木調達に関して、武田氏から「於国中雖何之社之森并地下人之林候可剪執、但為私用不可剪之者也」との内容の文書が出された（『県』一四四七）。すなわち、必要な材木については、国中のどの社の森、どの地下人の管理する林からでも伐採して良いことを認めている。この場合は、甲斐二宮という公的な色彩を帯びた社の事例であり、武田氏の国の主としての権能に発する命令であることが読み取れる。もちろん、一宮・二宮などの造替に際して常にこうした文書が発給されたとはいえず、特例であったかもしれない。しかし、ここで注意したいのは、国の社の用材は国中の社の森から調達することができるという論理が確かに存在したことである。その意味では、神社の森の木は、利用を視野において保護されていたともいえる。また、天正四年（一五七六）、同じく武田氏から「其方拘之森林、向後堅令禁止樵蘇之夫、可致社中造営之助成趣、被　仰出者也」とする文書が一宮神主宛に出された（『県』七九〇）。「樵蘇の夫」を禁止する一方で、「拘の森林」を「社中造営の助成」に利用すべきことを命じている。ここでも前の史料と同様に、神社の持つ山は、一定度の伐採を前提にした存在となっている。

以上の二例は、神社の用途に材木を利用する場合であったが、一方で寺院のもつ山から領主のために材木を供出させる事例も見受けられる。まず天正八年、穴山信君が一族と縁の深い建忠寺に対して出した二ヶ条の文書がそれにあたる（『県』一一七二）。一条目では寺抱えの山林から竹木を伐採することを禁じているが、二条目では「江尻用所」すなわち信君の要用あるときには直の朱印をもって申し付けるとある。ここで直の朱印をもってわざわざ命ぜられる内容は、文の流れから見て、用材の伐採に関するものと考えられる。すなわち、穴山氏の必要とするときは、建忠寺の山林から材木を調達させるということである。部外者が勝手に寺院の山林に入り込み、伐木することを領主の権威によって防止するとともに、必要なときには領主に対して材木の提供をさせることになっていたのである。この場合、建忠寺は穴山氏にとって用材林の管理者としての役割を与えられていることになろう。

同様の事例は、同じく穴山信君が発給したと思われる年未詳二月六日付判物にも見られる（『県』一一八四）。「西林坊寺中之竹木之事、縦雖帯印判、無直判者不可為切候」と記されており、寺中の竹木を伐るにあたっては、ただの印判ではだめで、直判がなければ伐らせないように、との指図をしている。これも前の史料の「直」朱印とよく似た趣旨の文書と見ることができる。ちなみに西林坊は本国寺ともいい、穴山氏の本拠地下山にある日蓮宗の寺院である。

このように、寺院が領主へ用材を供給する山の管理者として位置づけられていることは興味深い。いずれの場合も、部外者による無断伐採は禁じられているものの、寺院のための自身による伐採は禁じられているわけではないと考えられ、ある程度の山林を有している寺院では、林業を営む者と密接な関係にある場合も想定される。

同じく穴山氏の影響下にあった下部町の方外庵に対して、信君から「其郷ニ指置候大切板一枚急用候条、其方門前之人足を以届可給候、可為祝着候也」とする文書が出されている（『県』九八二）。なぜ「其郷」に指置かれた大切板（大鋸によって挽いた板）を取り寄せるのに、寺院に対して指示を出しているのだろうか。直接的には板そのものを方外庵が保管していたためではあろうが、もともと「人足」を門前に抱える方外庵が主体となって作らせた板であったからとの想定も可能である。立地的に、門前人足が林業に関わる技術をもっていても不思議ではない。

ある程度の山林をもち、林業関係の職人と密接な関係をもつ寺社の場合、領主に対して、その庇護と引き替えに用材供出などの負担を負うことがあったことは充分考えられる。とすれば、領主にとって寺社は祈禱などの役割のみならず、山地資源の要たる木材を管理し、必要に応じて調達する機関としても位置づけられていたことになる。

3　資源の動員（その二）——金山衆の位置づけ——

中世に採掘された黒川・中山の両金山が、金山衆と呼ばれる人々によって経営されていたことは、前述のように笹本らの研究によって明らかにされた。従来、多くの研究者が、山国甲斐の武田氏が大きな勢力を持ち、周辺諸国までもその版図に収めることができたのは、金山を直接武田氏が掌握して掘らせ、その産金が豊富な資金となっていたからであると考えてきた。しかし、笹本らは史料の分析から、金山衆とされる人々はそれぞれが掘り間の所有者であり、経営者であったこと、武田氏は彼らからの運上によって金を得ていたのであり、金山を直轄的に掌握して掘らせていたのではないことなどを明らかにした(16)。

その一方で、早川入にある保金山については、ここが他と異なる領主穴山氏の直轄の金山であるとしている。その根拠となるのは、「つゝら山・同はう山の事、代官之儀申付候、かせき山さかい候ハん事かんようたるへく候、仍如件」と記された天文三年（一五三四）の穴山信友判物写である（『県』一〇四一）。ここに「代官」という表現が見られるが、笹本はこれを「奉行」とも解釈し、穴山氏の命を奉じて金山経営を行っていたから、ここは穴山氏の直轄であると説明している。[17]さらに、年未詳二月一三日付の穴山信君判物で金山が存在する早川入の「用所」を薬袋の佐野七郎兵衛尉に命じていること、一一月二四日付の文書では、その役割を「代官」としていること、現在薬袋の佐野家に残る近世初頭までの文書の大部分が金山に関する内容であることを挙げ、佐野氏を金山管理を職掌に含む代官として、直接穴山氏が金山経営を行っていたとする。そして、この直接的に収納した金が穴山氏の財政基盤の一つになったと述べている。しかし、全体的に史料を読み直してみると、実際には佐野氏を代官として穴山氏が直轄的経営を行ったとする理解には疑問がある。

まず天文三年の文書には宛名がなく、佐野氏に宛てたものかどうかは不明であるうえ、典拠となる巻子本の「甲州古文書」では、所蔵者が「旧新倉村瀬兵衛旧蔵」となっている。一一月二四日付の文書に佐野氏を代官に任ずる旨の記載があるのは事実であるが、これが金山経営を含む早川入全体の職掌に関わる代官であると書かれているわけではない（『県』一〇四八）。文言は「可為代官者、守此旨可励忠功者也、仍如件」とあるのみで、これは礼紙書のみが残った前欠の文書と考えられる。[18]したがって、何の代官に任ずるかはこの前の部分に書かれていたはずで、無条件に早川入の、特に金山に関わる代官に任命されたかどうかは不明である。また、確かに早川入の用所を佐野七郎兵衛尉に委ねる旨の文書もあるが（『県』一〇五三・一〇七八）、ここで任せられたのは「其方一人を以て」申し付けるようにとの命令系統の一本化を意図したものであり、「代官」として穴山氏の意を体して強力な支配権を行使することを期待されたとは考えにくい（後述）。さらに、一九九一年の調査では、[19]佐野家には中近世の文書が六〇点残されていたが、金山関係の文書は二六点、近世初頭ということで仮に延宝期までを見ても一七点中四点であった。しかも、年代のわかる金山関係文書の初出は延宝二年（一六七四）にまで降り、内容的にも保・黒桂金山に関するものではなく、早川支流雨畑谷の奥沢・遠沢金山等をめぐるものばかりである。[20]佐野家が中世に稼行した保・黒桂金山に関係し、しかも奉行のような役割を果たす代官として、穴山氏の直轄支配に力を貸したという明確な根拠は見あたらない。

むしろ注目すべきは、保金山に関する史料の中に、「何事なり共、此六人衆中ニまかせへき者也」との文言を含むものがあることである（『県』一〇八三）。これは「穴山氏が資金を出して採掘を行い、穴山氏に使役されて直接金を掘る」直轄とは趣を異にしている。[21]金山の実際の経営は、他金山の金山衆に相当するような複数の掘間所有者（右の六名のうち五名は「尉」のつく官途をもっている）によって行われていたと見るのが自然ではなかろうか。もちろん「きり出し奉公」することを求められているのであるから、権利の保護と引き換えに幾分かの運上などを収めたのは間違いないことと思われる。その意味では金山からの金が穴山氏の財政基盤の一部をなしたことは確実である。笹本は代官の意味について、「中世、正員に代わって職務を代行する者に対する名称」とする辞典の説明から、代官の置かれている金山は直轄であると断定するが、「代行」の意味あるいは「現地の金山衆のとりまとめ役」であることも考えられ、代官に任命された何者かが六名の現場責任者を飛び越して直接掘子を管理したと見るのは無理がある。以上の考察から、早川入の金山においても、他金山と同様、金山衆に相当する人々が現地にいたことを想定しうる。

もっとも、筆者は、穴山氏と在地との間に立つ佐野氏の存在を軽視するわけではない。むしろここで明らかにしたいのは、なぜ佐野氏が何らかの「代官」に任ぜられたり、穴山氏の用所申し付けを委ねられたのか、という点である。

4　資源の動員（その三）――在地有力者を通した調達――

佐野氏は確かにさまざまな面で領主と在地とをとりもつ役割を果たしてきた。先に述べた材木の供出や巣鷹の上納などの面でも要となる役割を担っている。改めてここで詳しく見てみよう。

佐野氏が直接関わったことが明確な中世の材木供出事例としては、前掲元亀元年（一五七〇）の史料等の他、天正八年（一五八〇）の浅間神社宝殿材木注文（『県』一〇五〇）しか史料が残されていない。この他には、「早川入にて材木奉公をすべく言上したので、新屋三間の棟別諸役を免許する」旨の穴山信君判物が残されている程度である（『県』一〇六三）。しかし、より大規模な林業を行う能力をもっていたことは、この少し後の状況を記した史料から明らかになる。

【史料3】

（前欠）

内申、御帳ニ付申候場所之切かぶとも御目にかけ可申候事、

一、大御所様御掟ニて駿□□んしの御材木、佐野兵左右衛門・我等親の七郎兵衛両人を奉行ニ被為仰付、五千丁駿府ゟ下シ申候、其後馬場五左右衛門・佐野七郎兵衛に被為仰付、七千丁駿府へ下シ申候、又其以後右之両人御陣へ罷立申候所ニ、御材木御急ニ而御陣より御返し被成、近郷より大が三拾かい御越被成、其時御材木八千丁取申、駿河よしわら迄下シ被申候へハ、江戸へ御取被成候、其後朝蔵六兵衛様・海野弥兵衛様御帳ニ御付被成候以後者、御公方へハ壱本成共御取不被成候所ニ、御帳ニ付申候場所之御用木皆々切取申候

（後欠）

右の史料は、佐野家で見出した断簡文書であるが、字体その他から近世初期の作成にかかるものと推定される（『佐』五九）[22]。この中で、おそらく武田氏滅亡後の徳川家康甲斐領有時のこととして、駿府へ二回にわたり一万二〇〇〇丁の材木を下したことが書かれている。いずれも佐野七郎兵衛が関与している。さらにその後のこととして、御陣の最中に急遽呼び戻され、近郷から大鋸衆の手助けも受けながら、八〇〇〇丁の材木を急ぎで駿河吉原まで下したと

ころ、それが江戸へ送られたとある。別に述べたことがあるが[23]、この「御陣」とは文禄の役であり、材木は江戸城の応急修理に用いられた可能性が高い。しかし、ここで問題となるのは、当時すでに甲斐は豊臣秀吉配下の加藤光泰が領有していた点である。家康と秀吉はいわばライバル関係にあり、光泰が家康に材木を融通することはありえない。それでも、実際に材木は確かに送られたと考えられる。ならばそれを可能にした条件は何か。

文禄前後の時期、秀吉配下の大名が甲斐に入ってくるが、未だ政治的状況は落ち着かず、次々と短い周期で交代を繰り返していた。家康の関東移封は天正一八年八月のことであるが、その後、羽柴秀勝を間にはさんで、同一九年四月から加藤光泰が入部する。しかし、翌年には文禄の役のために駆り出され、そのまま陣中に没している。とすれば、光泰が実質的に甲斐に在国したのはほんのわずかの期間であり、その間に山間地域の有力者までも充分に掌握しきれていたかどうかは大いに疑問がある。むしろ関東に移った家康が、駿府城建設の資材提供で旧知の土豪であった佐野氏に依頼して、材木を提供させた可能性はあるであろう。はたしてライバルの支配する領国から大量の材木を調達することができたかどうかは微妙であるが、逆にそうした実態を背景にしたと思われる文書が残されている。天正一九年、八ヶ岳の麓、信濃との国境にあたる教来石の山の口衆宛に出された光泰の文書がそれである（『山梨県史 資料編8 近世1 領主』所収四八号文書、山梨県、一九九八年）。それによると、身延山久遠寺へ運ぶ材木が信州から運ばれてくるものであれば通して良いが、甲斐国内の木であったら留めよと命じ、さらに、家康が取り置いた材木はいっさい運ばせてはならないと厳命している。これは当時、明らかに甲斐国内から材木を調達しようとする動きが家康方にあったことを示しており、そうした動向が光泰の耳にも届いていたものと考えられる。すなわち、ここでは家康は領主として材木の提供を命じているのではなく、商取引として材木の購入を佐野氏に持ちかけているということになる。

これらの史料からいえるのは、少なくとも中世末期から近世初頭の時期にかけて、万をもって数える規模の材木が大名に供給されていたことであり、その事業の現場指揮官として佐野氏が中心的な役割を担っていたということである。逆にいえば、家康があえて領地外の旧知の山地土豪を頼っているように、材木資源の調達に際しては、現実にそうした差配のできる地元有力者を把握することが最も重要なことなのである。

巣鷹についても同様のことがいえる。天正九年と考えられる穴山信君より佐野七郎兵衛宛の判物によれば、「早川入之たか者、近年用捨故毎年しかと不納候、当年ハ別而入情可為見候、無沙汰候ハヽ必くわたいあるへし」とあり、鷹の上納に関して、七郎兵衛が在地側の責任者の立場にあったことが知られる（『県』一〇五一）。さらにもう一点、鷹についての史料が残されている（『県』一〇五四）。

【史料4】

（「栄」朱印）
毎年　巣鷹相納候之処、油断故当夏中者不見出候、為過怠棟別可召置候、但雨端（畑）者新巣納候間、可為半棟別候、
奈良田者本棟別ニ可請取候、為其印判遣候者也、仍如件、

常陸奉之

六月六日　江尻

佐野七郎兵衛

ここには雨端（雨畑）・奈良田など早川入の広域にわたる地名が見え、佐野氏が早川入全体にわたって鷹上納の管理を任されていたことがわかる[24]。しかも、棟別徴収の任にあたっていたことも知られる。

これらの史料を通していえるのは、山地に包蔵されているさまざまな資源を、使える形のものとして引き出すためには、そのための技術をもち、組織を動かせる要の人材を掌握することが不可欠だということであり、笹本の表現を

借りれば、「穴山氏は早川流域の材木を支配するにあたって、まず伐採等の技術を持つ村民を直接把握している在地土豪を支配に組み込み、彼等を使って用材の奉公をさせた」ということになる。(25) 穴山氏は早川入に関して、佐野氏を通してその調達を実現するシステムを形成してきたのであり、事実、早川入の集落ごとの有力者に対して穴山氏が個別に出してきた文書は、天正一〇年頃には見られなくなっている。

5　早川入佐野氏の権限と穴山氏

このように見てくると、佐野七郎兵衛が早川入の「用所」を一手に任されたとされる問題について、いかなる意味があったのかを考える必要があろう。左の史料がその一つである（『県』一〇五三）。

【史料5】

（穴山信君）
（花押）

自今以後、早川入之用所、以其方一人可申付候、鷗庵存命之間ハ彼人用所同然ニ申付候様可成下知候間、江尻用所同意ニ無御疎可走廻、若非分之儀於有之者、証文雖為明白可有相違者、守此旨可抽奉公、仍如件、

（天正十年）
二月十三日

佐野七郎兵衛尉
との

この冒頭の部分に関して、従来は、早川入の諸用を佐野七郎兵衛一人に任せると解釈してきている。しかし、「其方一人を以ての申し付け」との意味で理解すると、（他の在地有力者に個別にあたるのではなく）七郎兵衛一人から申し付ける形にする、と解釈できる。つまりは命令系統の一本化ということである。もちろん佐野氏に命ずるのも、佐野

氏を通して命ずるのも、結果的には同じことであるが、地域における佐野氏の位置づけとしては大きな違いがある。同様の趣旨をもつ文書は、天正一一年（一五八三）・同一二年・同一九年など、この後も領主の交代とともに発給されている（『県』一〇七八・一〇五六・一〇五九）。前者は穴山信君から子息の勝千代への代替わり後に出されたものであり、後者は羽柴秀勝領国時代のものである。後者の史料では、すべて佐野氏に任せるという文言になっているが、これは領主自体が全く変わった後のものであり、穴山時代の文言を承けて意味が短絡化したものと考えられる。

そして、注意しなければならないのは、穴山氏時代の申し付け（『県』一〇五三・一〇五六）に共通することであるが、これが佐野氏への恒久的・全面的な「白紙委任」ではないということである。「若非分之儀於有之者、証文雖為明白可有相違」「上かたへ御無沙汰候者、我等手形入申間敷候」などの文言は、忠実な奉公を要求するものであり、相違した場合には、早川入の「代官」としての地位は剝奪されることを予定している。すなわち、早川入という広域レベルでいえば、佐野氏は決してその全体を「支配」するような権力をもっていたわけではない。あくまで薬袋郷周辺を勢力範囲とする有力者にすぎなかったのであり、早川入の代官としての地位は、穴山氏の権力に支えられたものでしかなかった。言い換えれば、穴山氏は山地資源を取得するための一つのシステムとして薬袋の佐野氏を「選んだ」のであって、奉公に欠けることがあれば、「直奉公之在郷衆」と呼ばれるような人々の内から、[26]別の有力者を「代官」にすることもありえたのである。実際、天正二〇年（＝文禄元年〈一五九二〉）以降は、佐野氏の公的権限も薬袋郷に限定されていくことになる。その後開発された雨畑流域金山の管理に関しては、佐野氏が代官所と現地とをつなぐ自称「奉行」の役割を果たしていたが（『佐』四二および佐野政男家文書二六九号。以下、『佐政』二六九のように略す）、貞享年間（一六八四〜八八）に領主側が経営形態を変更すると、願いもむなしく任を外されてしまう（『佐政』五五）。元和以降起きた薬袋村内百姓との軋轢もあって、まもなく佐野氏は一介の村百姓の地位に甘んじることになる。[27]近世に入っての薬袋村があまり山に恵まれず、山争いも早川対岸の山をめぐる高住村との争論くらいしか見られないことからすると、もともと佐野氏が中世に他の山を早川入に有していたということもないようである。(28)ということは、佐野氏がかつて多量の材木を調達できたのも、その直営的結果というよりは、早川入全体に対する調整役・現地コーディネーターとしての役割・能力に拠っていたということになる。このように広大な地域を一人の土豪に統括させたのは、穴山領下でも例外的扱いであるが、それは河内領最大の渓谷地帯であり資源の宝庫である早川入を効果的に掌握するために取られた方法であったと考えられる。

要となる人材を諸役免許などの特権と引き替えに掌握し、資材の調達に動員する体制自体は、他地域にも存在した。【史料1・2】で取り上げた湯之奥の佐野家も、すでに穴山信君の父信友の代には、竹や葺板の進上を申し付けられており、弘治二年（一五五六）には「山作用所《やまづくりようじょ》」の奉公と引き換えに、五間の普請役その他を免許されている。また、湯之奥から少し南に位置する大崩の佐野家は、弘治三年、「山造棟梁」として棟別を免許され（『県』一一四三）、それは天正八年にも引き続いて保証されている（『県』一一四四・一一四五）。さらに、湯之奥と大崩の中間にある大垈に関しても、同地の善兵衛に対して在家五間分の役が免許されている（『県』一一五三）。その文書の出された天正八年一〇月一二日の日付は、大崩佐野家宛に発給された文書と同じである。また、駿河との国境に近く、近世に福士村に属する徳間の山作衆に宛てても、「山作」奉公と引き換えに普請以下の諸役が免許されている（『県』一二四〇・一二四一）。このように、個人・集団を問わず、山の資源を引き出すためには、その技術をもった職人を動かせる人物、あるいはそうした人物とつながりのある人間を地域ごとに掌握することが必要であり、諸役の免許と引き換えの形で材木などの奉公をさせる仕組み自体は、すでに穴山信友の時期から一般的にでき上がっていたといえる。

6　山地住人への一般的課税

戦国期甲斐における百姓の負担については、これまでにも豊富な先行研究がある。その中で、反銭の有無など議論の分かれている問題もあるが、棟別銭の重要性についてはほぼ一致しているといってよかろう。甲斐において棟別銭および普請役等の諸役は、領主にとって重要な課税費目であった。それゆえにこそ、何らかの貢献をした者や奉公を申し出た者に対しては、多数の棟別諸役の免許状も出されているのである。特に、耕地での生産力の把握が困難な山地の場合、役という形式での賦課は、いっそう重要な意味あいを持つ(29)。そして棟別諸役の免許は、矢田俊文も述べているように、他の働きによる奉公への対価としての意味をもっている(30)。

天文一〇年（一五四一）、大垈郷に関し、穴山信君から文書が出された（『県』一一五四）。同郷については以前に諸役免許としたはずであるのに、「雇之人足」が懸けられたというのである。信君は、大垈に用所を申し付けるときには、若林外記方から命ずるので、「触口」からの催促をしてはならないと述べている。つまり、通常は「触口」を通して「雇之人足」などを徴発する形で諸役が賦課されているのであるが、大垈の場合は別ルートから直接何らかの用所を命ずることを前提に、それが免除されているということになる。大垈の立地環境と関係する史料に鑑みれば、この「用所」が山地資源の供出に関わるものであることは明らかである。また、次のような文書もある（『県』一五八四）。

【史料6】

自前々棟別銭赦免之儀勿論候、然ニ番匠役無手透相稼之間、折々免許之棟別銭借用之儀、自今以後一切不可有之候、然則御細工之儀、聊不可有疎略候者也、仍如件、

天正五暦

卯月三日　信茂（小山田）（「信茂」印影）
倉沢与五右衛門

番匠が領主のための仕事で手透なく働いたので、免許してきた棟別銭の額を超える奉公になってしまった（つまり免許分を領主が次年度分まで「借用」したことになる）。そこで今後はそのようなことのないようにせよ、また番匠も手抜きをせず働くように、との文書である。ここからも、甲斐において棟別が免許分の対価とされていたことがわかる。

棟別諸役免許の事実は、特に後世において、一種の特権的あるいは家格的意味を付与されて理解されることが多いが、山地の場合、本来的には、山地資源の動員・奉公に対する直接の対価の意味を一義的にもつものであった。

一方で原点に帰って考えてみると、棟別諸役の免許は、あくまで一部の対象者に与えられた例外にすぎない。【史料4】で、巣鷹を納めなかった奈良田郷が「過怠」として棟別を徴収され、雨畑が「半棟別」とされたように、本来一般的に棟別は納めるのが前提だったのである。奈良田に関しては、穴山信友の時代にも、湯治に関わる奉公をした褒美として棟別を免許された事例がある（『県』一〇七一）。奈良田も雨畑も同様に深く険しい谷の奥に位置する集落である。ということは、どのような山奥の地域でも、基本的には棟別諸役は納めることが前提になっていたといえる。この背景には、山地の郷でも棟別を負担することのできる実態があったと考えなくてはならない。田畠の検地をもとに貫高を設定し、役を賦課することが戦国期には広く行われたが、田畠に乏しい山地の場合は、家屋の把握による棟別諸役の賦課が重要な位置を占めていたはずで、実際に住人も負担していたと考えられる。実は山の富を把握するのに最も有効であったのは、この棟別諸役と見てよかろう。役の免許による山地の資源・技術の動員はもちろん行われたが、その背後には免許の対象とされない無数の役負担者がいた。彼らがなぜ役の負担を可能としていたかといえば、それは山地の資源を生かす生活をし、そこから富を得ていたからにほかならない。言い換えれば、彼らは山地に眠る多種類の資源を人が使える形で引き出す業をもっており、そこから生み出される自給的な富と産業的な富とによって生活を成り立たせていた。そして、彼らを基底とし、貢納物を収納することによって山間地域を多く含む領主の支配は成り立っていたのである。

おわりに

樹木に覆われた山を見て、そこを豊かな土地と捉える感性を持ち合わせている現代人は多くないであろう。しかし、かつてそこは材木・鉱物・動物など多様な資源を包蔵する地であり、広大な焼畑を可能にする土地であった。戦国期の領主は、各山間地域で生産の要となる人材を、諸役の免許などを通して掌握し、必要な資材や技術を提供させていた。さらにそれだけではなく、山奥の山地住人にも棟別諸役を賦課することによって、その支配を貫いていた。賦課の背後には、その基盤となる民業の存在があったはずである。つまり、日常的に山地の人々は山を利用し、山に生かされて生活を立てていたのである。結局、戦国の世に鳴り響いた甲斐の勢力を育み、根本において支えていたのは、山の資源を自給的食糧に変え、あるいは有用な資材に変える技術をもっていた山地の人々であったといえるのである。

注

（1）歴史学と山村研究との関わりについては、研究史的整理を「文献史学と山村研究」（『日本史学集録』一九、一九九六年）で、事例研究を「ある山間荘園の生業と外部交流」（『民衆史研究』三九、一九九〇年）で、概括的問題提起を「ヤマから歴史を考える」（『長野県民俗の会会報』二四、二〇〇一年）で行った。

（2）『山梨県史 資料編4 中世1 県内文書』（山梨県、一九九九年）所収九八七号文書。以下、『県』九八七のように略す。本文書に触れたものとしては、笹本正治『山に生きる―山村史の多様性を求めて―』（岩田書院、二〇〇一年）第二章、勝俣鎮夫（講演録）「穴山氏の『犬の安堵』について―山の民の把握と役の体系―」（『武田氏研究』二四、二〇〇一年）があるが、前者は前提となる史料の翻刻に誤りがあり、【史料2】と併せて解釈も不充分である。

（3）前掲注(2)勝俣講演録において、氏は【史料1】の宛所を、最高額の礼金を受け取った刑部介としている。が、刑部介自身が虎達と考えられるので、宛所は次に多くの礼を受けている美作守と見るのが妥当であろう。なお、『甲斐国志』の記述を手がかりに見ると、『北越軍談』（井上鋭夫校注『戦国史料叢書8 上杉史料集（上）』新人物往来社、一九六六年）巻二四には、永禄四年（一五六一）の川中島合戦で戦死した甲州勢の一人として帯金刑部左衛門虎達の名が見える。また、大垈から四キロ程南の山間にある大崩の佐野家には虎達の発給にかかる文書が残されている。さらに、下部町の方外院文書中には帯金美作守の名の見えるもの二通があり、身延町塩之沢の鈴木家文書中には、大垈に関する内容について穴山氏から帯金美作守に指示を下した文書もある。この付近の富士川沿いには帯金の地名もあり、本文の文書中に出る刑部介・美作守らは、周辺一帯を所領としていた帯金氏を指すと考えてよかろう。

（4）前掲注(2)勝俣講演録。

（5）文書番号は中央大学山村研究会の整理による。なお、本章は同研究会で積み重ねられた多くの議論を元にしている。特に荒垣恒明氏からは種々のご教示を得た。大切・小切は甲斐に特有の税法として知られている。このうち大切は、毎年決定される「御張紙直段」の換算率にそって収納される年貢を指す。

（6）笹本正治「早川流域地方と穴山氏」（『戦国大名武田氏の研究』思文閣出版、一九九三年）、須藤茂樹「穴山信友の文書と河内領支配」（『国学院雑誌』九九八、一九九〇年）。

（7）水野定夫家文書。本文書は宛所が切断されている。同じ地区の佐野弘家に本来あったと考えられる文書の宛名部分が切り取られ、水野家に残されている例が他にもあるので、この場合も、もとは佐野家に宛てられていたものかと推測される。

（8）文書番号は中央大学山村研究会の整理による。以下、同家文書については『佐』五九のように略す。拙稿「史料紹介 佐野弘家文書五九号」（『中央大学山村研究会報告集』二、一九九三年）および「史料紹介補遺」（同三、一九九四年）。

（9）小葉田淳『日本鉱山史の研究』（岩波書店、一九六八年）、桜井英治『日本中世の経済構造』（岩波書店、一九九六年）第一部第三章。

(10)『早川町誌』(早川町、一九八〇年)第三編第六章。
(11)盛本昌広「戦国期の鷹献上の構造と贈答儀礼」(『日本中世の贈与と負担』校倉書房、一九九七年)。
(12)前掲注(6)笹本・須藤論文、前掲注(2)勝俣講演録。
(13)前掲注(10)『早川町誌』六七九頁。
(14)溝口常俊「甲州における近世焼畑村落の研究」(『名古屋大学文学部研究論集 史学』二八、一九八二年)。
(15)前掲注(9)桜井論文、前掲注(2)笹本論文、笹本正治『戦国大名と職人』(吉川弘文館、一九八八年)。
(16)ただし、金山衆が武士かどうかについては、これを武士と見る桜井と武士ではないとする笹本の意見が対立している。
(17)前掲注(2)笹本論文、二三〇頁。
(18)礼紙書まで使用した類似の文書として、「南松院文書」(『県』一一六七)を挙げることができる。両文書は、文字の配置や筆跡もよく似ている。
(19)中央大学山村研究会の調査。同会編『報告集』二号に佐野弘家文書目録を添付している。
(20)直接佐野七郎兵衛の系譜を引くとされる現在の佐野弘家以外に、分家にあたる佐野政男家(現守男家)にも古文書が残されている。その中で金山に関わっていたことが具体的に知られる史料は慶安四年(一六五一)のものである(同家文書四号)。以下、同家文書は『佐政』四のように略す。
(21)笹本正治は、「直轄」の意味をこのように説明している。前掲注(2)笹本論文、一二三頁。
(22)本文書に関しては、前掲注(8)拙稿で詳しく紹介した。その内容については、白水智『古文書はいかに歴史を描くのか―フィールドワークがつなぐ過去と未来―』(NHK出版、二〇一五年)の第五章でもまとめている。
(23)前掲注(22)白水著書二一二頁。
(24)盛本昌広は、前掲注(11)論文において、本史料にも言及しているが、その中で、佐野七郎兵衛を早川集落の領主とし、それが巣鷹過怠のゆえに、従来から認められていた棟別役免除の特権を剝奪されたと理解している。確かに早川入には早川という集落もあるが、七郎兵衛は薬袋集落(薬袋郷)の住人であり、さらに領主という表現も適切ではない。また、この史料は佐野氏が徴収の任にあたる早川入の棟別役に関し、穴山氏がその免許と徴収について指示したものと考えられる。七郎兵衛自身も負担の対象になった可能性はあるが、むしろここでは佐野氏が早川入全体の棟別役の管理者となっていることに注目したい。

(25) 前掲注(6)笹本論文、一三五頁。

(26) 早川集落の早川彦三郎には、「直奉公之在郷衆」に対して棟別諸役等を免許する旨の文書が出されている(『県』一〇六八)。なお、山梨県立図書館蔵「河内領古文書」には、「穴山時代北方拾壱騎」と題する文化年間頃の書上げがあり、中世末期に各集落(郷)ごとに居たと伝えられる土豪の名が記されている。そのまま事実と受け取ることはできないが、このような有力者のいた可能性はある。

(27) 早田旅人「近世前期の山間地域における村役人家と村落秩序—甲州巨摩郡薬袋村と佐野氏—」(『関東近世史研究』四六、一九九九年)。

(28) 高住山をめぐる争いでは、薬袋佐野氏の山に対する由緒が、薬袋村の権利に置き換えられて主張されており、その意味では佐野氏の持ち山が他にもあれば、それは薬袋村の山として争われたはずである(前掲注(27)早田論文を参照されたい)。この点で、近世に入っても家抱を抱え、広大な山地を背景に林業を続けた富沢町福士の佐野家とは趣を異にする。福士の佐野家については、関口博巨「甲州山村の家抱とその『自立』—西河内領福士村の事例から—」(『山梨県史研究』五、一九九七年)に詳しい。

(29) 前掲注(2)勝俣講演録では、「所持する犬への安堵」が山地住民の狩猟に対する役賦課と対応する意味をもっていたことを述べている。なお、戦国期の棟別銭については、黒嶋敏「棟別銭ノート—中世的賦課の変質過程—」(『史学雑誌』一〇七—一一、一九九八年)で考察がなされている。また、武田領国における棟別銭徴収の実態については、郷の役割を重視する平山優の見解がある(『戦国大名領国の基礎構造』校倉書房、一九九九年、第一部第一・二章)。

(30) 矢田俊文は「戦国期甲斐国の権力構造」(『戦国大名論集10 武田氏の研究』吉川弘文館、一九八四年)の中で、「いうなれば、『材木之奉公』とは姿を変えた『棟別諸役』である」と述べている(一八八頁)。

第四章　山村と飢饉

――信濃国箕作村秋山地区の事例を通して――

はじめに

長野県栄村秋山地区のある旧家に、「天明三年丑歳」から始まる、たどたどしい文字で書かれた一枚の古文書があり、そこには深刻な飢饉の状況が記録されている（福原国吉家文書A―①―5―2）。

　天明三年丑歳
大けかき むのたねなし
此村〆廿二けん　そのをきで
　九けんつぼり 〆百七拾三人なし
辰《をる》正月五日たべ物なれ壱人《しに》からす
一、米一日八合五尺《五尺》をかい
　　　　福原　平右衛門
米八合五尺をりかい
惣〆　人かす百七拾三人なし

万年松つたい

世にいう天明の大飢饉に直面した小赤沢の福原平右衛門が書き残したもので、意味の取れない部分も多いが、食べ物がなく、米を粥にして食したことなどがうかがわれる。(1) 末尾に「万年松つたい」とあるのは、末代までこの飢饉を語り伝えよという戒めであろうか。

近世には幾度も飢饉が発生したが、中でも天明の飢饉と天保の飢饉は、凄惨な被害の状況と相俟って広く知られている。秋山地区もこの二度の飢饉によって大きな被害を被り、三つの集落が実際に消滅している。山奥の集落が飢饉で滅亡したと聞けば、もともと山間集落は生産力の乏しい貧しい土地であったから、飢饉の被害を受けて住民が餓死し、ひとたまりもなく滅び去ったと一般にはイメージされるであろう。『長野県史』には、「冷害による凶作は、当然に山間高冷地ほどはなはだしい。浅間山麓、木曾の高冷地、奥信濃秋山郷などはその典型であるが、松代領水内郡山中筋も被害が大きかった。この年、平坦地の場所のよいところでは麦・米の作柄がよかったが、山中は思いのほか不作で、葛の根や野老などをあさって食料とした」とあり、主穀類の栽培に関して不利な山間部は飢饉に弱いという認識を示している。(2) ここで注目すべきは、山間地の冷害凶作被害が酷いのは説明不要に「当然」のこととされている点であり、また同時に、山間地も米・麦に頼った生活をしていることを前提にしている点である。また、天保の飢饉の状況に関しても、「北信濃の高井郡箕作村(下水内郡栄村)の枝郷秋山は、九月から翌年四月まで雪の中という地帯で、天明飢饉には二つの集落がなくなってしまった。この天保四年も土用中に雨が降りつづき、近くの苗場・岩菅の山には二度も雪が降り、低温のため粟・稗などもいっさい実らない(中略)と凶作の模様を役所へ訴えている。この年からの飢饉のため、秋山郷の甘酒部落は死に絶えた」と述べている。ここでは、秋山がとりわけ過酷な環境下にあり、その中で住民が「死に絶えた」集落がある、と悲惨な状況を強調している点に注意しなければならない。また別の書物には、「あわれを極めたのは、僻村秋山郷である。餓死のため、秋山・矢櫃の二部落は全滅、里の部落箕作村でさえも、人口九百六十八人が六百十七人に減ってしまうという惨状であった」などとも記されている。[3]

こうした記述には、水稲耕作を中心とする農業に不利な山間地はもともと貧しく、滅亡を招きやすい存在であったという観念が透けて見え、それが凶作を原因とする飢饉で脆くも餓死を招いたという理解となっている。

しかし一方で、山は飢饉への耐性をもつことが指摘されてもおり、村が山奥にあったせいで飢饉の際に滅亡したというだけでは、説明として不充分である。むしろ個々の集落の状況や飢饉の具体的な内容を背景にしてその滅亡の原因は考察されなければならないであろう。本章は、秋山を舞台とした飢饉を通して、山村と飢饉の関係について改めて考え、一つの仮説を提示してみようとするものである。[4]

一　飢饉と山

今から七五〇年以上前の正嘉二年（一二五八）、以後数年にわたって続く全国的な大飢饉（正嘉の飢饉）が起こった。夏の長雨に台風が追い打ちをかけ、大凶作が発生したとされている。このとき政治の中枢にあった鎌倉幕府は、次のような法令を発している（鎌倉幕府追加法三二三。池内義資他編『中世法制史料集 第一巻』岩波書店、一九五五年）。

一、止山野江海煩、可助浪人身命事、

諸国飢饉之間、遠近侘傺之輩、或入山野取薯蕷野老、或臨江海求魚鱗海藻、以如此業、支活計之処、在所之地頭堅禁遏云々、早止地頭制止、可助浪人身命也、（後略）

すなわち、「飢饉で困窮した人々が、あるいは山野に入りて薯蕷《じょうよ》（やまいも）・野老《ところ》を取り、あるいは江海に臨みて魚鱗・海藻を求めて活計を支えている」ことを理由に、山野河海からの自然物採取を広く公認し、地頭に対して人々の締め出しをやめるよう命じたものである。ここで、飢饉に際しては通常の田畠だけではなく、山野や河海が食料を求める場所となっていることが注目される。普段の耕地からの作物が期待できなくなったとき、望みをかけうるのは自然物の採取だったのである。

このように生活に困窮した際に山野に糧を求め、また救いを求めるあり方は、各時代を通じて普遍的に行われてきたことであった。それは近代でも同様である。哲学者の内山節は、群馬県上野村に伝わる「山上がり」という習俗について紹介している。(5) 上野村では昔、経済的に困窮した人がいると、山に小屋を建ててそこに一年ほど住み、一方で働き手の家族がその間に町場へ出稼ぎに行って現金収入を持ち帰るという方法があった。山へ上がった家族はその間、山のものを採取するだけで暮らしを立て、充分生活していけたのだという。悲惨な緊急避難ではないかという質問に対して、地元の古老は、「むしろ逆だよ。昔は山にさえ上がれば、一年や二年、一銭もなくたって暮らしていける、という気楽さがあった」と話す。内山は、「昔の人は、山にあるすべてのものを利用しきる知恵と技をもっていた」のだと述べている。

もう一つ近代の例を挙げたい。畠山剛が東北地方の飢饉と山村との関係について述べているものである。(6) 畠山は昭和初期に東北を襲った飢饉を調べていて、「北上山地の人々は、この凶作によって困窮の極に達し、餓死者までも出たのではないか」との予断を抱いて当地の老人たちから聞き取りを行った。ところが意外にも、「昭和九年のケガジ（飢饉のこと—白水注）は知らない」との答えが複数の話者から返ってきたという。氏は、「この時本当に飢餓を経験していれば決して忘れることはなかったはず。私はここに至って『このお年寄りたちは、昭和九年の飢餓の経験がないのだ』としぶしぶ納得した」という。しかし、大凶作があった事実は動かしようがない。そこで当時の食糧生産事情を探ると、「主食糧源の多様さ」が明らかとなった。稗・大麦・小麦・シタミ（ドングリ）・栃・粟・黍・蕎麦と、その数は八種類にも及び、「コメのみが主食糧源である水田単作地帯とくらべて、きわだった違い」があり、しかも同じ作物でも、本畠とカノ（焼畑）とでは播種時期がずれる。「これが天候不順による被害を分散し、どれもこれも収穫なしとはならなかったにちがいない。『なんだかんだまいているので、なにかはとれた』のである」と結論づけている。

鎌倉時代と近代というはるかに時代の隔たった両者の事例であるが、共通して見えるのは、山地資源の豊かさである。もちろんそれは山の自然に対する知識や資源を生かすための技能があっての話ではあるが、しかしそれらを持ち合わせていれば、山は豊かな恵みをもたらしてくれ、暮らしを救ううえで大きな助けになったことが知られる。

では、本章が対象としている近世の事例はどうであろうか。近世の飢饉を豊富な事例から解き明かした菊池勇夫は、次のように述べている(7)。

「飢饉史料をみて気づくことのひとつは、飢人たちが『山野に出る』とか『山に登る』といった記述がよく出てくることである」、「農民たちは、田畑の損毛が甚だしいときには『田畑横にな』して収穫を放擲してしまい、盆後あたりから山野に出て蕨・葛の根を掘るなど、食物になりうる糧の採取に精力を注いだ」「『子供を負て』とか『手廻り不残出る』とあるように、家族総がかりで野に出、山に登ったのであった。しかも山へ小屋掛けして泊り込みで蕨を掘る『山居』の者もあった」。

ここからは、いざとなれば田畑をうち捨て、山の資源に生存を託す人々の姿が読み取れる。やはり近世の人々にとっても、山は緊急避難場所であったのである。山村は、稲作に主に依存している平地農村とは異なり、多様な食料資源があるはずである。それでは、こうした視点に立って飢饉を見直した場合、秋山の事例はどのように考えたらいいのだろうか。なぜ秋山では飢饉に堪えられず滅びた集落が出てしまったのだろうか。以下、この点を考えてみたい。

二　天明・天保の飢饉と栄村域

1　天明の飢饉

初めに天明の飢饉から見ていきたい。天明の飢饉は、天明二年（一七八二）から同七年の間に生起した大規模な飢饉で、特に天明三年、東北地方を中心とする大凶作によって、甚大な被害が発生した。八戸藩などは六割近い三万人余が餓死・病死・逃散の憂き目に遭ったという(8)。また、同年には群馬・長野県境に位置する浅間山が大噴火を起こし、その降灰によって広範囲に被害を与えたことも知られている(9)。栄村に残る史料の中に、天明の凶作の一因となった浅間山の噴火について触れた記録がある（関澤一之進家文書A－1）。

灰多ク降リ積リ、当国之内茂あつさ四五寸より五分七分八分不降所ハ無之候、然ル所右之山丑寅之方へ七月八日ニ抜け出し、北上州江はゞ（幅）壱里半ほとに湯水土砂火つ石壱つニなり、家数村々死人其数不知ほとの大へんニ候、

一、是より当国茂寒ヶ立、稲草不残青立ニ罷成候、

（中略）

一、此年しやうかん（傷寒＝腸チフス）はやり、当村ニ而も甚之丞・利兵衛・団四郎・市兵衛・又四郎・庄治郎・安右衛門・権右衛門・作右衛門六軒ほとへ頑（煩カ）らひ入申候、右病家ニ而作仕付出来申さず、惣村田地植仕舞以後、五日ほど懸り仕付申候、

一、当村ニ而病死人四拾六人、明家《(空屋)》三軒、

一、郷中ニ而明家四拾六軒、巳三月迄ニ病死人三百五拾壱人、辰春より巳春迄ニ死去仕候、

この史料からは、火山灰吹き上げによる日照不足の起きたことが推測され、伝染病の流行もあって多数の被害者が出たことが読み取れる。直接の降灰もあり、低温の影響とも相俟って穀物が実らぬばかりか、傷寒（腸チフス）の流行で倒れる者が多く、作物の播種もままならない状態であった。すなわち、噴火と冷涼な天候・伝染病の流行が農作物の不作と農業労働力の不足を招いたのである。飢饉時の領主による失政など、人災の側面も強く指摘されている。『栄村史 堺編』によれば、天明四年の死者は、箕作村では常慶院檀家中六四一名、竜昌寺檀家中（秋山の者）六五名、善福寺檀家中で二九名、計七三五名とある。また、明家（空き家）が箕作村全体で四六軒も発生した。隣の志久見村（現在の栄村内）では、一九六軒中飢えが一五〇軒、九六八名中餓死者が三五一名を数えたという（餓死者三六・三％）[10]。

比較的山がちな箕作村・志久見村の現栄村域ばかりでなく、隣接する河岸段丘上の現新潟県中魚沼郡津南町地域でも、同様に激しい飢饉が起きている。『津南町史』によれば、天明三年七月の大噴火後には、「どの稲にも葉虫が付いて葉を巻きこみ、出穂の障害となっている。中稲と晩稲は半作以下になりそうだ。畑作も粟・稗など立ち枯れてしまい、生立届と格段の相違を生じて迷惑至極」との報告が役所に上げられ、冷気も強くなって外丸村では一〇月に萱沼新田・樽田両部落が収穫皆無として夫食代拝借を願う事態になり、餓死寸前の者が一三カ村で六四四〇人に達したという。さらに翌年には八月までのわずか八ケ月で住民の一九％近くが飢えと伝染病で死亡したという[11]。天明の飢饉は、山地のみならず里地も含む当地域全体に甚大な被害をもたらしたのである。

2　天保の飢饉

次に天保の飢饉時の状況について見てみよう。天保の飢饉は、天保三年（一八三二）から九年にかけてほぼ連年にわたって起きた凶作を原因とするもので、東北地方を中心に全国に多大の被害をもたらした飢饉である。

津南町でも大きな被害が出て、同じく『津南町史』所載の天保九年の飢百姓数表によれば、外丸・下船渡・芦ケ崎・寺石・宮野原・大井平・谷内・子種新田・仙田・高島・貝野の各村で六〇・七〜八四・三％、平均して七四・四％の住民が飢人として認定されている。実に四分の三に及ぶ割合である。

栄村域での状況については、箕作村名主を務めた島田三左衛門家の記録に天保四年における飢饉発生の状況が詳しく書かれている（島田汎家文書五二七号、「御用留」中の「天保四巳年違作ニ付秋山百姓難渋之御届書」。以下、「島田五二七」のように略す）。以下にその内容をまとめてみる。

奥深い山中で九月より翌四月まで雪中に埋もれる地であるが、当年は例年より雪消えが遅く、諸作の蒔き付けが五月中旬までかかった。

↓

夏土用中に雨が降り続き、苗場山・岩菅山は二回降雪があった。

↓

冷気がはなはだしく、その後も雨が降り続き、雲霧が覆って全く作物が育たなかった。

↓

日々神仏に祈り、日和乞いを行った。たまたま晴れた日があっても、日中から風雨が起こり、作物を吹き倒した。

↓

盆中から天気が回復したが、霧は晴れず、作物は青立ちとなり、出穂も遅れた。その後調べると、粟・稗は残らず不稔となっていた。

↓

当年は木の実も熟さなかった。

↓

蕪・蕎麦はかなりの良いできだったが、野鼠が多く発生し、さらに稀な鹿や猿が現れて作物を荒らしたため、蕎麦は収穫皆無となった。

↓

八月に入り、高山へはたびたび雪が降り、四日・六日には早霜も降りた。これによって蕪菜もただれてだめになってしまった。

↓

今は取り入れる作物がいっさいなく、その日を凌ぐことも困難になっている。

↓

村々で集まって相談したが、近年凶作続きのため、近村には融通できる穀物もなく、村役人達の世話で漸く凌いでいるものの、このままでは残る六ケ村（屋敷・甘酒・小赤沢・上野原・和山・湯本）も滅亡しそうだ。

これによれば、低温と日照不足、過多な湿気、そして、獣害の発生がこの年の特徴であったことが知られる。焼畑の作物である粟や稗などの穀物が冷夏のため実らず、また、蕎麦も野鼠や獣に荒らされて収穫することができなかった。そのうえ主食となりうる木の実も充分熟さず、八月初旬（現在の暦で九月中旬）の初霜により、蕪菜も枯損してしまったという。つまりは、畑の農作物と山の木の実の両方がともに収穫できなくなったのである。『栄村史 堺編』には、天保七年の飢人夫食（食料）拝借人は、箕作村四六八名、志久見村七六四名、計一二三二名とある。

翌天保八年に代官所からの救恤を受けた家についても記録があり、表3のようになっている。ここに載せられている集落は、いずれも近世に箕作村内とされた集落であるが、秋山のみならずほとんどの集落で大半の家が救済を受けていることがわかる。箕作村全体で救済を受けずに済んだ「可成の者」はわずか六・一％に過ぎず、九三・九％の家が夫食援助を受ける状態であった。すなわち、地域一帯の大半の家が飢饉の状態に陥っていたわけであり、決して奥山地域の秋山だけが悲惨な状態にあったわけではないのである。

表3　代官所からの救恤を受けた家（天保8年5月）

集落名	総戸数	救恤戸数	「可成の者」
箕作本郷	60	44	16
泉　平	29	24	5
北　野	28	28	0
中　野	18	18	0
天　代	8	8	0
当　部	9	9	0
長　瀬	40	39	1
笹　原	6	6	0
長瀬新田	3	3	0
秋山4ケ村	77	77	0
大久保	32	32	0
野田沢	27	27	0
小　滝	22	22	0
計	359	337	22
％	100	93.9	6.1

（注）救恤の内容は白米・玄米・粉のか（糠）・塩・味噌。

（出典）島田汎家文書838より作成。

三　滅びた集落の状況

1　大秋山と矢櫃の争論

天明の飢饉では、秋山の中で大秋山と矢櫃の二つの集落が消滅しているが、実はこの飢饉の起きる直前に両村が紛争を起こしていたことが記録に残っている（島田七一四）。

差出和談内済証文之事

一、此度秋山百姓八軒之もの共申候者、私共郷者秋山之内ニ而も至而土地悪鋪耕地狭く焼

畑作尽手詰り、依之山稼等仕、漸々其日〳〵の身命相継キ罷在候得共、山稼用木等ハ取尽、及我(餓)死候体ニ相成、無拠矢遣(櫃、以下同)どゝ焼畑場所有之、伐畑致度相始候所、矢遣多郎兵衛外弐人之もの共古来より右之者共内山分地ニ候得者、決而為入会申間鋪旨申之候、私共儀者古来より深山大木荒入会作来候得者、何分前々之通入会焼畑仕候様致度と相願申出候、

（中略）

一、秋山百姓八軒之者共江利害被仰聞候ニ者、其耕地作荒シ右之場所隔テ入込候得者、心儘之儀不相成、併秋山者土地悪鋪地狭く相見へ不便之儀ニ候間、双方江異見被下、右論所之場入会と相極、左候得共中段見通シ上江秋山百姓焼畑致候筈ニ相極、太郎兵衛儀書付等預居候得者、少々いわれ有之候間、道下家ノ上通り太郎兵衛内山と相極、栃ノ木山之儀ハ中ノ峠中程より下同人内山と相定、栃ひろい之儀者双方入会、右枝木等も不伐取強勢栃おとし申間敷旨、被仰聞致承知候、

右之通御異見被下、双方至極得心承知致シ内済仕候上者、向後右場所地論争ひ決而仕間鋪候、たとひ出引込之儀馴合双方申分仕間敷候、此度双方得心内済仕候上ハ、右一件ニ付願ケ間敷儀一切仕間敷候、為後日秋山組合不残立会内済仕候上者、異変仕間鋪候、為後証印形差出シ申候、依而如件、

安永九年子
八月

秋山願人
兵三郎（印）
同　六　助（印）
同　次　助（印）

（後略）

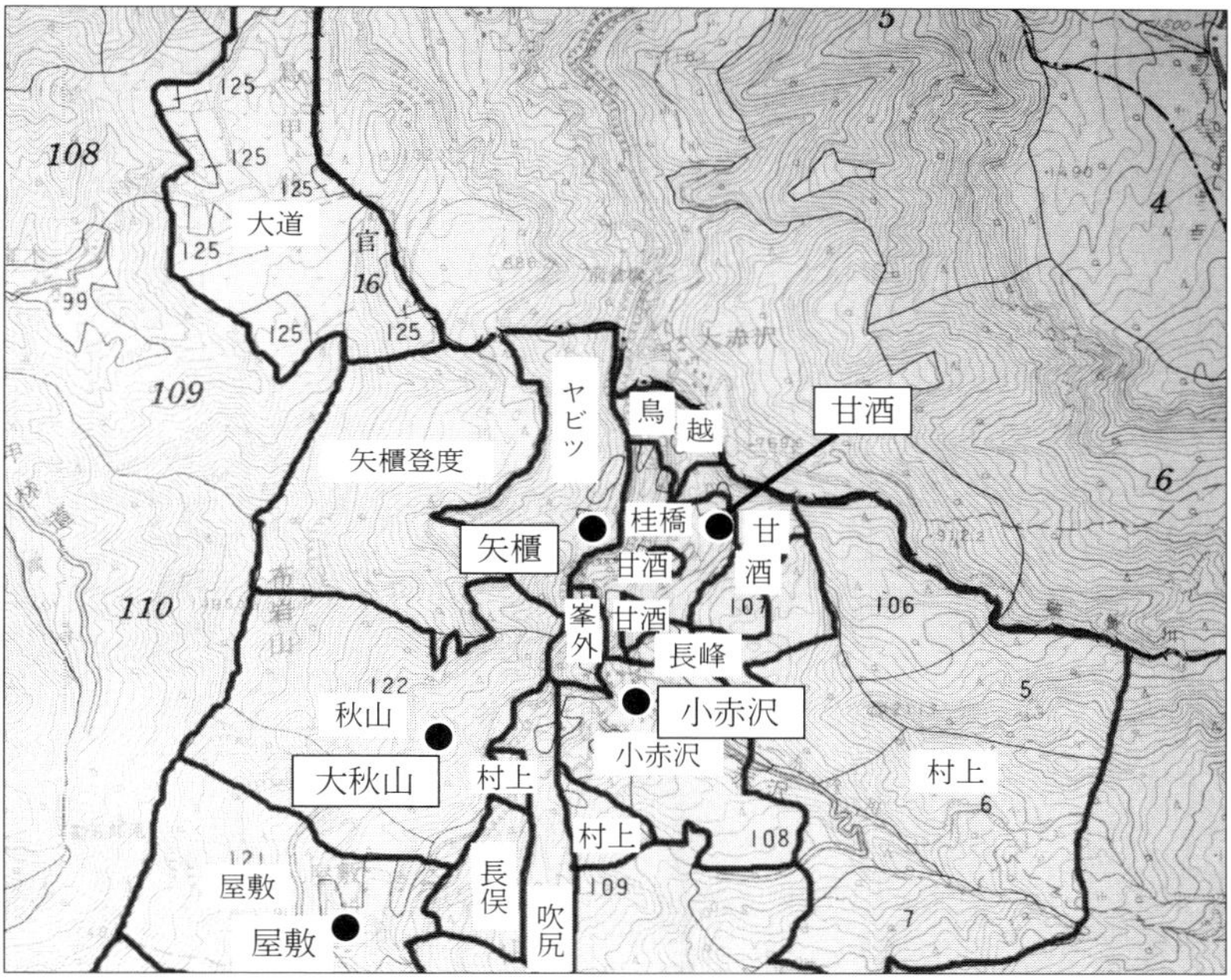

図３　秋山森林図（大秋山・矢櫃・甘酒）

飢饉の三年前の安永九年（一七八〇）、両村は焼畑地をめぐって争論を戦わせたが、これは屋敷・和山・甘酒・上野原・小赤沢という秋山の全集落が仲介に立つ大がかりなものとなった。発端は、大秋山が、「秋山の内にても至って土地悪しく、耕地狭く、焼畑作り尽くし手詰まり」「山稼ぎ用木等は取り尽くし、餓死に及び候体にあい成り」との理由で、「矢櫃とど」という場所で焼畑を行ったことにあった。ところが矢櫃の太(多)郎兵衛らは、ここが矢櫃の「内山分地」だと主張して反発したのである。大秋山はこの場所を古来からの入会地だといい、矢櫃はあくまで内山であるとして、議論は平行線をたどる。結果的に近隣集落の仲介によって、問題の場所は双方入会の地とし、大秋山の者たちの焼畑を認めることで決着した。

このときの紛争地を調べてみると、図3のとおり現在の地籍で「矢櫃登度」と表記される場所がそれにあたる。(12)「矢櫃登度」は比較的広く、このうちどの部分での焼畑が問題になったのかは明らかではないが、ここは明らかに矢櫃集落上手の近い位置にある。とすれば、矢櫃の者たちが内山分の地だと主張したのももっともである。

ここで注目したいのは、仲裁に立った地元秋山の者たちが「秋山（大秋山のこと）は土地悪しく、地狭く、不便（不憫）なので、この論所（係争地）を入会とする」と述べている点である。大秋山は地元の者から見ても条件の悪い場所で、狭小な領分しかもっていなかったわけである。そこで改めて滅亡したとされる集落の領域を調べてみたい。

2　各集落の面積と集落滅亡の条件

現在の森林図を参考に見てみよう。図4の中央には中津川が深い渓谷を刻んで流れており、左岸の矢櫃・大秋山・屋敷と、右岸の甘酒・小赤沢・上野原・和山に大きく分かれる。

矢櫃集落の領分として考えられるのは「ヤビツ」「矢櫃登度」「大道」であるが、このうち「大道」は近世には巣鷹山（幕府に献上する鷹狩り用の鷹の雛の採取地で、村人の利用が大きく制限されていた）となっており、おそらく矢櫃の人々が焼畑や伐木を自由にできる環境にはなかったであろう。大道山が巣鷹山であったことについては、宝暦七年（一七五七）の次の史料から明らかである（島田一〇〇七）。

乍恐書付を以奉申上候、

（中略）

字大道山

一、御巣鷹山　凡　竪五拾三町程　横三十三町程　壱ヶ所

但ふな木とち木ほう木なら木立御座候、

右同断、

（後略）

とすれば、矢櫃の住民にとっては、「ヤビツ」「矢櫃登度」のみが実質的な領分と見ていいであろう。大秋山は「秋山」がその領分と見られるが、南北を近接した集落に挟まれているために、それ以上の領域は見込めない。北には矢櫃があり、南には屋敷という集落がある。大秋山は両者に挟まれた領分しか持ち得ないのである。領域内でも西側寄りのエリアは山頂の布岩山まで急崖となっており、利用しやすい土地ではない。

甘酒はもともと小赤沢か、あるいは越後領分に属する大赤沢から分かれた集落ともいわれる。小赤沢との境は明瞭ではないが、「甘酒」「桂橋」「鳥越」が中心で、そのほかに「長峯」と「峯外」が含まれるかどうかという程度の領分であったと考えられる。いずれの地籍もごく狭小な面積しかない。しかも「桂橋」地籍は、中津川沿いの急傾斜地が多くを占めており、面積の狭さと相俟って利用できるエリアはごく限られていたと考えられる。また「村上」は、その分かれが小赤沢集落の近辺にもあることから、甘酒の領分ではなかった可能性が高いと思われる。また、北方は越後国大赤沢集落と接しており、北側に領分が延びる可能性はない。すなわち、甘酒は大赤沢・小赤沢の両集落に挟まれて、ごく限られた領分しかないムラであったということができる。

一方、図4によれば、屋敷は南の「川西」地区の広大なエリアが全て領分に入り、小赤沢も「小赤沢」を中心に「村上」「吹尻」「長俣」「保沢トド」が領域として想定される。上野原は「上野原」字自体がかなり広い。和山も「和山」を中心に「泥ノ木平」「作明シキ」「大畑」があり、さらに小赤沢・上野原・和山はいずれも、実質的には東に聳える苗場山の方まで山菜やキノコなどの採取は可能であったと考えられる。

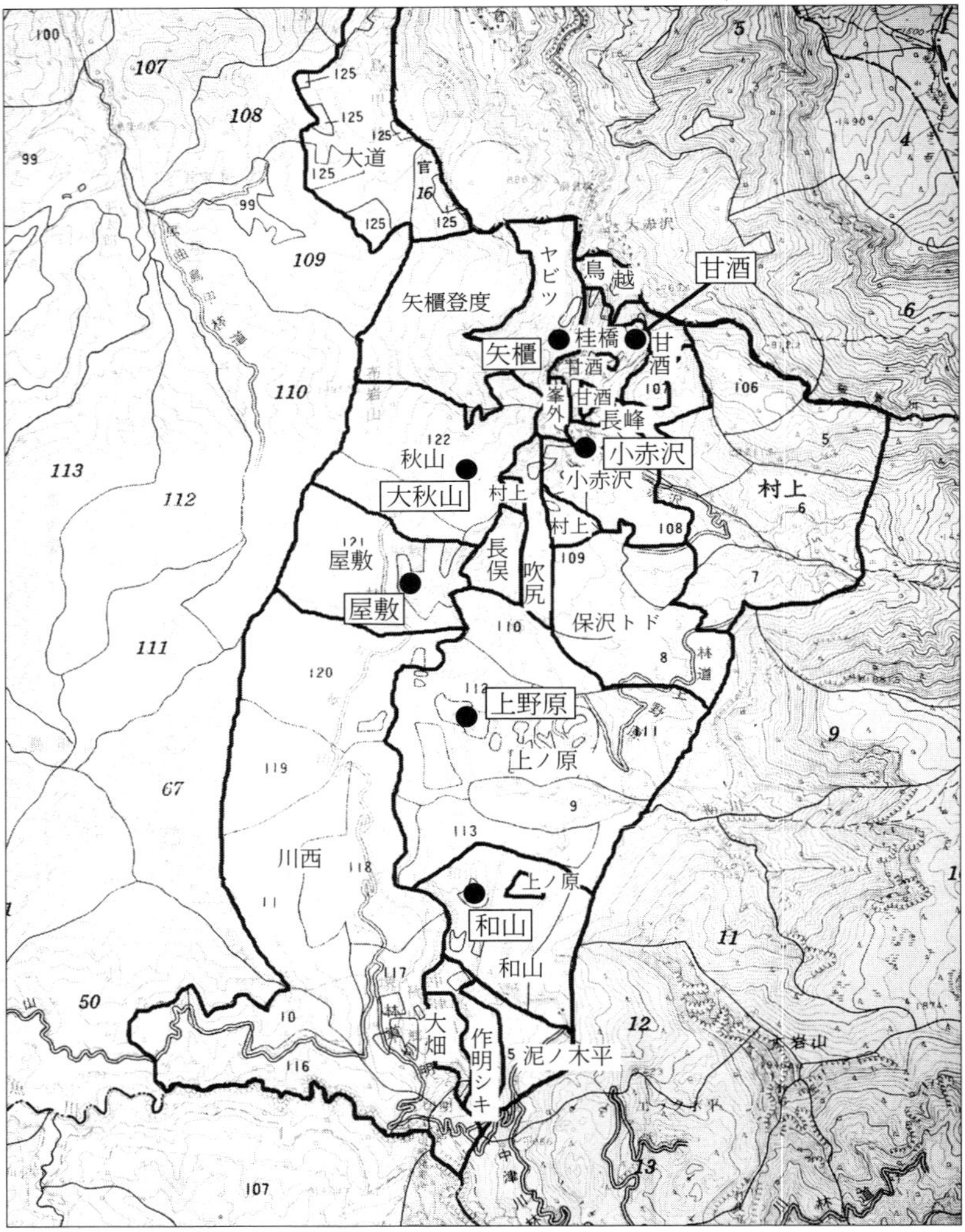

図4　秋山森林図（集落入・境界入）

このように見ると、どの地籍が各集落の領分か不明な部分はあるものの、消滅した矢櫃・大秋山・甘酒の集落は、残った屋敷・小赤沢・上野原・和山の四集落と比較して明らかに領域が狭小であることが見て取れる。

もっとも、集落生存の条件は単に集落領域の広さだけではなく、そこに住む人口を抜きにしては語れない。文政一一年（一八二八）の人口を見ると表4のようになっており、甘酒はわずか二世帯五名であるのに対し、小赤沢は二八世帯一四四名もの人口を抱えている。小赤沢は甘酒の約三〇倍の人口を擁しているが、三〇倍の領域を有しているわけではない。その点では不利といえるが、一方で、人口が多いことは効率的な資源採取や広面積の焼畑耕作を可能にする、相互扶助を可能にするなどの条件があると考えられる。さらに、もともと人口の少なかった集落は、いざというときに容易に消滅する可能性が高かったと考えられる。したがって単純な比較はできないが、消滅した集落の場合、実際に利用できる山地面積が限られていたこと自体はある程度確かであろう。いずれにせよ、大秋山と矢櫃の間で限られた山をめぐって焼畑場の熾烈な争論が起きていることは、食料生産の場がすでに天明期頃には一部集落で飽和状態に達していたことを意味し、それはすなわち集落の存続に直接的な影響を及ぼすことになったと見ていいであろう。

表4　秋山の世帯数と人口（文政11年）

集落名	世帯数	人　口
小赤沢	28	144
屋　敷	20	90
上野原	12	68
和　山	5	15
甘　酒	2	5
計	67	322

（出典）鈴木牧之『秋山記行』より作成。

さらにもう一つ考えなくてはならないのは、集落の消滅は「滅亡」ではあるが、必ずしも全ての人がその場で死亡したとは断定できないということである。飢饉で集落が滅びたというと、住民がその場で飢え死にしたとイメージしがちである。しかし、その場で座して死を待つのではなく、食を求めて集落外へ出ていく場合も多かったと考えられる。秋山でも、滅びた甘酒や矢櫃の場合、そうした伝承が残されている。古老の話によれば、甘酒の住民は小赤沢に移り、矢櫃の住民は国境を越えて越後側の前倉集落に移ったと言い伝えられているという。[13] とりわけ数世帯程度の集落の場合は、縁故を頼って近隣の集落に移動することが容易に起こりえたと考えられる（ちなみに、甘酒は文政期に二戸、矢櫃は享保期に六戸、大秋山は滅亡時に八戸であったという[14]）。その意味では、集落全員が餓死して滅びたというイメージは払拭して考える必要があろうし、小規模の集落は「滅亡」しやすかったということができる。

以上をまとめると、山間集落が消滅する条件として次のようなことが挙げられる。

①　寒冷化など気象の異常

これは雑穀・木の実など栽培種・野生を含め、複数種の食料の不作を招くとともに、野生動物の食料不足も招くために、害獣による作物の食い荒らしも招来する。

②　栄養失調下での疫病の蔓延

③　山地面積の狭小さ、土地条件の悪さ

④　もともとの人口の少なさ

これらの諸条件が重なり合い、さらに外部からの救援の手が届かなかった場合、集落は存続が困難になると考えられる。天保四年の凶作時に不作が打ち続き、近隣集落から食料の融通ができなかったとされていることは、その意味で注意を要する。すなわち、多少の凶作があっても、近隣どうしで食料の融通ができる間、また、名主や領主による行政的支援がある間は必ずしも集落消滅には至らない。飢饉の多くが「人災」的要因をもつといわれるのは、こうした側面があるからである。

四　山村と飢饉――秋山は飢饉に弱かったのか――

1　貢租納入と飢饉状況

ここで本章の主題に戻って、山村がはたして普段の年から貧しく、飢饉に特に弱かったのかどうかについて考えてみたい。まずは貢租の納入状況を手がかりに考えてみよう。(15) 凶作・飢饉状況はまず貢租の納入に支障を来すと考えられるからである。とりわけ生死の境を彷徨うような飢饉状態では、貢租の納入は不可能になるであろう。表5は、史料の残る天明期から安政期までの期間について、秋山から定められた貢租が年ごとに納められたかどうかを整理したものである。この史料は「買置帳」と表題がつけられた横半帳で、秋山からの貢租納入を管理していた箕作村の名主が領収の控えとして作成していたものである（島田一五一一）。この帳簿には、貢租の納入日や納入者も具体的に記されており、また、実際に秋山にはこの帳簿に捺された割印と一致する領収書も残されていて、秋山の貢租について具体的な実情を確認しうる貴重な史料となっている。表では、○印が完納された年を示すが、天明期を除くと、天保期に入るまでの間はほぼ○が続いており、貢租は問題なく納められていたことがわかる（ただし文政一〇年〈一八二七〉以降は、代官矢島藤蔵の基金により年貢のうち実際に負担すべき額がほぼ半減している。この事情については後述）。

ところで表5を見て注意すべきは、一般的な凶作・飢饉年と秋山の貢租納入状況とにずれが見られる点である。「買置帳」に記録のある天明期以降について、『長野県史』の記載を手がかりに信濃国内（秋山を除く）の飢饉状況を整理したものが表6である。一般的な飢饉状況と秋山の貢租納入状況とを関連づけながら見ていくと、次のようなことがわかる。

北信地方およびその周辺で凶作の被害が出ているのは天明五年（一七八五）・同六年・文政七年・天保五年（一八三四）・同六年・同七年などである。これまでの理解でいえば、これらの年には真っ先に山間地の秋山に被害が出て不思議ではないと考えられる。確かに表5によれば、天明五年は貢租の支払いが滞っているし、天保五年は納入自体がされなかったと見られる。また、天保七年には上野原組からの貢租に未払い分が生じている。しかし、天明期は浅間山噴火の降灰などもあり、かなり特殊な冷害状況で、この時期には前述のように秋山のみならず現在の栄村領域全体がかなり大きな被害を被っている。天保の飢饉も同様で、秋山一帯が深刻な飢饉に陥っていたことは確かであるが、一方で同時期には箕作・志久見両村の大半の者が食料の援助を受ける状況にあった。その意味では秋山だけが特に深刻な被害を受けたわけではない。なお、表5では天保から嘉永年間（一八四八～五四）にかけて貢租を完納していない年が多いが、これは前年度までの拝借返納分を連年繰り越していたためのもので、必ずしも毎年不作となっていたわけではない。

さらに、天明六年・文政七年・天保四年・同六年などは所定の貢租がきちんと完納されているし、天保七年も小赤沢組の分は完納されており、死線を彷徨うような状況にはなかったことが見て取れる。天保四年の状況については、先に名主から上申された文書をもとに悲惨な状況にあったことを紹介したが、秋山については実は当年度の貢租は納

年　号	西暦	小赤沢組	上野原組
天保 4巳	1833	○	○
天保 5午	1834	—	—
天保 6未	1835	○	○
天保 7申	1836	○	×
天保 8酉	1837	○	○
天保 9戌	1838	○	○
天保10亥	1839	×	×屋敷分
天保11子	1840	○	×
天保12丑	1841	×	×
天保13寅	1842	○	○
天保14卯	1843	○	○
弘化元辰	1844	○	○
弘化 2巳	1845	×	×
弘化 3午	1846	○	×
弘化 4未	1847	×	×
嘉永元申	1848	×	×
嘉永 2酉	1849	×	×
嘉永 3戌	1850	×	×
嘉永 4亥	1851	×	×
嘉永 5子	1852	×	×
嘉永 6丑	1853	×	×
安政元寅	1854	○	○
安政 2卯	1855	○	○
安政 3辰	1856	○	○

表5　秋山貢租の納入状況

年　号	西暦	小赤沢組	上野原組	年　号	西暦	小赤沢組	上野原組
天明 5巳	1785	×	×	文化 6巳	1809	○	○
天明 6午	1786	○	×	文化 7午	1810	○	○
天明 7未	1787	○	○	文化 8未	1811	○	○
天明 8申	1788	○	○	文化 9申	1812	○	○
寛政元酉	1789	○	○	文化10酉	1813	○	○
寛政 2戌	1790	○	○	文化11戌	1814	○	○
寛政 3亥	1791	○	○	文化12亥	1815	○	○
寛政 4子	1792	○	○	文化13子	1816	○	○
寛政 5丑	1793	○	○	文化14丑	1817	○	○
寛政 6寅	1794	○	○	文政元寅	1818	○	○
寛政 7卯	1795	○	○	文政 2卯	1819	○	○
寛政 8辰	1796	○	○	文政 3辰	1820	○	○
寛政 9巳	1797	○	○	文政 4巳	1821	○	○
寛政10午	1798	—	—	文政 5午	1822	○	○
寛政11未	1799	○	○	文政 6未	1823	○	○
寛政12申	1800	○	○	文政 7申	1824	○	○
享和元酉	1801	○	○	文政 8酉	1825	○	○
享和 2戌	1802	○	○	文政 9戌	1826	○	○
享和 3亥	1803	○	○	文政10亥	1827	○	○
文化元子	1804	○	○	文政11子	1828	○	○
文化 2丑	1805	○	○	文政12丑	1829	○	○
文化 3寅	1806	○	○	天保元寅	1830	○	○
文化 4卯	1807	○	○	天保 2卯	1831	×	×
文化 5辰	1808	○	○	天保 3辰	1832	×	×

（注）　文政10年より矢島藤蔵による基金開始。年貢がほぼ半額になる。
　　　　天保10年より上野原組が屋敷組に代わる。
　　　　○＝完納、×＝不納分あり、—＝データなし
（出典）　島田家文書1511（買置帳）より作成。

入されており、逆に翌五年の貢租についての記載が欠損している。(16)とすると、秋山では、凶作による飢饉が実際に深刻化したのは翌年になってからであった可能性がある。(17)

　こうした状況から見ると、秋山地域が日常的にことさらに悲惨な状況に置かれていたと見ることはできないし、下

表6　信濃国における天明～天保期の凶作・飢饉状況

年　号	凶　作　・　飢　饉　の　状　況
天明3年	信濃国全域で被害／夏冷雨、3～5月に連日近い山へ日に1000人が食料採りに入山（小県郡）／損毛高3万7700石 （上田領）／冷害と水害で延徳田圃作物腐る。米子村、51%の村民を飢人に書上げ。志久見村、冷害・降灰・風水害・早雪で農作物壊滅。夜間瀬村、下田以下で収穫ほぼ皆無（高井郡）／大古間村、村民の88%が飢人（水内郡）／降雹・洪水・早雪で秋作皆無の村多し（明科・川手一帯）／洗馬郷、飢人830人（筑摩郡）／松本領、2分作（松本領）／87%の損毛高（高遠領）／中沢郷、飢人1079人（伊那郡）／山の食料漁る（飯田領・木曽谷）／幕領村々、破免・検見を願い出（佐久郡）
天明4年	人口90%超が飢人、川手12ヶ村、100日分の夫食拝借（明科村付近）／上下今井村、158軒窮迫し、藩から救恤金借用（筑摩郡）／松代領山中筋、山の食料漁る（水内郡）
天明5年	干魃・冷害で稲不熟、木綿・大豆壊滅、損毛高実高の5割超（松代藩）
天明6年	降雨・低温で籾5割高（松本領）／田方1万3000石等の損毛（上田領）／和佐尾村、村民7名救恤の願い出（水内郡）／降雨・低温で山の食料漁る（伊那郡）／
天明7年	高梨村、夫食拝借願出（小県郡）／御園村、106人の難渋者と報告（伊那郡）
文政4～6年	旱害で2分～5分の田植え（上田地方）
文政7年	大干魃により藩からのお救いで命つなぐ（中信）／雁田村、木綿・雑穀・豆・藍・煙草植付けできず（高井郡）／海善寺村、干上がった田へ畑物植付け（小県郡）／冷害で稲実らず、麻・楮・漆も不作（松代藩山中）
文政8年	冷害・洪水に加え、天竜川沿いに虫害（南信）／小田井村、冷害により稲皆無、麦6～7分。糠尾村、稲1～2分（佐久郡）
天保3年	凶作・旱害・満水・冷害で秋作不作（諏訪・松本付近）
天保4年	北大出村、冷夏・早霜で田畑実らず、村人山で食料漁る（伊那郡）
天保5年	一部地域で不作（北信・中信）／夏作の麦類が不作（松代藩）
天保6年	5月まで天候不順、2度の洪水、冷害で麦・米とも4分作（諏訪・善光寺平）
天保7年	夜間瀬村、麦2～3分、冷害で飢人多数、山の食料漁る、餓死300人余、空家70余軒（高井郡）／追分宿・日影通13ヶ村・川上の村々、困窮のため他国出や「作り倒し」（佐久郡）／鍛冶足村、40～50人餓死（小県郡）／浅野村、飢人多数（伊那郡）／助郷18ヶ村、死者11%超、離散退転22%超（軽井沢宿）／小井田村、男の出稼ぎ15%、出奔11%、病弱9%（小県郡）
天保8年	片桐村七久保、70%の村民が食料拝借願（伊那郡）

（出典）『長野県史 通史編第6巻 近世3』より作成。

流域の里地と比べて特別に飢饉に弱かったということはできないようである。

もちろん、塩沢という都市部から訪れた鈴木牧之が『秋山記行』の中で秋山の生活の後進性を記述しているように、衣食住における山家なりの粗末さはあったが、凶作に際してすぐに飢餓状態に陥るというわけではなかったことは確かである。むしろ平野部が飢饉でも、秋山は問題なく生き延びていると考えられる場合すらある。

2 「山村貧困観」のもたらすもの

しかし一方で、「山奥の生活は貧困」とする言説は広く一般通念となっており、そうした記述は数々の史料に見られる。例えば、鈴木牧之は『秋山記行』の中で、秋山の住民を「蝦夷人などのような生活をしている人々」と捉えていたことを述べており、それが異風で後進的な意味で語られている。そして、木の実を常食にし雑穀の文化も取り入れてきた食文化や、掘建て柱に萱壁の家屋などをそうした後進性の表れと見ている。しかし、秋山を実際に旅した牧之は、結果的にその質素純朴な秋山の住民性と生活自体の清貧さに感銘を受け、

博奕の、酒の、色事も知らず、又、庄屋とのへ地論・境論の出訴《ねがいごと》抔《なんず》もない。只夜る昼挊を専とする所と云ふに、予も尚又、秋山人の、身には拙《つたな》き俤なれども、追従軽薄もなく、里人にも附合ず、世を安く営其心の功《いさほし》、中々里人の及所にあらずと、感嘆骨に刻み、心《きも》に銘じ、赤白の旗の語り伝へも知らず、蝸牛の角の諍もなく、実に知足の賢者の栖とやいはん、

とすら述べるに至る（ルビは原文のママ）。実際に訪問してみれば、その生活には筋の通った合理性もあり、人の違いもなかったのであるが、里人の一般通念はまさに訪問前の牧之のように、ある意味原始的で後進的な生活と捉えるのが当然であったのである。

また、箕作村の名主島田三左衛門も、代官に対する上申書の中で、「深山幽谷にて聞き伝えもこれ無き極困窮村々」とか、「秋は青葉の中へ雪降り候」ような地域で「可也《かなり》の作は甚だ稀」と述べるなど、その貧困ぶりを強調している（島田五二七、「御用留」中の「秋山様子書上帳」）。「青葉の中へ雪が降る」ような状況は稀な異常気象であり、これをもって連年の作柄を推し量るようなことはできないのであるが、三左衛門はそのような気象が毎年の有様であるかのように述べて領主の哀れみを誘っている。実はこの史料は三左衛門が秋山の救済を代官に上申するために書いたものであった。そして、これに応えて代官矢島藤蔵は離任の際に秋山の貢租の助けとするため、基金を渡しているのである（後述）。

このように、「山村貧困観」ともいうべき認識は、平地民のもつ山地に対する後進地観念をうまく利用したものであり、それが一面では貢租を軽減させるうえで有利に働いたことは確かであった。

では、平野部の生活・生業と秋山のそれとは具体的にどのように異なり、それが飢饉に際してどのようにズレとなって現れてくるのであろうか。次にそれを考えてみたい。

3　多様な食料資源と生活資源

まず、山奥に位置する秋山の場合、後述するように食文化をはじめとする生活文化の体系が平野部・都市部とは大きく異なっていることを前提にしなければならない。表4では冷害や旱害によって米・麦などの不熟が発生したり植え付け自体ができなかったりして凶作となった事例がある。そして、米・麦の大規模な不作は主食の欠乏を招き、飢饉に直結することになる。ところが秋山の場合、そもそも麦は豪雪地のため栽培されておらず、水田もなかった。第一部第一章で詳述したように、主食は長らく木の実であり、その後、一九世紀に入ってからアワ・ヒエなどの雑穀が主流となった。また山菜やキノコが季節の食材として、また保存食として多く利用された。このほか山の獣肉や川魚も蛋白源となった。つまりは米・麦を主とし、それがなければ食が成り立たない平野部の食文化体系とはまったく異なる生活が秋山にはあったのである。もちろん雑穀や木の実なども冷害の影響を受けなかったわけではない。が、ヒエはもともと冷害に強い作物であり、他の動物性の食品も含めてすべてが採取不能となる可能性は低いといえる。前述した天保四年（一八三三）の飢饉状況のように、稀に畑の作物も木の実もともに実らぬような年もあったが、そもそも飢人が山へ逃れることからもわかるように、山地は多様な食料の宝庫であった。その山地で生きぬく、いわばプロフェッショナルである奥山の住民が平地に比べて飢饉に弱いというのは、ある意味で思い込みにすぎない。

もう少し詳しく見てみよう。先に東北地方北上山地の近代の飢饉に関して畠山の所説を紹介したが、そこで指摘されていた山村の食料資源の多様性と生活を支える生業について検証してみたい。

秋山の生業・生活は、一八世紀後半を境に激変したと見られる。それまで木の実食が中心だった秋山で、この時期を境に広大な焼畑による雑穀の主食糧生産に切り替わったと考えられる（『秋山記行』）。また、同じ時期に木工生産も針葉樹を利用した板材・曲物生産から広葉樹による刳物生産に変化したことが知られる（前掲「秋山様子書上帳」）。当時の生業の概要をまとめたのが本書序章の表1である。これを見ると、粟・稗・蕎麦・堅果類など主食になりうる多彩な食糧をはじめ、クマ・シカ・カモシカ・イワナなどの動物や魚、山菜や茸などの山の幸があり、まさに山地資源を生かした多種多様な食材に恵まれていたことがわかる。また、木工品などはいずれも自給品ではなく商品であり、それらを製作・販売することも生活を補完する役割を果たしていたことが推測される。

もちろん平地より山村が不利な点をもっていたのも確かである。高地にあるために冷涼な気候であることはもちろん、豪雪に見舞われる点でも秋山は平野部とは異なっていた。また、飢饉が人災の側面を多分にもつことからすれば、

「援助からの遠さ」は大きな不利になったと考えられる。特に秋山の場合、冬の豪雪期には平野部との交通は途絶しがちで、食料支援の際に都市や平地から隔たっている点は間違いなく不利益をもたらしたといえる。

だが、利用できる山地面積が広く、自然資源を生かす知識と技能があったならば、山村が飢饉に際して生き延びる可能性は決して低くなかった。極端な異常気象の年を別とすれば、むしろ稲作に特異的に依存している平野部の集落よりは強みを発揮することが多かったと思われる。雑穀・木の実・山菜・キノコ・動物性の獣肉や魚など食料に多様性がある秋山では、それが飢饉の際に食料獲得の幅を広げ、生活の安定をもたすことになったであろう。その意味では秋山が「山村だから飢饉に弱かった」とは一概にいえない(18)。

五　秋山をめぐる飢饉時の援助

秋山に対しては、飢饉の際に、あるいはまた日常の生活に対して、さまざまな人々によって援助が寄せられている。一つは、行政や村役人による年貢の減免や金銭・食料の貸与・給与などである。近世の領主には、管下の百姓が生活を維持できるように計らう義務があり、これは為政者として当然の措置であった。享保七年（一七二二）には、名主の申請に対して領主から秋山百姓に金六両と永一一八文の金銭が貸し渡されている（島田八六四）。ただ、翌年から返済の予定であったこの貸付金は、享保八年も「当秋霜痛大悪作」となったため、名主は延納願を代官所に提出している。

また、以下ような支援の形もあった。天保の飢饉に遭った秋山への救済に関して、同一三年に出された文書に次のようにある（島田五二七、「御用留」中の「天保十三寅年秋山拝借金返納遅滞ニ付御差当并御答書」。傍線白水）。

乍恐以書付奉願上候

当御代官所信州高井郡箕作村奉願上候、天保四巳年凶作ニ而枝郷秋山水呑百姓共夫食ニ差支、離散退転ニも可及所、奉願上、莫大之蒙御救、漸露命相繫罷在、難有仕合奉存候、其節猶又奉願上、頸城郡願聖寺村石田源左衛門より差出金之内、拾両也翌午年奉拝借、去々子年より酉迄壱ヶ年壱両宛拾ヶ年賦可奉返上所、去丑年ニ至候而茂返納不仕候ニ付、如何之訳ニ而上納不致候哉、御尋ニ相成奉恐入候、一体右秋山之儀、兼而御見聞被下置候通極々困窮之水呑百姓、殊ニ連年之凶作之癆ニ而取立方不行届より是迄延引ニ罷成候所、御尋御座候迄御願も不奉申上、返納方等閑ニ相成候段、御察当請、何共可申上様無御座恐入奉存候、早速子・丑両年分返納可仕所、右奉申上候通、極貧窮百姓共故取立方手段無御座、重々恐入候得共、何卒格別之御慈悲を以右弐ヶ年分当十月迄御差延被下置度、奉願上候、左候得者、其節無相違返上納可仕候間、此段御聞済被下置度奉願上候、右願之通被　仰付被下置候ハヽ、秋山百姓共永続之基与難有仕合奉存候、以上、

高井郡箕作村

百姓代　彦左衛門

組頭　由右衛門

名主　三左衛門

天保拾三寅年正月

脇野町

御役所

傍線部分から知られるように、天保四年（一八三三）の飢饉の際には領主から「莫大の」御救いを受けたという。さらに、越後国頸城郡願聖寺村の石田源左衛門が提供してくれた金銭の内から一〇両を同五年に拝借し、同一一年か

ら一〇年賦で返済することになっていたものの、昨一二年になっても返納がないと問い質されたと述べている。この飢饉では、領主から直接に金銭や食料の支援を受けたほか、民間からの支援金を借用したのであるが、おそらく領主はこの支援金に関して斡旋・仲介を行ったものと考えられる。結局、このときの二年分の滞納については、箕作村の村役人から、今年秋まで返済を猶予してもらうように願い出ている。名主など村役人はこうした形で地域の立場を代弁し、管下の百姓を庇護したのである。そして、この延納願いにあたっても、「極貧窮の百姓共ゆえ、取り立て方手段御座なく、重々恐れ入り候へども、何卒格別の御慈悲を以て右弐ヶ年分当十月迄御差し延べ下し置かれたく」と秋山地域の貧窮を強調している点が注目される。

また、天保八年の箕作村では、名主を通して各集落に食料支援が行われた（島田八三八）。このとき、箕作村の大部分の地区には一軒当たり白米または玄米二升と粉糠五升が配られているが、大久保・野田沢には粉糠五升づつのみ、小滝には粉糠五升と味噌一〇〇匁の施しであり、秋山に対しては粉糠五升と塩一升の施しのみとなっている。この支援内容について『長野県史』では、「これら山間の一五八軒には米はまわっていない。手持ち米の不足と輸送の困難のためであろう」と述べている。しかし、野田沢・大久保地区はかなり広大な山林を有しており、また、小滝は千曲川沿いで舟運に携わる生業を行っていた可能性がある。となると、米での支援を受けた集落はもともと水田に頼る生活をしながら、広い山林には恵まれていなかった地区、米の支給されなかった集落は元来自前の水田に依存せず、山林や別の稼ぎに頼る生活をしていた地区と考えることができる。秋山の場合も、手持ち米の不足で米が回らなかったのではなく、元来米食をしていなかったことと、飢饉状況が米主体の村よりも幾分か緩やかであったためと考えることもできる。もし秋山地域が最も過酷な状況にあったならば、まず名主は優先して救援措置を講ずるのが自然であり、それが行われなかったのは他の米作依存度の高い集落の方がより過酷な状況にあったからと見ることができる。もちろん秋山が飢饉に苦しんでいなかったわけではないが、緊急度からいえばさらに優先すべき集落があったのではないだろうか。

援助の二番目は、例外的ではあるが、特定の役人による私的な救済がある。箕作村では、文政八年（一八二五）に名主が代官の矢島藤蔵に対して秋山の経済的救済を訴える長文の嘆願書を書いた（前掲「秋山様子書上帳」）。矢島はこれを承けて対策を取るつもりであったようであるが、同年、急に他領への転勤を命じられ、離任することになった。矢島はその際に三両の金を名主に下し、これを基金として村人に貸し出し、その利息をもって秋山の貢租を補助するように申し付けたのである。矢島の基金運用に関する指示は非常に詳細で具体的であり、実際にこれによって年貢は文政四年から弘化四年（一八四七）まで約二一年間にわたり、ほぼ半額で推移することになった。このとき矢島から村宛に出された文書が以下のものである（島田八四九。なお、年ごとの具体的な年貢額の減免状況などは同家文書一五一一で知ることができる）。

（端裏付箋）
「秋山村へ御救金貸付之事」

信州箕作村枝郷秋山困窮村之趣相聞候ニ付、村柄紕之儀其方共江申渡候処、村方之様子委細ニ取調帳面認、当正月差出及一覧候処、困窮難儀之村方粗相分り候、且又当三左衛門祖父三左衛門秋山村江之往来手入致村方助成ニ可相成与温泉取建厚世話致し、其外奇特之取斗貧民を救ひ候村長之心掛感入候、当秋自分為検見相越候節右村及見、此度申立候書付之趣をも取調可遣処、今度支配所場所替被　仰付候ニ付、依之乍聊金三両秋山村江遣候間金壱両ニ付壱ヶ月銀壱匁ツヽ之利足ニ而村内望之者江村役人世話致し貸付、壱ヶ年利分銀三拾六匁取集、三拾匁者秋山むら御年貢金江差加、永々無相違上納之様村役人取斗、残銀六匁者筆墨紙入用代として世話致候もの可請取候、

但閏月之分者、利足相除年々十二ヶ月之利足斗可取立候、
右之通申渡候、村役人代り候ハヽ、可申送もの也、
文政八酉年四月　矢島藤蔵（印）
箕作村
名主
三左衛門
組頭
由右衛門　江
百姓代
茂右衛門

ここでは、金三両を、一両につき一ヶ月銀一匁の利足で村内の者に貸し付け、一年分の利銀三六匁のうち三〇匁を秋山からの貢租の足しにし、残る六匁は「筆墨紙入用代」として貸し付け斡旋者が受け取るように、と定められている。この援助は実際に運用され、弘化四年まで運用益によって貢租から一部が引かれている。

三番目は、民間の篤志家による救済である。特に著名なのは、越後国片貝村の佐藤佐平治による救済である。佐平治が秋山をはじめとする各地の飢饉に対して多量・多額の支援を行ったことはつとに知られているが、この援助の特筆すべきところは、その期間の長さである。秋山への支援は、何と江戸・明治・大正・昭和と続き、最終的には昭和四二年（一九六七）まで形を変えながら行われたのである。この救援に関しては、小赤沢地区にも佐平治に七〇石の穀物を乞う旨の文書が残されており（福原国吉家文書A—①—6—2）、また『津南町史』などにも詳しい。[19]

もう一件、越後国谷内村五郎左衛門の救済も忘れるわけにはいかない。天保二年、五郎左衛門は秋山に救い米を提

供した。しかし、のちに御役所からの指示で過去の援助内容について箕作村名主の島田三左衛門が調べようとしたところ、五郎左衛門はこれまでの援助量については書き残していなかった。これについて五郎左衛門は次のように述べている（越後中深見中沢久保家文書G二四五）。

子孫ニ至永年過分之石高施いたし露命相続為致置候抔与恩分ニ着セ、我こと之申分等有之候而ハ、先祖より之志願一時ニ無詮与相成候義ニ付、自力之及丈ヶ不依多少ニ手当いたし、書残候儀ハ堅仕間敷旨、遺命申伝候

すなわち、子孫がかつての援助をもとに相手に恩を着せたりしないよう、記録を留めることを先祖以来の遺命により堅く禁じてきたというのである。しかし、三左衛門がなおも食い下がると、年により一〇石から三百俵ほどの施しをしてきたと述べている。

このように、秋山に対しては多くの人々が支援の手を差し伸べてきた。それによって餓死を免れ、あるいは病気を乗り越えて生き延びた人がいたことは確かであろう。凶作の中にありながらも、こうしたつながりを通して「人災」は軽減され、今日までの集落が続いてきたのである。もっとも、交通の途絶する豪雪期の支援など「援助からの遠さ」は山村にとって大きな不利になったに違いない。とはいえ、その分、山野の資源を利用しての自給可能な範囲が広かった点は、水田中心の里地よりも有利であったといえる。

おわりに——山村は飢饉に弱いか——

以上見てきたように、地域の気候・資源や産業構造のあり方によって規定される衣食住・生業・信仰・自然観などの生活文化に関わる有機的連関のあり方、すなわち「生活文化体系」は、山村の場合、水田や常畠を中心とする平野

部農村や都市部とは大きく異なる。その特徴は米遣い経済、石高制の社会にありながら水田稲作や米食を基本とせず、豊富な自然知や優れた身体的技能を縦横に使いこなして山野の資源を生かす生活を基本としていた点にあり、その意味では、山村の住民たちは平野部の里人が飢饉時に山に入り込んで食料を得るよりもはるかに山地資源の確保に秀でていたと評価することができる。

しかしながら、「本来的に秋山のような奥地の山村は貧しいのだ」と見る観念は当時から今日まで抜きがたく平地人の中に存在している。この「山村貧困観」が租税の軽減や外部からの援助にあたって一定の促進的な役割を果たしたことは確かであろう。前章で指摘したように、秋山住民の生業や山地資源利用の論理・実態に関して、領主を含む平地人には多くの無理解や誤解があった(20)。それが一面では秋山住民を「頑愚」と蔑ませ、一面では「憐れみ」による救済の対象とさせたのである。

だが一方で、「山村だから貧しかった」と即断することは必ずしも適当ではない。集落の「滅亡」にしても、必ずしも「山奥＝貧しい」から起こるのではなく、むしろ「山が足りない」場合に山村は困窮すると理解する方が適当と考えられる。利用できる広大な山をもち資源が多ければ、平野部の水田単作地帯などよりも、それだけ飢饉を乗り越える可能性は高かったと考えられるのである。

もちろん家作にしても風俗にしても、都市生活がずっと以前に克服したものを未だに保っていることを『秋山記行』が指摘しているように、秋山では洗練された都市の文化とはほど遠い生活が続いていた。その意味では山家の粗末で質素な生活は否定すべくもない。まさに「後れた生活」が営まれていたといえるであろう。しかし、それは必ずしも食料獲得・生命維持の点でも劣った生活をしていたことを意味するものではない。そのことは、例えば『秋山記行』中の次の記述でもわかる。

実に秋山は鈍き事古硯のごとく、先に舎りし上結東村、纔二十九軒の白屋に、八順に余れる翁今猶四人あり。又近き頃、九十八齢にて命終の長寿もあり。宿の祖父、今とし七十九翁が、日々寒暖の厭もなく、山拵の健など、感佩肝に銘ず。（中略）宿の翁八順になんなんとして、鶏鳴に起上り、暮秋の朝寒に、綴着ものの襟も袖も短かき山袷一つ着、況股引などは猶履ず、兀たる親椀に盛り上りたる粟餅（飯）四五盃、箸早に食する様子。或五障三従の訳さへ知らぬ女子迄も、自然に仙境に生れた人のごとく寿は長しとかや。

秋山には健康で長寿の者が多いことを印象深く述べているが、平均寿命が短かった江戸時代にあっても、米食を中心としていなかった山間地の住民は必ずしも短命ではなかった。それどころか都市民である牧之を感嘆させるほどの長命ぶりであったのである。

近代黎明期に秋山を調査した一県官早川繁夫は、過酷な飢饉の被害地として訪れた秋山で、住民生活のいかにも貧しい様子の中に、しかし、整合的に理解できない不可思議な現象を見出している。それはあたかも北上山地で畠山が遭遇したのと共通の当惑であった。早川は次のように述べる（以下、句読点は適宜、白水が補った）[21]。

部民ノ顔色憔悴シテ形容枯槁シ、体力ノ乏シカルベキ風采ハ、小官ノ最初ニ驚キタル処ナリ。然レトモ仔細ニ之ヲ部民ニ糺シ之ヲ受持ノ巡査ニ聞キ、尚是ヲ助役ニ糺シタルニ、万口一声平生ニ於テモ尚然リト答フ。其ノ著シク羸痩セルハ凶歉ニ起因シタルニアラズシテ常ニ栄養ノ不足ニ出テタルモノタルヲ疑ハズ。

すなわち、一見飢饉による貧相な体型と見えるものは、実は普段の状態そのものであり、それは近代的な意味での「栄養」不足によるものというのである。しかし、米・麦食を基本とする平地あるいは近代の「栄養」概念に反して長寿の老人が多かったように、秋山住民は山地での生活に適した食生活をしていたと見ることが可能である。そのことは、哺乳中の婦人に乳の出を尋ねたところ、「食物不良ニシテ甚少ナシ」と口を揃えるのとは裏腹に「然レトモ哺乳児ノ手足ニ接シ之ヲ握レハ其ノ肉ノ堅々トシテ太レル状況、乳ノ少キ形蹟ヲ現セサルカ如シ」と早川が看破しているとおりである。住民の飼う家畜すら痩せた形跡はなく、むしろ肥え太っていた。さらに早川は、凶歉による病人もなく、凶歉のために悪事を為した者もなく、出稼ぎに出ている者もなく、租税を滞納している者もなく、小学校を欠席している生徒もいない、と述べている。

山間僻陬の地の悲惨な凶作・飢饉のすがたは、実は平地人が平地基準で自ら投影したものにすぎない側面をもつのである。(22) もちろん飢饉によって集落が消滅した事実を軽んじるべきではない。しかし、それが「もともと山地は貧しい環境の中にあったから」とする説明不要の前提に発するものであるならば、むしろそうした見方は山村の正当な理解を妨げ、蔑視につながることに気づかねばならない。

より詳細かつ緻密な検証が必要ではあるが、山奥にあることをもって山村が飢饉に弱かったと断ずることには、もう少し慎重であるべきであろう。悲惨な集落滅亡物語も、先入観を排して別の角度から改めて検討してみる価値があるように思われる。

注

（1）現地での聞き取りによれば、秋山の発音として、「ち」が「き」に変異する特徴があるので、「けがき」は「けがち」、すなわち「飢渇」と読める。また、「そのをきで」は「そのうちで」の意味、「つぼり」は「つぶれ」の意味という。
（2）『長野県史 通史編第六巻　近世三』（長野県史刊行会、一九八九年）。
（3）佐藤政男『北信濃の歴史』（文献出版、一九七八年）。
（4）本章は、二〇〇六年度から五年間にわたって行われた総合地球環境学研究所のプロジェクト「日本列島における人間―自然相互関係の歴史的・文化的検討」に参加して得た成果をもとに再構成したものである。

（5）内山節『「里」という思想』（新潮社、二〇〇五年）。
（6）畠山剛『縄文人の末裔』（彩流社、一九八九年）。
（7）菊池勇夫『飢饉の社会史』（校倉書房、一九九四年）。
（8）衣笠安喜「天明の飢饉」（『国史大辞典』第9巻、吉川弘文館、一九八八年）。
（9）以上の天明飢饉・天明浅間山噴火に関しては、北原糸子他編『日本歴史災害事典』（吉川弘文館、二〇一二年）を参考にした。
（10）『栄村史 堺編』（栄村、一九六四年）。
（11）『津南町史 通史編上巻』（津南町、一九八五年）。
（12）図3・4は、長野県・長野県営林局が発行した「森林位置図　千曲川下流森林計画図（北信地区）」（一九九四年調製）をベースにしている。
（13）二〇一〇年五月二日、小赤沢地区阿部知法氏（大正一三年生）からの聞き取りによる。
（14）甘酒と大秋山の戸数は『秋山記行』による。矢櫃の戸数は市川健夫『平家の谷』（令文社、一二版、二〇〇八年）による。
（15）秋山の負担した貢租については、筆者が『秋山の自然と人間―その歴史と文化を考える3』において概略的な報告を行っている。同書は総合地球環境学研究所「日本列島における人間―自然相互関係の歴史的・文化的検討」プロジェクト中部班の発行による現地報告会の報告集（私家版）である（二〇一〇年二月発行）。
（16）天保四年には、一二月一三日に人別銭も含めた貢租が上野原組から重右衛門・金左衛門の名で金二分一朱一九三文、小赤沢組からは平右衛門の名で金一分一朱二三八文納入されている。当年度の貢租納入については、名主側の領収控（「買置帳」）だけでなく、小赤沢の組頭宅にも名主の発行した領収書が現存している（福原国吉家文書A―①―31―12）。
（17）天保四年五月二八日には、小赤沢・屋敷・上野原・和山・大赤沢の五地区計三二人から計四両二朱もの頼母子金を集めている（福原国吉家文書A―①―47―16）。この段階では少なくとも飢饉に陥るような状況にはなく、むしろ余裕のある状態だったことがわかる。
（18）ただし、近代以降については別に考える必要がある。産業構造が次第に海外資源の利用にシフトし、それまで日本社会における資源供給地の役割を果たしていた山村が、次第に凋落していくようになるからである。それまでの相互関係が崩れ、山村は平地に一方的に依存した関係になっていく。もちろん可能な自給範囲は広いものの、これまで平地との関係で成り立っていた産業分野については縮小していくことになる。

(19) 前掲注(11)『津南町史 通史編上巻』、前掲注(14)市川著書。

(20) 本書第一部第一章。

(21) 早川繁夫「下高井郡堺村字秋山状況」(『長野県農会報』三三・三四、一九〇三年)。

(22) 寺島宏貴は早川の文章にいち早く注目し、稲作の開始など秋山における近代の変化と、にもかかわらず前代から不変な部分との奇妙な同居状況について興味深い論を展開している（「近代の変化と不変―コメの時代?―」〈白水智編著『新・秋山記行』高志書院、二〇一二年〉）。

第二部　山という場の特質

第一章　山の世界と山野相論

――紀伊国名手・粉河相論を手がかりに――

はじめに

日本列島はその多くが山地・丘陵地という山がちな地形で、平地は三割程度にすぎない。しかし、そうした環境とは裏腹に、山村においては、高度経済成長期以降、激烈に進行した過疎によって人々の姿が消え、各地の山も手入れを放棄され、荒れたものになりつつある。山の存在が日本の中で比重の軽いものになっていることが切実に感じられる状況にある。こうした傾向は歴史学においても同様である。水田生産力の発展に歴史の展開の主軸を重ねてきた歴史学の中では、「後れた農村」があるにすぎない山地については、研究の埒外とされてきた[1]。しかし、地形的な環境構成や資源の豊かさから考えると、歴史の中で、山地を不毛地帯のごとく捉える従来の理解には、再考の余地がある。ここでは鎌倉期に起きた一つの相論を題材に、山の多様な利用と山という場の特質について考えていきたい。

本章で取り上げるのは、紀伊国を舞台に、紀ノ川支流の水無川を挟んで対峙する粉河寺領丹生屋村と高野山領名手庄との山野領域や用水をめぐる相論である（図5）。興味深い史料を残すこの相論については、すでに多くの先行研究が積み重ねられている。ところが、山の領域（境界）争いと用水争いとを内容とするこの一連の相論については、どちらの争点が主であるか、あるいは相論の性格そのものをめぐって意見が分かれ、未だ統一的な理解を得るに至っ

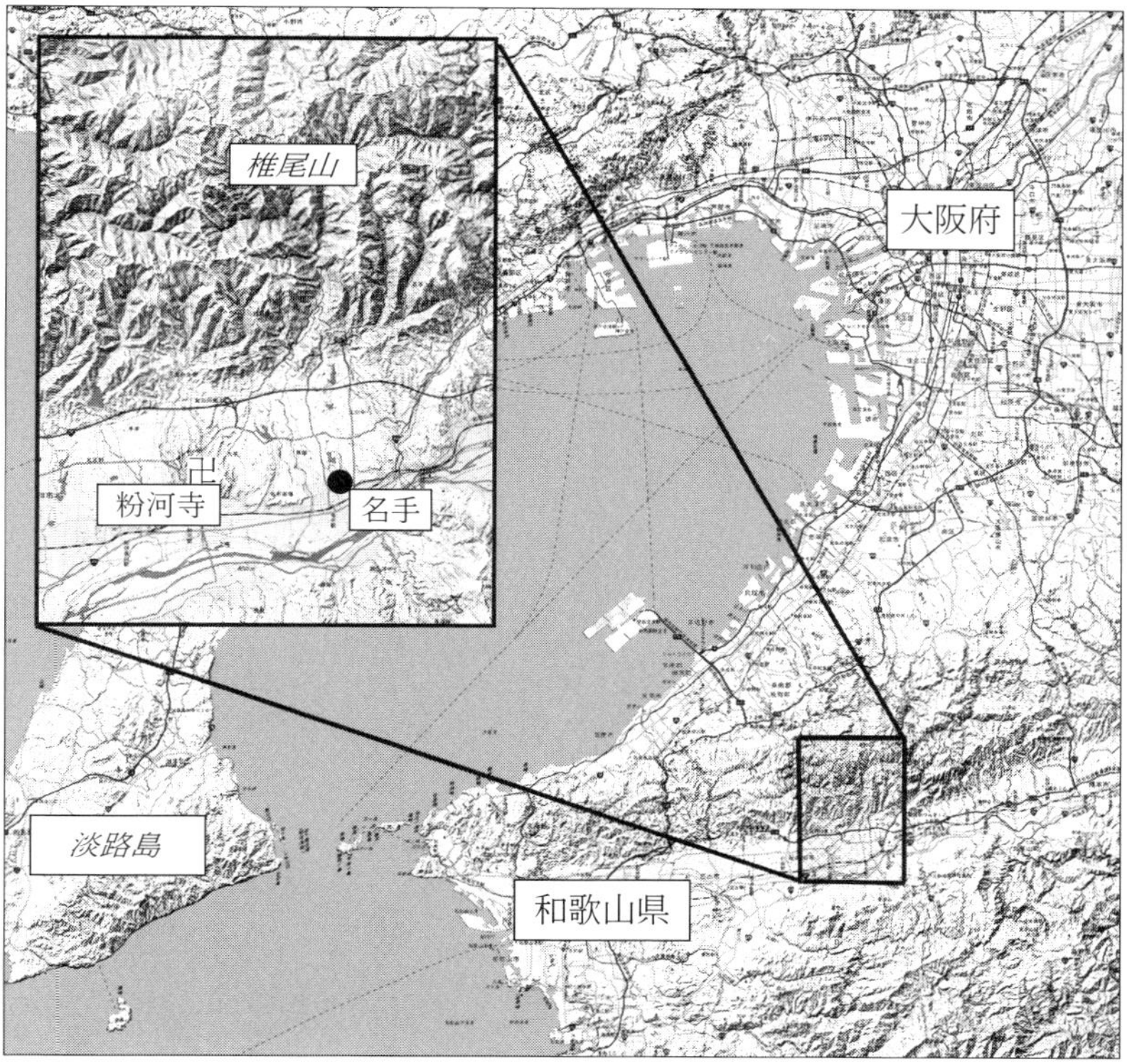

図５　名手・粉河位置図

ていない。この問題に焦点を当てながら、まずはこれまでの研究を整理してみることから始めたい。

この相論を初めて本格的に取り上げた舟越康寿は、鎌倉期より室町期に至る相論の経過を綿密にたどり、その中で、「この用水のことも庄園経営上重要な問題の一つで……高野山が丹生屋村侵奪を企てたのも水無河を独占するのが主目的であった」と述べた。(2) 山よりも河の問題が本質にあったと見ているのである。次に宝月圭吾は、『中世灌漑史の研究』という著書の性質上予想されることではあるが、この相論について、「而して両地とも、名手川の河水を汲入れて灌漑を行つてゐたので、この川が何れの支配に属するかゞ問題となつて用水争論が発生し、又川が両地の境に流れてゐた為めに、この用水の争奪は、また境堺争論の一面をも具有することゝなつたのである」と、用水の争奪が相論の主との性格づけをしている。(3) 次に本相論を取り上げた阿部猛は、「ここでは、中世における堺論・水論の一例を示し、中世村落の、また中世社会のありかたを考えていくうえでの基礎資料のひとつとするにとどめる。」と相論の過程を逐一追ったのみで、取り立てて性格的な分析は行わなかった。(4) 続く太田順三は、「訴訟の最大の論争点は両荘の境界の牓示をめぐる争いだったのである」と、山野を含む領域争いが主眼と見ている。(5) その後、本相論に関し一つの画期をなす研究を提示したのが小山靖憲である。氏は、「争点は多岐にわたっているが、境界である水無川がいずれに帰属するのかという問題が最大の争点であり、個々の論点はつまるところこれに付随する形で提訴されているとみて大過ないと思われる」と述べ、河川（用水）争奪を主とする見方に立っている。(6) 一方、古代から中世にかけての「山」「林」の存在形態と制度との関わりを本格的に追究した田村憲美は、「とりわけ鎌倉期における一連の相論では、用水問題より以前に両者の境界に位置する『椎尾山』という山地の帰属が争点となっているのである。……かくして相論の本質は両村が日常的に用益する山野の領域的占取にあったことが予想されるのである」と異なった見方をしている。(7) これに対し、現地調査を踏まえて用水問題に取り組んだ服部英雄は、「史料の記述量とは関係なく、元年（仁治元年―白水注）の用水相論の方こそ根本問題で、山の帰属はそれより派生的に生じた問題だ」と再び用水問題が主であることを強調する。(8) その後、稲葉継陽は自力救済の時代たる中世の社会を典型的に表現する事例として、この相論を取り上げている。(9) 山と用水の論点に関しては、水源山の領有によってそこから流れ出る用水の帰属が決まるという服部英雄の説を踏襲し、本質は用水相論と捉える立場に立っている。そして、山野相論は用水に対する権利主張を支える副次的論点と見ている。

以上がこれまでの主な研究成果である。ここからわかるように、本相論に関しては、用水問題と山地（境界）のどちらが中心的な争点であるかをめぐって意見が大きく二つに分かれている。確かに鎌倉時代の前半を除くと、室町期まで続く相論の大半は用水問題に終始しており、山が水源としての意味をもつことからすると、究極的には用水山の帰属、ひいては河川の独占が問題だとの見解も自然の流れとして理解できる。しかし一方で、用水説の研究者がなぜ山地の帰属問題を付随的と見るかを検討してみると、小山が「この地に開かれたのは『焼畑』のようなものであったとしか考えられない。とするならば、椎尾山の経済的な価値はそれほど高いものではな」かったと書き、服部が「小山氏の指摘のごとく、椎尾は今日では全くの山林であり、決して生産性を期待できる山ではない」と記すように、争奪の対象となった山地に何らの価値を見出しがたいというのがその理由である。経済性のみで価値を測ることの是非はおくとしても、しかし、山は本当に当事者にとって大した価値を持たぬものであったのだろうか。

一 相論の経緯

名手庄（高野山）と丹生屋村（粉河寺）との相論は、用水に関していえば室町期までの長きにわたって続くことになるが、ここで取り上げる山野相論に関しては、鎌倉時代前期の仁治元年（一二四〇）より正嘉元年（一二五七）までがいちおうの区切りとなる。内容的には、建長二年（一二五〇）の官宣旨による裁許が一つの画期となるが（『大日本古文書　高野山文書一』三九六号文書。以下、『高一』三九六のように略す）、その後も多少紛争が後を引いている。また、丹生屋村地頭も訴訟当事者として絡んでおり、相論は複雑な様相を呈している。訴陳状は高野山側から出されたものの案文のみ三点が残されており（仁治二年七月付が二点、年月日のないものが一点）、それぞれ微妙に内容がずれている（『高四』一一三・一一四・一一五）。ただ、この三点はいずれもが法廷に出されたのではなく、端裏書やその後の判決文などから見る限りでは、七月付のうちの一点のみ（『高四』一一五）が提出されたと考えられる。また、粉河側の訴状は残されていないものの、高野山側の陳状において反論する項目ごとに粉河側の訴状文言を引用しており、それと判決状の前段にまとめられた双方の主張を詳細に比較してみると、ほぼ粉河側の訴状内容は、判決の官宣旨に引用されたとおりであることがわかる。官宣旨では、双方の主張を掲げたあと、各論点について、その後の問注時や実検時にやりとりされた内容をも含めて判断を示している。次に相論全体の論点が提示されている判決の意味をとりながら、争点の詳細を見ていこう。

（1）水無河の問題

丹生屋村のもつ正暦の官符では「東限水無河」とあり、名手庄のもつ嘉承宣旨でも「西限水無河」とあって矛盾はない。粉河（丹生屋村）は正暦立券時の官使の通路が河の東岸だから河は自領内だというが、官符案にはそのような記載はない。名手庄は宣旨の四至に「西限水無河西岸」とあるから河は自領だというが、「西岸」の二文字は後筆であって正文にはない。よって、水無河は公領の河たるべきものである。

（2）三堰・清水の問題

以前から訴訟の論点になってはいなかった。今度初めての問題のようであるが、二回の対問を経ても確たる証拠はない。山林河沢の実は公私共にすべしとの法もあるから、双方ともに独占せず、これまでのやり方に従うように。

（3）椎尾の問題

（水無河の上流はY字型に東西の谷に岐れており、間に椎尾山がある。双方は互いに自領から遠い方の谷川を境と主張し、間にある山を領内に組み入れようとしている）。丹生屋村は、東谷を源流として椎尾山を領しようとし、名手庄は「君藪」なる地のあるところが水無河の源流と称して、西谷が源流であるから山は名手のものと述べている。しかし、両庄の官符・宣旨その他を見ても明確な証拠にはならず、不分明である。名手庄は、椎尾山を「大塔香御園」と称しており、香納入の返抄や納帳などをもってそこが香園であると証拠立てようとしている。その他には名手が椎尾を領する根拠はない。一方の粉河は、丹生屋百姓為方・重包の作田屋敷があることをもって古くからの領地であると称している。このほか、名手庄堵民久延・宗包の承伏の申詞を新たな証拠としている。

さらに、（粉河が境と主張する）東谷について、高野山からの注進絵図では谷を東西に延びる形で描いているが、粉河注進の絵図では南北に延びるように描いている。寛元三年（一二四五）六月四日に六波羅使が現地で実検にあたって作成した絵図によると、この谷は南北に描かれており、北横峯（北側の尾根）につながっているように見える。（名手側の主張する）「君藪」は、ここからかなり北東方向にずれており、それを（粉河の）東境とは言い難い。この絵図は、（六波羅使の）頼円・蓮仁ら、高野山の弘印・明篋・実舜、名手庄下司藤原行正・公文代菅原朝康、粉河寺の顕栄・明憲・顕秀・祐縁、丹生屋地頭代平長康らがおのおの署判を加え、双方が承伏したものである。すでに多くの者の承認を得たものといえよう。しかも、頼円らが現地へ赴いて存知の境について双方に尋ねたところ、粉河使者は東谷が境であると返答したが、高野衆徒はそれぞれ故実がはっきりしなかった。百姓に問うと、久延は次のように述べた。「椎尾は香御園である。故義治入道が行縢の皮を丹生屋地頭に納めたのは、袖尾（椎尾）権十郎屋敷だからだ」。袖尾（椎尾）は君藪以東のはずである。宗包は、「もとは高野からも名手からも西の河をもって境とすることは知らなかったけれども、（名手側が）粉河寺に『谷の源流は峯に達することが延久の国判に載せられている』と言うのを聞いて、さては西の河こそ源流が峯に達しているとてこの訴訟は起きたのだ」という由のことを申した。西の河というのは君藪のことであろうか。これらの状によれば、椎尾以西を名手が領有しているという証はない。東谷をもって水無河の源流とすべきである。ただし、今提出された三者の絵図は多く相違点がある。境界は食い違っていて、はっきりとしない。官使を遣わして、実検すべきである。

（4）織脇あるいは岸脇と注す場所の問題

粉河は、宗命より顕栄に至るまで六代相伝の地と称し、光信の売券を提出している。高野は名手百姓近重領であると反論するが、証文の提出がない。この場所は水無河の西なので、丹生屋が領知の理を得るものといえよう。

（5）中島の問題

粉河は、「寺領荒見村内である。前別当実誉の時に名手の王光が乞い請け、その後、子息に譲ってしまったものである。仁治二年の相論時には、作麦を刈り取っている。明賢跡として没収などというのはとんでもない。藤蔵を境とするというのは間違っている」と主張する。一方高野は、「当山別当北室領である。島の西端はもとより粉河領なので、麦を刈るのを止める必要はない。藤巌より東は当庄公文が没収し、知行している。王光は子息長信に譲り、長信は明顕に譲与した。もし一時的に乞い請けた地ならば、どうして永代の譲与ができるだろうか」と主張している。双方の言い分は食い違っており、簡単に一つの見解に集約できない。しかし、名手庄境は「西限水無河、南限吉野河北岸」とあるから、河中の島である中島は四至から外れている。対論すべき問題ではないが、高野は吉野河本流は中島の南にあると申し立てている。同じく頼円らの絵図では、西が丹生屋領、東には名手領の畠が少々あると注記している。荒見村内か北室領内か、証拠ははっきりせず、不審な点についても質してない。さらに実証を尋ねて判断すべきである。

（6）水無河の西側に名手の、同じく東側に丹生屋の田畠がある問題
　ともに旧河道を基準に従前のとおりに領すべきである。

以上が建長二年の段階で出された山境および水無河に関する判決である。この中で、最も多く文章を費やして問題にしているのは、（3）の椎尾山、すなわち山境の件である。実はこの椎尾山に関しては、本判決では触れられていない重要な論点がある。それは「山の地主」とされる源義治、子息朝治の存在である。判決の官宣旨の前段から復原される粉河の訴状には、次のようにある。少々長文ではあるが、大切な論点を含むので、現代語訳を掲げておく。

金剛峰寺使・名手庄官らが、丹生屋村民が椎尾に開いた畑の作麦を刈り取ると言ってきた。そこで粉河寺の寺家使と丹生屋村地頭代が出向き、「この山は水無河以西で、昔から名手庄を交えたことはない。殊に地主義治入道

生存中はこの畑について異論も出なかったのに、没後になって初めて濫妨をなしてきた。このような道理があろうか」と述べた。すると名手庄がいうには、「義治入道の生存中に制止したことがあったが、承引しなかったのだ」と。当方からは、「その事実は確認できないが、義治嫡男の朝治が健在だから尋ねよう」と答えた。すぐに尋ねたところ、朝治は、「親父入道の時に制止されたことはない。両庄のことについては偏頗をなすべきではないと考えている。事実に従って誓いのことばを述べ、証言する」と。すると高野使は、「椎尾以西の河が水無河の源流である。だからこの尾（椎尾）は名手庄領だ」という。当寺方からは、「椎尾以西の河は別の谷である。後谷というのがそれにあたる。水無河の源流は椎尾以東の谷である。したがって、先年たまたま名手庄民がこの峯に入り、材木を採った際にも、地主僧琳宗（義治外祖父）が山の口で制止を加えた。すると、高野政所南門の材木だといって乞うので、材木だけは大師明神のために許し、鉞斧は後日の裁判に備えて取り上げた」。

ここに、問題の椎尾山には「地主」と称される義治入道なる人物がおり、その領地は外祖父の琳宗から譲り受けたものであることが知られる。つまり、庄園どうしの争奪の対象である当の椎尾山自体は、地主義治の私領でもあったわけである。義治について小山靖憲は、『尊卑分脈』との一致などから、大和源氏宇野氏の庶流の武士であることを明らかにし、服部英雄も、神野真国庄、麻生津・花園庄の関係史料に義治やその父光治の名が見えることから、彼らを紀ノ川流域きっての有力な豪族と見ている。ただ、かつて名手庄の庄官を務めた義治も、相論の時期にはすでに高野山とは袂を分かち丹生屋村に「追却」され、居住する身であった（『高野春秋編年揖録』承久二年二月二三日・同年一二月二七日・承久三年正月月末条）。そのため、義治は高野山から「受性於庸性、積悪弥長、同心於狼心、暴逆暗成、或忘范蠡之誡、争勝負於寺僧、或振恣（盗）跖之威、加悩害於庄民、或不随山門之下知、而事抄掠、或不被拘領家之制止、而宗劫略」とか「半是雖自業自得之相感、専亦蒙大師明神御治罰、身受重病、魂赴窀穸畢、師子身中虫、自食師子肉、蓋以此謂歟」などと口を極めて罵られる存在で、悪逆非道の人物として描かれる（『高四』一一四）。その嫡男朝治も、当然ながら、高野山からは非難の対象になっている。要するに、朝治の証言など信用できないというわけである。

では、義治が死去したあと、私領である椎尾山はどうなったであろうか。先の粉河寺の申状によれば、義治の死後になって初めて名手庄から濫妨をしかけてきたとあった。高野山側の陳状では、「爰丹生屋地頭代長康、以彼畑義治之領、号没収之地、令点定」、すなわちそこは丹生屋の地頭代が没収しようとしたとある（『高四』一一五）。これに対し、名手方も対抗して点定札を立て、ここから、どちらが作麦を刈り取るかという一触即発の事態に急展開していくわけである。

二　名手・粉河と山の世界

論点となった椎尾山というのは、現地住民にとってどのような意味をもつ山だったのだろうか。先に述べたように、先行研究のいくつかは、この山のもつ価値について疑問を呈している。曰く、「現在の椎尾山は雑木林と若干の柿畑からなるきわめて平凡な山であって、この土地が相論の対象になった面影はまったく感じられない[10]」、「現在『シノオ』（椎尾）と称する所は、名手川上流の、かなり谷の奥まったところで、山はほとんどみかん畑になっている。（中略）現地を一見した印象では、とても畑になりそうなところではなかった」などの見方である[11]。

これに対し、史料に出る「畑」が常畠を表す「畠」とは区別された「焼畑」であることを明確に示したのが、黒田日出男であった[12]。これを承けて、田村憲美は山に関して従来の研究より一歩踏み込んだ考察をし、「椎尾山は高野山に香役を勤仕する香御園であったという。香御園は『香御園切山』ともいわれ、具体的には切山、すなわち焼畑からなっていた。（中略）近世・近代に見られる焼畑の慣行に徴しても、これらの百姓は出作りであって、この山に宅を構えていたとは思われない」と、具体的な説明をしている。[13]そして、名手・丹生屋両者がそれぞれにこの山を「テリトリー」的な占有の下に置こうとしていた事実を明らかにしている。史料によれば、義治は椎尾に五町もの麦畑を開いていたとある（『高四』一二一）。ここに、まず椎尾山がかなりの面積の焼畑を開ける土地資源を有していたことが確認できる。焼畑については、その開発年代をめぐって双方の陳述に食い違いがある。名手は、香御園として利用していた山に、暦仁元年（一二三八）頃、義治が制止を無視して初めて畑を開いたといい（『高四』一一四・一一五）、丹生屋は義治存命中に名手から異論が出されたことはなかったと主張している（『高一』三九六）。田村はこの相違を、「義治の代には椎尾山に外祖父の琳宗の維持していたような知行の実を挙げていたようには思われない」とし、「義治がその晩年に椎尾山に焼畑を開作したのは、この不知行状態を打開して、地主権（私領主権）を継承したとする知行の由緒を明らかにするとともに、用益の事実を積み重ねて、私領主権を回復するためであったと考えられる」と説明している。[14]この間の事情は明確にはわからないが、いずれにしても、香園として、あるいは義治の麦畑として、恒常的に山が利用の対象となっていたことは間違いない。麦を作る焼畑は近代日本では比較的少なかったが、それでも四国・九州の山地には見られ、[15]鎌倉期に近畿圏で麦作型の焼畑が行われていた事実が確認できるのは興味深い。

しかし、山の利用はこれだけにとどまらない。名手庄内の山寄りに近い野上の地区に、「炭釜」の地名が見られる（『高四』四三三・四四九など）。椎尾山の山林から木炭材を供給していたことが想定でき、さらに椎尾山自体に炭釜が存在したことも充分考えられる。薪炭材の供給地としての意味がうかがえる。

さらに、双方の間で問題になっているように、建築材の伐採もここでは行われていた。粉河寺側が地主琳宗の時代に、椎尾山に侵入して材木を伐り出していた名手庄の者を制止し、高野山政所南門材木だけは放免してやったと述べれば、名手庄も、たまたまこの山で伐木の輩があったが、彼らからは巨多の科料を納めさせた実績があるという（『高四』一一五）。巨木のある山ではなかったであろうが、通常の建築材は充分伐採できる山であったことがわかる。

さらに、もう一つ考えられるのは、狩猟の行われる山としての意味である。相論の当事者である粉河寺に関しては、その草創にまつわる霊験譚を記した『粉河寺縁起絵巻』が残されている。本絵巻は、平安末期から鎌倉初期にかけての作成と見られており、まさにこの相論とあまり隔たらぬ時期のものである。時代は奈良時代の宝亀元年（七七〇）、紀伊国那賀郡に住む猟師大伴孔子古が主人公である。大伴孔子古は毎夜、山中の木の枝に板を渡した見張り台から獲物を狙っていた。ところがある夜、近くの地面からまぶしい光が発しているのを発見した。しかし、木から降りて探しても光の元は見つからない。このようなことを三、四日繰り返し、その奇瑞に感じた孔子古はそこに草庵を設け、やがて訪れた童から安置する仏像を与えられる、というのが話の発端である。猟師孔子古が毎夜狩りをする場面は、話の本筋からすればほんの枕のような部分であるが、絵ではこの部分が妙に詳しく描かれている。絵巻の冒頭は火災によって失われ、錯簡もあるが、それでも孔子古がいざり木の上から鹿を狙っている場面、猟師の家の中で、俎の上の肉をまな箸、庖丁で捌いている場面、また、庭の筵で肉を干している様子、串刺しにした肉の様子、枠木に張られた鹿皮、そして、肉のついた骨をしゃぶる庭の犬までが写実的に描かれている。その描写の具体性は、猟師の実像を知らなければ描けないほどのものである[16]。

ここで考えたいのは、この写実的な情景描写が、絵巻の製作された当時、粉河寺の縁起にふさわしい地域性を表し、また、説得性をもつものとして認識されていたであろう、という点である。言い換えれば、いかにも粉河寺の風土にふさわしいものとして描かれたはずなのである。当時の粉河周辺にありえない風俗を描いては、絵巻そのものの説得力は当然乏しいものとならざるを得ない。とすれば、詞書にはない猟師の家の様子などは、当時の現実の風俗を反映する形で絵巻に投影されていると見なければならない。文献史料に狩猟関係のことが書き残されることは少ないが、この絵巻の場合は、まさに相論とほぼ同時代であることを考えると、当地において実際に猟を営む者がいて、狩猟がある程度恒常的に行われていたことが想定される。

実はこの相論の中でも、狩猟を思わせる記載が顔をのぞかせている。それは論所絵図作成の場に立ち会った名手庄百姓久延が語った「故義治入道弁行縢皮於丹生屋地頭事波、袖（椎）尾権十郎屋敷故」という発言である（『高一』三九六）。行縢《むかばき》とは「遠行の外出・旅行・狩猟の際に両足の覆いとした布帛や毛皮の類。……中世の武士は騎馬遠行の際の必要品とし、鹿の皮を正式として両足全体をそれぞれに覆うほど長大となり、特に犬追物には長行縢を用いた」（『日本国語大辞典』）というものである。『粉河寺縁起絵巻』にも鹿を狩り、また鹿皮を張っている絵があったように、ここでの「行縢の皮」も鹿皮と考えられる。そして、地頭代（武士）にとって行縢が実際に必需品であったことからも、皮の貢納はうなずけるものである。とはいえ、久延の発言は前後に関連事項がなく、事情が判然としない。ただ文章の流れからすると、義治が丹生屋地頭代に行縢の皮を納入していることが、椎尾山が丹生屋領たる一つの根拠にされており、それに対して高野山側が、そこには特別な事情があるからそのようにはいえない、との反論をしているように理解できる。いずれにしても、この山で狩猟が行われており、その成果が地頭への貢納品になっていることは動かし難い。地域は離れるが、同じ鎌倉期に、九州沖合の五島列島でも鹿皮や肉、猪などが地頭に納められ、それが支配の正当性を表す根拠と認識されている事例がある（『青方文書　第一』一〇三号文書）。また、粉河寺の地元紀伊国周辺は狩猟の盛んなことでも知られ、高野山と大和金峰山との相論でも、関連文書の中に「射数十鹿、剝皮取宍候」「不可射殺打殺猪鹿等羽毛之族」「於高野辺射鹿輩」（『高二』五八二・五七四・六三一）など、付近の山民が狩猟を事としていた事実を表す文言が見られる。そもそも高野山金剛峰寺開創に関わる伝承でも、山道に迷った弘法大師を助けたのは猟師とされており、紀州の山間部は、狩猟文化の色濃い地域であった。

また、建長二年（一二五〇）の官宣旨による裁許後、それに不満をもった名手庄民らが、建長四年三月五日に粉河寺領の山に乱入し狼藉をなした事件がある（『高四』一一七・一一九）。このとき名手庄側は悪党らを招き集めて粉河寺の「後山」に押し寄せ、粉河庄民から稲や金銭を徴収しようとしたという。ここで名手庄民が集落ではなく、「後山」にやってきた点が興味深い。山畑を荒らしたなどの記載はなく、彼らは直接粉河庄民へ兵糧・用途を要求する目的で来たようである。つまり、山に乱入したのは、そこに山仕事をする人々がいたからであると考えられる。旧暦三月の初めといえば、狩猟期間の末期であり、薪取りや材木伐採が行われていた可能性もある。

粉河から名手にかけての山は、大阪平野との間を隔てる幅一〇キロ程度の山地の一角で、それほど懐の深い山ではない。また、史料的には粉河・名手両庄民の利用の詳細やその秩序については充分にたどることはできない。が、それでも、以上見てきたように、焼畑、炭焼き、材木伐採、狩猟など、多様な形で山地資源が活かされていたことは確かにうかがわれる。山は、単に平地農業のための用水源や刈敷採集地であるばかりでなく、山そのものとしての価値をもっていたのである。山に関わる生業や生活文化については、領主的な賦課の対象にはなりにくいために史料も残りにくいが、山に視点をおいて捉え直してみると、断片的ながら、椎尾山が地元民にとって少なからぬ意味のあったことがわかってくる。山の問題は用水相論に付随するものとばかりはいえないのである。

三　山の「地主」と庄園領域相論

考えてみると、椎尾山をめぐる一連の相論にはいくつか腑に落ちない点がある。第一に不思議なのは、まさに椎尾山が争奪の対象になっているにもかかわらず、地主が直接の訴人や論人にはなっていないどころか、ほとんど積極的な発言・行動もしていないことである。一連の訴訟中、義治・朝治の名前は出るが、それはあくまで前代の地主や証言者としてであって、決して訴訟の当事者としてではない。いったい朝治が訴訟相手として姿を現さないのは、どうしたわけであろうか。

第二に、歴代の椎尾山地主については、領主に対する態度の非一貫性が指摘されている。平安末期には琳宗が粉河寺に違背して非難されているかと思えば（『平安遺文』三五九五）、跡を継承した義治は初め名手庄の庄官を務めている（『高四』一一四）。さらに椎尾山の争いでは、朝治が高野山側に不利な証言をしている（『高一』三九六）。ところが建長の裁許後になると、椎尾山は名手と丹生屋で中分すべきものとの意見を提出し（『高一』四〇〇）、高野山側への配慮も示している。なぜ歴代の地主たちはこのような「揺れ」を見せるのだろうか。そもそも私領主たる地主は、どのように庄園間の領域相論にからんでいたのだろうか。こうした地主の問題が解けなければ、そこを舞台とするこの境界争いについても充分な理解はできないであろう。

椎尾山に関する相論は、山の帰属が元来明確でなかったことに起因している。そして、明確でなかったのには、それなりの理由がある。もともと椎尾山を含む丹生屋村を粉河寺に寄進したのは、同村住人で椎尾山地主の琳宗であった（『高一』四〇〇）。この時点では、椎尾山は粉河寺領といって不自然はなかったであろう。しかし、その後この地主の地位を継承したのは、琳宗の娘と婚姻関係を結んだ宇野氏流源氏の光治（義治の父）であったらしい（『高一』三九六・『尊卑分脈』）。『尊卑分脈』では、光治に「入野屋八郎」との注記が付されており、服部英雄が指摘するように[17]、彼は琳宗の養子となって丹生屋を名字とするようになったと考えられる。とすれば、ここにある種のねじれが生じたことになる。すなわち、光治・義治の系統は、名手庄と深い関わりをもち、その庄官を輩出している家柄であり、同庄内に居住していたと思われる。粉河寺に椎尾を寄進した寺領住人の跡を、名手の庄官を務める家柄の者が継いだのである。この状況について田村憲美は、「義治とその子孫の多くは名手庄の庄官職を帯する同庄住人であって、おそらく椎尾山はその地主権を光治ないし義治が相伝した段階で潜在的に名手側の村落空間に繰り入れられたのではあるまいか」と述べている。(18) ここに至ると、椎尾山がどちらの領内かは非常に微妙な情勢になってくる。建保二年（一二一四）には、名手庄民が椎尾山を「香御薗切山」として請け負う旨の請文が出されているので、この時期はまさに名手庄が実質的に椎尾山を利用していた時期かもしれない。ところが、光治の跡を襲った子義治は、承久二年（一二二〇）に名手庄に居住のまま名手庄官を罷免され、翌年にはとうとう名手庄から追放され、おそらくこの時点で丹生屋村に移り住むのである（『高野春秋編年揖録』承久三年正月月末条・『高四』一一四）。こうなると、義治の「私領」である椎尾山を名手領とは称し難くなってくる。少しでも畑麦を刈らないと自分たちの領内であるという由緒を守れない、と名手庄百姓らが主張したように（『高四』一一五）、双方が自領内であることを証拠立てる公的な証文を持たない状況下で、所領としての帰趨を決めるのは当知行の実績であったと思われるから、そこを私領として持つ地主の帰属は重要な問題であった。相論の火種は、この属人的性格の強い私領のあり方自体に伏在していたのである。

加えて、先学の明らかにしているように、彼らは庄園領主の支配を従順に受けるような存在ではなかった。琳宗の時代、粉河寺から高野山に出された牒には、琳宗らが粉河寺に背き、名手庄内に造られた城を拠点に名手庄民とともに悪事をなしたとの記述がある（『平安遺文』三五九五）。琳宗は、一種自立的な私領主として存在していたことが察せられる。その意味では義治らも同様であった。前述のように、義治らの一族は、紀ノ川流域一帯を広範に勢力範囲とする有力武士であり、粉河寺や高野山に汲々として従う者たちではなかったとされる。(19) それが時により双方の領主から非難を受け、庄官を罷免されたり追放されたりする原因であったと考えられる。

そしてこのように見てくると、山の地主は、そこを奪い合っている庄園や庄園領主からは一歩距離を置いた関係にあることがわかってくる。結果的に高野山側に不利な証言となったため、義治・朝治の言は高野山から虚誕として非難されているが、彼らの発言も粉河側を利するための虚誕とばかりはいえず、何らかの事実を反映している可能性がある。琳宗の時代に山口を制止した話は、「高野政所南門材木として許した」という、相手方（高野山）が確認の可能性のある事項を含んで語られているし、義治が焼畑を切ろうとしたのを高野山側が制止したと主張する件についても、朝治はその事実はなかったと証言している（『高一』三九六）。制止したか否かは水掛け論であるが、高野山側も認めているように、名手庄の百姓らは、義治の威勢を恐れて焼畑開発の事実を領家にすら注進できない有様だったのであり（同右）、実質的に在地において制止は何らの効力をもたなかったと思われる。その意味では現実的な制止はなかったといっていいであろう。同時に、ここから義治が地主権を保持し続けていたことも明らかになる。さらに、官宣旨で示された裁決は、高野山側の全面的な敗訴といえる結果であった。その詳細な判断理由を読む限りでは、高野山側の主張した根拠には全体に虚偽と曖昧さが目立つ。そこから類推しても、粉河寺側有利の朝治証言は、大きく事実と反するものではなかった可能性が高い。そして、興味深いのは朝治が証言をするにあたって、あえて「両庄事非可存偏頗、任実及誓言証申之」と述べていることである。ふり返ってみれば、朝治らは、この相論に関し、求められた証言以上のことは何もしていないのである。もちろん相論における当事者能力（訴訟を提起する資格）如何という問題はありうるが、それを差し引いても、彼らが椎尾山がどちらかの帰属でなければならないと考えて積極的に発言・行動した跡は見えない。建長の裁許後まもなく、椎尾山自体を中分すべきだとの見解を高野山側に提出しているのも、その表れである（『高一』四〇〇）。もし地主が一方的に粉河寺あるいは高野山側に荷担するつもりならば、こうした行動は取らないであろう。この一件を追う限り、理を曲げて地主が粉河寺・高野山の一方に与しようとした様子は見受けられない。結論的にいえば、地主たちは積極的に庄園領域争いに加わろうとしていないと理解せざるをえない。行動や発言の「揺れ」と見えるのは、ある意味での中立性の結果と考えることができる。もちろん百姓の立場からは、異なる見解もあり得たであろう。しかし、一連の椎尾山の問題の中で、地主自身にはどちらかへの帰属を第一に考える発想は、なかったように思われる。(20)

ある意味でどちらの庄に帰属しても構わないという姿勢は、用水の問題を抱える水田、あるいは屋敷・常畠を対象とする場合には考えがたいあり方である。ここで椎尾山にその状態が許されたのは、そこが山であったからにほかならない。逆にいえば、利用はされ、おそらく在地には一定の用益秩序が生まれつつも、(21)平地的な領有のシステムになじまない面を山はもっていた。そうしたあり方が図らずも顔をのぞかせた事例であるといえる。

おわりに――「農民的開発」の枠組を越えて――

名手庄と丹生屋村との相論について、特に山の観点から深い分析を試みたのは前掲の田村憲美である。氏は、古代から中世初期までの山林の位置づけを総体として捉えるべく、重厚な考察を展開している。氏の仕事によって、我々は「山」というものを把握していくための確実な一里塚を得たといってもいいと思う。ただ、山への視点の取り方に違和感を抱く部分もある。

氏は、私領主の有する「山」は百姓による「林」的開発によってその支配が掘り崩され、また、庄園化されることでテリトリーとして確かなものとなる、としている。別にはこの「林」的領有に至る活動を「農民的山林開発」とも述べている。その内容は、在地に密着した百姓的用益を意味するとともに、平地「農民」が山に向かって開発の手を伸ばしていくという、いわば「農業者による山利用」をも含意しているように考えられる。では、「農民的開発」による「林」化がなされず、「山」そのものとして利用され続ける場所ではどうなるのであろうか。言い換えると、「林」にならない「奥山」、あるいは「山」のままでの利用がなされる場所の問題である。獣や魚の猟・漁場として、あるいは択伐的な材木資源の採取地として、また、木工材料の採取地としての利用などは、氏のいう「農民的」、「林」的な利用とは趣を異にする。それが薪や刈敷の採取など平地民的な生活を支えるための山、という利用方法ではないからである。

氏は、地主が相論の前面に出なかったことについて「もっとも、義治の地主権の由緒を認めていた粉河寺側もそれを丹生屋村による山の占有を正当化する方便としたに過ぎない[22]」という形で触れている。粉河寺にとって、開発・寄進者の系譜を引き、領内に居住する義治の存在は、相論上このうえなく有利な条件になったであろう。しかし、地主自身からすれば、「利用される」ばかりではない独自の立場があった。山の地主にとっては、庄園制のうえでどちらかに帰属することは必ずしも必須条件ではなかったようである。これが「山」を持つということなのではあるまいか。明確にどちらかの領主の下に組み込まれることが前提となる田畠と異なる論理がそこにはある。山に関しては、平地的・農民的視点からでは解けない問題が多い。「農民的開発」の視点から解放されたとき、「山」は初めて制度的にも生活文化的にもその実像を表すのではなかろうか。その内実については今後の課題としたい。

注

（1）　山村の研究に関しては、白水智「文献史学と山村研究」（『日本史学集録』一九、一九九六年）、米家泰作「前近代日本の山村をめぐる3つの視角とその再検討」（『人文地理』四九-六、一九九七年）を参照いただきたい。

(2) 船越康寿「高野山領名手庄と粉河寺領丹生屋村との紛争に就いて」（史蹟名勝天然記念物保存協会『史蹟名勝天然記念物』一五―一二、一九四〇年）四四頁。
(3) 宝月圭吾『中世灌漑史の研究』（畝傍書房、一九四三年）二六六頁。
(4) 阿部猛「高野山領紀伊国名手荘―中世堺論・水論の一資料―」（『東京学芸大学紀要』第三部門社会科学二五、一九七三年）八〇頁。
(5) 太田順三「鎌倉期の境相論と絵図―紀伊国粉河寺領と高野山領の相論の場合―」（荘園絵図研究会編『荘園絵図の基礎的研究』三一書房、一九七三年）一七七頁。
(6) 小山靖憲『中世村落と荘園絵図』（東京大学出版会、一九八七年）一九二頁。
(7) 田村憲美『日本中世村落形成史の研究』（校倉書房、一九九四年）三〇八・三〇九頁。
(8) 服部英雄「名手・粉河の山と水―水利秩序はなぜ形成されなかったのか―」（佐藤信・五味文彦編『土地と在地の世界を探る―古代から中世へ―』山川出版社、一九九六年）二二九頁。
(9) 稲葉継陽「名手荘と丹生屋村の用水相論」（山陰加春夫編『きのくに荘園の世界　下』清文堂出版、二〇〇二年）。
(10) 前掲注(6)小山著書、二〇七頁。
(11) 前掲注(4)阿部論文、八一頁。
(12) 黒田日出男『日本中世開発史の研究』所収付論三「中世の『畠』と『畑』」（校倉書房、一九八四年）。
(13) 前掲注(6)小山著書、三〇八頁。
(14) 前掲注(7)田村著書、三一〇頁。
(15) 佐々木高明『日本の焼畑』（古今書院、一九七二年）。
(16) 例えば、皮張りの様子などは、近現代における猟師の皮張りに関する記録写真（森俊『猟の記憶』桂書房、一九九七年、六七頁）と非常に似通っている。
(17) 前掲注(8)服部論文。
(18) 前掲注(7)田村著書、三一〇頁。
(19) ここで興味深いのは、義治が庄官を罷免されたとき、庄内から追放されなかったのは、東寺長者道尊が背後についていたからとの説がある点である（『高野春情編年輯録』承久三年正月月末条）。長者が成宝に変わるとすぐに追放されていることや、道尊・成宝の在任期間が別の史料で事実と判明することからも、ある程度信用できる記事と考えられる。以仁王の子である道尊と義治の間にいかなる関係があったのかは不明だか、こうした意外な人脈も義治の威勢の一端を支えていたものと考えられる。

(20)　高木徳郎が「荘園制展開期における山野の『領有』と相論―大和国平野殿荘における山野相論を事例に―」（『日本中世地域環境史の研究』校倉書房、二〇〇八年）において平野殿庄を舞台に検証した平清重らの「私山知行者」は、本稿の源義治・朝治とよく似た存在であり、山野「領有」の問題とからめたその分析視角も興味深い。

(21)　鎌倉期頃までに何らかの用益秩序が成立しつつあったことは、春田直紀「中世の山村と海村」（『日本史研究』三九二、一九九五年）に事例が挙げられている。

(22)　前掲注(7)田村著書、三一一頁。

第二章　野生と中世社会

——動物をめぐる場の社会的関係——

はじめに

巷間、「欧米人は狩猟民族で肉食民族だが、日本人は農耕民族で草食民族だ」というような言われ方をすることがある。確かに現在の日本人の畜肉消費量は、この数十年で伸びたとはいえ、欧米でのそれに比べればまだ半分程度にすぎない。歴史をたどってみても、畜肉や乳を採取するための牧畜文化はほとんど発達しなかったし、農作物に食料の多くを頼ってきた。しかし、山がちで野生動物の豊かな日本では、一般に思われている以上に野鳥や野生獣を食す習慣が古くから存在しており、(1)動物の狩猟も山野の生業として重要な一部になっていたと考えられる、その意味では、「日本人は草食民族」という俗説は必ずしも正しくはない。何にせよ、日本列島に暮らした人々がどのようにその自然環境とつきあってきたのか、我々はまだ充分に正確な認識を共有してはいないということができる。

本章では野生動物の狩猟をめぐる問題を考察の対象とするが、しかしその問題を考えていく際には、自然環境と人間との関係史に対する視野が必要なように思われる。当時の人々が自然をどのようなものとして認識し、自然との関係をどのように結ぶべきものと考えていたのか、おそらく現代とは違うであろうそうした背景に関心をもっておくことが、狩猟について見ていく際にも前提になると考えられるからである。また、狩猟自体も狩猟史や食物史のみならず、殺生禁断論と絡んだ心性史や制度史、山野河海論や村落領域論と関係しての村落史や庄園史、自然に関わる認識論など、さまざまな分野に素材を提供しうる事象である。その意味では狭小な問題にとどまらず、広く当時の時代史を探る手がかりとなる面をもっているといえよう。

人間と野生動物に関わる事象を見ていくにあたっては、二つの切り口が考えられる。一つは人間と動物との直接的な関係に対する関心であり、狩猟方法・狩猟技術・加工利用などの側面が挙げられる。一方で重要なのは、野生動物やそれを育む自然環境をめぐって、人間同士がどのような関係を築いていたか、すなわち当時の社会が自然に関してどのような法制・慣習を形づくり、経済的状況を生み出し、またどのような宗教的観念・信仰・習俗を有していたか、という人間社会内部の側面である。ここで筆者は後者の問題に取り組んでみたいと思っている。特に、野生生物が生息し、かつまた人間との関わりをもつ山野という場が社会的にいかなる特質をもっていたのかという問題についてである。かつて考察したことのある河海の特質とも関連させながら、武家政権が前面に出ることになった鎌倉期を対象として、一般の耕地や宅地（以下、「耕宅地」と表記する）とは異なる原理を色濃く映す山野という場のあり方について考えていこうと思う。

一　普く広く行われていた狩猟

1　いわゆる「天武肉食禁止令」の誤謬

冒頭で「日本人は草食民族」との言説を紹介したが、日本人は古来肉食を避けてきたとされる文脈でしばしば引用されるのが、俗に「天武肉食禁止令」と呼ばれるものである。七世紀の天武朝において肉食禁令が出され、これがその後の日本で肉食が忌避されるようになった最初のきっかけとされているのである（ウェブページ上で「天武天皇」「肉食禁止」などのキーワードで検索すると、多数のサイトで日本人は天武天皇以来明治天皇まで肉食をしてこなかったかのような言説が流布しており、通俗的レベルではこうした考えがある種の常識となっていることがわかる）。この史料については本章で主として扱う中世の問題とは直接には乖離しているが、日本の肉食に関する根本的な史料なので、若干触れておきたい。

初めに史料の本文を掲げておこう（『日本書紀』天武天皇四年卯月庚寅条）。

庚寅に、諸国に詔して曰はく、今より以後、諸の漁猟者を制《いさ》めて、檻穽《おりしあな》を造り、機槍《ふみはなち》の等《ごと》き類を施《お》くこと莫。亦四月の朔より以後、九月三十日より以前に、比弥沙伎理梁を置くこと莫。且牛・馬・犬・猿・鶏の宍を食ふこと莫。以外は禁の例に在らず。若し犯すこと有らば罪せむとのたまふ。

本史料について繰り返し分析・言及している原田信男は、稲作との対比を視野に入れて次のように史料を解釈している[2]（傍線白水）。

もちろん仏教との関係を否定することはできないが、これは四月から九月という稲作期間に限定されたもので、しかもウシ・ウマ・ニワトリ・イヌ・サルのみを対象とするもので、日本人が長く食べてきたシカとイノシシが除外されている。（中略）こうしてみると天武の〃肉食禁止令〃は、肉そのものを禁じたのではなく、その目的は、水田稲作の円滑な推進にあり、厳密には一時的な殺生禁断令と見なすべき政策であった。

原田は前段と後段を合わせて解釈し、五畜に関わる肉食禁止を四月から九月という「稲作期間」と関連させて理解し、一時的な殺生禁断令というべきものであったと性格づけをしている。

しかし、原文からすると四月から九月という期間と五畜の食習禁止とは直接にはつながらないのではないかと考える。基本的には猟者に対する危険な罠の設置の禁止および漁者に対する特定漁法に関わる特定期間の禁漁を定めた前段と、人間に身近な家畜類と猿（五畜）に関する肉食のみの禁止、という後段とから成ると理解すべきではなかろうか。すなわち、四月から九月の規制は、あくまで魚簗などの漁業設備設置を禁ずることのみにかかるのであって、陥穽具（落とし穴）などの獣猟設備の敷設も五畜の肉食も通年での規制と考えた方がいいのではないだろうか。

また、「以外は禁の例に在らず」は五畜の食習禁止にかかる文言と理解され、かえって五畜以外の動物についてはその食習を禁じていないことが明瞭となっている。その点で、原田が当時の人々にとって重要な野生動物であった猪や鹿が肉食禁止から除外されていることを重視し、肉食そのものを禁じたものでないとしている点は同意できる。本章で取り上げる肉食の問題に限っていえば、本史料は、五畜以外の獣については食習を禁止しないことを明示した史料として、つまり世の通俗的理解に反して、五畜以外の非「肉食禁止令」として銘記されるべきものと考えられる。そして、あえて「以外は禁の例に在らず」と法令に記さなければならなかった背景には、鳥類を含む野生動物の食習を当然のものとする社会的背景があったと思われ、それはひいては中世、そして近世社会にも続く肉食習慣の原点を示唆するものの一例と理解することができる。あまりにも有名な「天武肉食禁止令」であるが、法文は逆に五畜を含むあらゆる肉が食されていた当時の状況を雄弁に物語るものであったといえるのである。

2　鎌倉期における狩りと肉食の普遍性

すでに古代以来、天皇や院みずからが率先して狩猟を行ってきた事実については、つとに先学によって述べられてきたところである。(3) しかし、平安期における穢観念の拡大と仏教の殺生罪業観という両様の要因によって、貴族社会において狩猟は忌避されるものとなっていったとされている。(4) 殺生を一つの本質とする武家政権においてさえ、鎌倉

三代将軍実朝以降、将軍自らによる狩猟は、鳥猟を除いて次第に行われなくなっていく。(5)

とはいえ、在地社会において狩猟が消滅していったかといえば、それはまた別の話である。確かに鎌倉期は広く殺生禁断が現実的な施策として行われた時代である。殺生禁断令には、朝廷が発する全国レベルのものから在地領主の発する小規模なものまでさまざまなものがあった。全国に向けて発せられたものは大きな影響力をもったと考えられるが、実はその大半は日時限定での禁制であった。(6) また、より実効性があると考えられる地域社会での恒常的禁断の場合も、多くは限定された四至内での禁制にすぎなかった。すなわち、時間的にも空間的にも、全国的に普く狩猟を禁ずるような法令は出されておらず、またそうすることもできなかったということである。

その背景としては、在地に広く肉食の習慣があったことが重要である。それを証する史料は数え上げれば相当数にのぼるが、ここでは若干の例だけ挙げておきたい。例えば、駿河国滝泉寺において院主代の地位にあった人物が、百姓らを催して鶉《うずら》や狸や鹿を狩り、別当坊にて食したなどの記録がある。不殺生の重戒を帯びるはずの寺院の者ですら自ら狩猟を指揮し、肉食をしていたのである(『鎌倉遺文』一三七五五号文書。以下、「鎌一三七五五」のように略す)。また、備前国金山観音寺では、寺領四至内において武士や甲乙人が鷹狩りをしていたことが知られる(鎌二八三三〇)。ここで注目すべきは、武士ならぬ甲乙人が鷹狩りを行っていることである。鷹狩りは権力者を象徴する狩猟として知られ、それがために一般武士や庶民による鷹狩りが禁止されているのだが、そうした規制とは裏腹に、実は鷹狩りは広く行われていたようである。九州沖合の五島列島浦部島(現在の中通島)では、鹿や猪を狩り、皮や塩漬け肉の桶を進物にしていたことを物語る史料がある(鎌二三一五六)。島といえば漁業というイメージが強いが、中通島は五島列島で福江島に次いで面積の大きい島であり、かつ地形的には起伏が大きく山に覆われている点が特色である。獣類が多く生息していたとしても何ら不思議ではなく、この島では漁業だけでなく狩猟も行われていたのである。これら史料に見えるように、鎌倉期には特定の禁止された時と場所以外では狩猟が広く行われていたことがうかがえる。

二　動物をめぐる人間社会の関係——山野河海という場の特質——

1　狩猟行為の一般的特性

狩猟行為の舞台となる山野とは、いったいどのような場なのであろうか。それを考えるためには、まず狩猟という行為そのものの特質を捉えておく必要がある。

まず挙げられるのは、田畠のように長期的かつ恒常的な場の独占を本質としないことである。在地領主や権門が確保する狩倉・狩場などは一定の範囲を囲い込む特殊な形態であり、これに当てはまらないが、狩猟そのものの一般的特質としては、そのような囲い込みは必ずしも必要ではない。獲物の生息する山まるごとを排他独占的に立入禁止にせずとも、必要な時に狩猟が行えさえすれば他の用益に山野を利用することも許容しうる。

第二に、狩猟は一定の範囲内での対象動物の移動、そして猟者の移動を伴うという特徴がある。罠猟や特殊な待ち伏せ猟の場合を除けば（『粉河寺縁起絵巻』には、木の又に板を渡し、下を通る動物などを狙う待ち伏せ猟が行われていたことをうかがわせる描写がある）、通常は獲物を探し、または追って移動しながら猟は行われるのであり、農耕のように定置的なものではない。罠猟や動物の巣穴を狙った猟にしても、毎年必ず同じ場所に罠を掛け、あるいは同じ場所に営巣するものばかりではなく、猟期単位でいえば移動が伴うことが多い。獲物を追って猟者が移動するさまは、例えば宝治三年（一二四九）、讃岐善通寺領内における殺生禁止を訴えた史料に見られる。「放逸無慚之輩、朝来暮往之客、不憚寺院之近辺、偏致畋猟於其間、因茲、猪鹿動遁入、猟者随追至、殺其命於霊場、流其血於浄界云々」とあるのがそれで、猪鹿を追った猟者が寺領内に入り込み、寺院近辺で獲物を仕留めていたことが問題視されている（鎌七〇六〇）。

これら狩猟の本来的属性ともいえる移動性は、平野部・都市部を含め、あらゆる場所で狩猟が行われる可能性をもっていたことを示唆している。実際、「新編追加」には、鎌倉中においてまで、しかも御家人でない甲乙人が鷹狩りを行っていたことが記されている（鎌六五九四）。前述した鷹狩りの一般性がここにも顕れているが、一般庶民が将軍の膝元ともいうべき都市鎌倉で行うことすらあったというのは意外に思える。これも結局のところ、場を長期的に占有せず移動可能という狩猟の特質が示された事例ということができよう。

とはいえ、「嶮岨山野之地」たる若狭国大熊野浦や、播磨国大部庄に寄進された鹿野原などの荒廃地が「猪鹿栖《いのしかのすみか》」と表現されたように（鎌八二〇・同六二二）、やはり狩猟の主たる舞台となったのは、獣類の豊富に生息していた野、そして山であったことはいうまでもない。

2　山野の資源輻輳性

ところで、山野河海の場の特質を表現する語彙として、「公私共利」という言葉がしばしば用いられる。その起源は律令に遡り、中世を通じても繰り返される表現である。律令期の本来の意味では、「鉱山など国家がその利を得べき地を除き、公権力と私人とが同じ山野を共に用益せよ」との原則であった（雑令国内条）。すなわち、山野は国家権力のみが独占すべきものではないという原則を示したものと理解できる。しかし、時代が下ると「公」の範囲も多様となり、かつ公私ばかりか私人間の紛争も多発することになった。となると、「公私その利を共にせよ」という一片の規定だけで解決できる問題は限られることとなる。ただ、少なくとも律令期の段階から、山野は多様な資源が輻輳する場であって、国家が排他的に独占すべきものでないと認識されていたことは確かである。それは敷衍すれば、山野が耕宅地のような単一目的による個人レベルの細分化された占有にはなじまない、ということでもある。

山野がさまざまな資源の輻輳する土地であることについては、多分に文飾的な表現ではあるが、摂津仏照寺の願文が語っている。同寺が摂津能勢郡の山中に拠点を構えた事情を表現する中で、

摂津国能勢郡有一霊山、本謂之与野山、今号仏照山、此地之為体也、麋鹿遊戯、村童邑老羽猟之場、草木扶疎、樵歌牧笛、来往之路、有釣漁之営、有農耕之業

という描写がなされているのがそれである（鎌一六九二）。動物が生息し、狩猟・林業・漁撈・農耕などの営みが行われる場だというのである。当時の人々が山野資源の輻輳性をどのように認識していたかがうかがわれる貴重な史料である。山野のもつこうした特性については、すでに藤木久志や春田直紀が具体的に指摘している(7)。

次にそうした特質をもつ山野の利用について考えてみよう。権門による山野の囲い込み、すなわち、山・荒野を含む領域の庄域としての設定が当時しばしば行われている。こうした行為は、耕地として開墾することを前提にした領有と理解されることもあるが、そればかりではなくさまざまな用益を可能とする「山野そのもの」としての利用が前提になっている場合もあったと考えられる。薪をはじめ薯蕷《やまいも》などの山野の幸、鮎などの川の幸が公事物としてよく見られるのは、領域に含まれる自然環境が多様であり、耕地としての開発ばかりが目的ではなかったことを示している。狩倉としての保持もそうした事例にあたる。そしてまた、こうした認識や用益が一時期の領主の属性に帰される刹那的なものでなく、実は長く中世を通じて生き続けていたことは、耕地と異なる「山野」としての形態が明らかに意識されていたことを語る戦国期の史料の存在からも明らかである。すなわち、伊達氏の『塵芥集』に「先々より境なく

入会に刈り候山野の事、作場にいたし候に付て問答あり、しからば山は山、野は野、先規のごとく作場をあひ止めべきなり、なを此旨を背き、強ゐて作場になす輩あらば、くだんの作場を理運の方へ付べきなり」とした条項があることが挙げられる（『塵芥集』一二二条）。作場（耕作地）にせず、「山は山、野は野」として利用すべきことを明確に定めているのである。

さらに中世の前期において、山が単にさまざまな用益に利用されたというだけでなく、公的な扱いのうえでも耕宅地的な領有とは異なるものとして意識された例がある。摂津多田院の広大な山地がそれである。正元元年（一二五九）、摂津国枳禰庄庄官と多田院雑掌とが争った際、多田院側は、「多田御領山九万八千町」について、「山野者為多田進止之間、枳禰庄百姓等至于当時、併令弁山手於多田方、証拠何事如之哉、山手事、不限角尾之百姓、枳禰一庄村々在家不漏一宇、令取之条、御使入部之時、被糺明真偽之日、不漏一宇在家之条顕然也云々」と述べ、山野については多田院が進止しており、枳禰庄民からも残らず山手を徴収していたと主張している（鎌八三九七）。そして幕府もこれを認め、「不限当庄、多田之内権門領二十余ヶ所雖有之、至于山者、自惟義之時、承久御補任以後、御進退之間」と、多数の権門領が所在していても山に関しては多田院が支配すべきものと、耕地や在家の進止権とは切り離された山の支配権を公認しているのである（他にも西大寺の秋篠山戌亥山千丁や禅定寺の曾束庄杣山千丁などがある）。

このように、山が耕宅地とは異なる論理の貫徹する領域として扱われていることは注目に値する。と同時に、興味深いのは、こうしたあり方が河海の扱いと非常に似通っていることである。近江安曇河御厨に関して、賀茂別雷社は安曇川沿いの比叡庄民と相論した際の文書で、「或雖有権門勢家之御領、或雖多山門日吉之庄園、於河漁者、更非其所之成敗、只付流水、併為御厨之成敗者也」と述べている。すなわち、いずれの領家の庄園内にあっても、そこを流れる安曇川そのものの漁業権についてはすべて賀茂別雷社が進止すると主張しているのである。これを見れば、山と川という違いはあるものの、多田院と賀茂別雷社の論理がまったく共通のものであることは明らかであろう。賀茂別雷社は「又雖有何所之末流、往古供祭人等、尋魚入之便水、所致漁簗也」とあるように、魚の棲息する水域を追いかけるように川の流れをたどり、漁業をしていたのであるが（鎌四三三七）、この点は棲息する動物を追って行われる狩猟との共通性も意識させるものである。

3　耕宅地と異なる利用原則

山がもつもう一つの特色として、個人分割になじまないという性格が挙げられる。耕宅地の場合は、一定期間そこを個人あるいは家族などが占有的に利用する性質がある。耕地は少なくとも作物栽培期間中は占有しなければならないから、短くても最低数ヶ月から一年は占有されることになる。田畠であれば、そこは「誰か」の耕地なのである（近代以降には、栽培期間が終わるとそこが兎狩など共同の場として利用される事例はある）。宅地については、いうまでもなく個人ないし下人などを含む家族の私的な空間であり、他人との共用は必ずしも一般的ではない。

ところが、山は用益者のレベルではもとより、在地領主レベルですら所有が細分化されるとは限らない。むしろ分割しない利用が求められる点が特徴的である。信濃国の御家人市河氏の発給した元亨元年（一三二一）の譲状を見てみよう（鎌二七八八六）。

一、あけ山は、往古よりさかいをたてわけさるあひた、今はしめて立にくきによりて、こあかさわを十郎にたふよりほかに、兄弟ともにもわけあたゐぬなり、さいもくとり・れうしなといれんに、わつらいをいたすへからす、如此譲状かきあたふるうゐは、ほんきう分・ほんさく田畠・在家なと申て、わつらひをいたすへからす、余兄弟の中にも、譲状のほかに、本作なといひて、わつらいをなさん□ともからにをきては、不幸の仁たるへし市河盛房が子息助房に与えたものであるが、ここでは「あけ山」について、個人への所領分割をしてこなかった山なので、こあかさわ（小赤沢）を十郎に与える以外は兄弟に分割しない、と述べている。「あけ山」は、現在の長野県栄村の村域のうち信濃川支流中津川の上流域にあたる「秋山」と呼ばれる山深い地域であり、その中心集落が小赤沢である。ここで注意すべきは、この譲状を与えられた助房が市河氏の惣領だったことで、「材木採りや猟師を入れるのに煩いをしてはならぬ」と書かれているのも、惣領の独占を禁じ、一族共用の山とすることを意味している。すなわち、庶子たちも用益することを前提にした山なのである。それゆえに、個人分の所領でないことをくどいまでに念押しし、惣領自身が「本給分・本作分」などと主張して独占することも、庶子たちがそのようにいい募ることも厳しく禁じているのである。ここでは、山が、在地領主レベルで一族共用しうる地種であったことを確認しておきたい。

そしてここにも、実は海との類似性が指摘できる。九州は五島列島に根を張っていた在地領主の惣領青方高継は、ほぼ同時期の文保二年（一三一八）、養子のかめほうしに宛てて譲状を認めている（鎌二六七八二）。その文中に、「あゆかわに候ハんあみ一てうハ、そうりやうのうちに、所をきらわすたてらるへく候、一てうのほかハそうりやうにたて候ハん時ハ、そうりやうのしんたいたるへく候」との一節がある。所領鮎河浦にある網一帖は、「惣領の内」の海に自由に立てて漁業をして良い、というのである。惣領分の海域は、全体的管理は惣領に委ねられるものの、決して惣領一人が独占的に利用すべきものではなく、あくまで庶子を含めた一族全体の用益の場であったということになる。海の利用秩序については、この後次第に精緻なものになっていき、例えば元徳二年（一三三〇）、高継から次男高能への譲状では、高能の知行分に惣領が立てた網については、惣領と高能とで得分を折半し、惣領内に高能が立てた網については、惣領四・高能一の得分とする、などと決められている（鎌三一〇九二）。つまり単純に惣領・庶子それぞれが自由勝手に利用してよいものではなく、一定のルールの下に用益すべきものとなってはいた。しかしいずれにしても、海の用益が陸地の所領分割とは異なる一族共用のルールの下にあり、個人持ちの論理ではなかったことは明らかである。

そして、こうした共用ルールの下に置かれていたのは、海だけではなかった。塩屋・牧・山も同様で、「たかつくかりやうないにしを□□□□□《（やいちうミた）》とくかやかセ（塩屋一宇、弥陀徳に焼かせ）候はんを、そうりやういらぬ《（違乱）》をいたすましく候、さんやをつくり、さひもく《（材木）》・ふなき《（船木）》・かいさうもつ（海草物または海雑物）をすなとり候はんに、そうりやうセい《（制）》のかきり《（限）》にあるへからす候」（鎌二八〇六六）とあるように、惣領内の塩屋を利用し、山野を利用し、海辺のものを採取することに対し、惣領が制限を加えることを禁じているのである。越後国の在地領主色部氏の場合も、正和二年（一三一三）の平長綱譲状において、田・在家・屋敷の譲与を記したのち、「至山野河海者、可入会」と、個人分割とは異なる用益ルールについて触れている（鎌二五八一九）。実は個人による分割・私有が当然という田畠や宅地の論理は、前近代においては必ずしも当たり前ではなかったのである。

もっとも山野であっても、全てが共的利用に委ねられるわけではなく、そこから外れる場も存在した。権門が設定した猟場、領主の狩倉・巣鷹山などがそれである。ただ、松井輝昭が述べているように、これらは時代とともに百姓に開放されていったり、日常的な侵入を常とする形でなし崩しに禁制が破られていく場合が多く、長期的に在地側の論理としては続かないことが一般的と考えられている。(8) なお、狩倉のもつ意味については、武士の軍事訓練のための猟場とする旧説に対して、松井が皮革の安定供給のための解釈を示した。その後、中澤克昭は動物供犠の減少による神事狩猟の廃絶によるとする見解を提示している。(9)

4　狩猟をめぐる権利と慣習

それでは山野における狩猟の権利は、いかなる原理で保証されていたのであろうか。この問題について考えていくうえでは、河海の諸権利をめぐる事例を手がかりにしていくのが一つの有効な方法と考えられる。

前節で述べたように、狩猟が対象とする動物はまさに動く物なのであり、田畠にじっと動かず生えている栽培植物とは性質が異なる。といえば至極当然のことではあるが、しかし、このことが生業にまつわる場の社会的な制度や慣習と関わってくることは事実である。対象が動くという点でいえば、狩猟は漁業と似た側面をもっている。一つのエリアに多様な資源が輻輳している点でも、またすでに見たように、その場が個人支配になじまない点でも共通している。筆者は以前、河海における漁業権主張に、中世では三つの類型があると指摘したことがある[10]。以下それをふり返りつつ、山野における権利と場の問題について見ていこうと思う。

表7　中・近世における漁業権主張の諸類型

類　型	内　　　容
領内型	地先水界を庄園領域や集落の陸地領域の延長と見なして、そこでの漁業権を主張するもの。領域全体として見れば、海の論理ではなく陸の論理を敷衍した主張といえる。
協定型	漁業者どうしが相互に妥協点を探り、形成された合意にもとづく漁業権を主張するもの。紛争後に調停・裁許により形成される場合が多い。
特権型	神社や天皇家などへの職務の重要性や由緒をもとに、いつでも必要な範囲で漁業をできるという権利主張。中世には神人・供御人などの身分に属する海民が、近世には幕府や大名から特に認められた漁業者が、ともに漁業という行為そのものを保証される形で自由な操業権を主張する。
役負担型	領主に対して一定の役負担をしていることを根拠に漁業権を主張するもの。在住地と離れた場所の漁業に関しても適用される。近世に主に見られ、直接の漁業者だけでなく経営者として漁業を展開する商人などによっても主張される。

　漁業に関する三つの権利主張類型というのは、「領内型」「協定型」「特権型」である（表7）。なお、ここで「漁業権の類型」とせず、「漁業権主張の類型」としたのは、当時の漁業権が全国統一的な法体系のもとに整然と成り立っていたわけではなく、それぞれの主体が自らの主張を道理ある

ものと信じてぶつけあったものであって、それぞれの主張が根拠とする原理には食い違いがあり、同じ土俵の上で争えるものではなかったからである。

「領内型」とは、ムラの地先など、ムラに帰属する陸地の延長と見なされる領域での漁業権を主張するものである。ムラの目の前の入江での漁業など、体感的に自然な形で認識されやすく、一般的な主張のタイプである。中世においてはこうした領域を「領内」と表現することが多いため、「領内型」と呼んでいる。「協定型」は、複数の主体が協議や裁許をもとに合意した漁業権で、紛争の帰結として定められる場合が多い。場所や時間、あるいは漁具・漁法などについて、利権のぶつかり合う主体どうしが定め、あるいは上位者によって調停・裁許されて生まれてくるものである。「特権型」は、供御人や神人などが天皇家や神社などへの特殊的あるいは伝統的な奉仕などを根拠として主張する漁業権で、必要とする場所で随時必要な漁業を行いうるとするものである。かつての拙稿では、「特権型」の中には領域を定めての漁業権と見えるものも含まれているが、それは本質ではなく、あくまで漁業という行為そのものを保証する権利の形であると理解した。なお、近世に一般的であったもう一つの型として「役負担型」があるが、ここでは深入りすることは避ける。

これら漁業に適用される権利関係の理解がそのままの形で狩猟に当てはまるとは言い難いが、前記のような生業としての類似性からすれば、耕宅地などの私的占有の論理とは全く異なる社会的な権利のあり方を探っていくうえで切り口を提供するものとはなるであろう。狩猟にまつわる権利に関わる史料はあまり多くはないが、上記の区分を手がかりにしながら考えてみたい。

（1）領内型

狩猟を行う権利として、そこが自らの領内であるから、とする主張は普遍的に存在したと考えられる。紀伊国の野川住人らが高野山金剛峰寺の寺辺で鹿を殺し皮を剥いだ事件について、高野山側は「押領当山所領不当猛悪」と寺領への不当な侵入とするが、事件に及ぶ前に野川住人らはある行動を取ったことが記されている。すなわち、

野川住人等、号吉野山執行春賢之沙汰、入当寺領四五里許、懸牓示札畢、其後山民帯兵具、過牓示札、散在于寺辺、止薪取斧、又於入定之地御廟之傍、射鹿剥皮（中略）今年正月之比、彼春賢以野川郷民藤貫主不知実名相太不知実名為使、又如前懸牓示札畢、其後遍満寺中、射鹿剥皮、日々所積、其数難知、抑春賢掛牓示札、恣所打入及四五里、是当山領花薗之内大滝、久恵俣、阿左宇俣、合三郷也（傍線白水）

などとあるように、まず牓示札を掛け、そののち狩猟に打ち入るというのである（鎌二三六一一）。「掛牓示札、恣所打入及四五里」の表現からは、「牓示札さえ掛ければ自在に入り込むことができる」とする認識が読み取れる。牓示札を掛ける行為については、「十津川郷人来当寺領大滝村懸札申云、当村并花薗等、吉野之領十津川之内也、仍令懸此牓示之札、自今以後者、可勤十津川之公事云々」と関連文書にあるように（鎌二四三九）、「領内」となすための手続きであったことが明らかであり、札を掛けさえすればその時点から領内と主張しうると吉野側は解釈しているのである。つまりここから読み取れるのは、吉野側の住民といえども、全く無限定にどこで狩猟をしても許されると考えていたわけではなく、建前的にではあっても、札を掛けて領内となすことによって、狩猟が正当なものになると認識していたということである。

寛喜元年（一二二九）、信濃国の中野能成と木島実親とが鷹子をめぐって争った相論があった（鎌三九〇八）。ここで問題となったのは、やはり鷹子を獲った場所が誰の領内か、ということであった。「如守護所代書状者、件鷹子おろす所は、為毛見五郎領内之由、兵衛尉（木島実親）申候間、令相尋毛見五郎之処、如書状者、中野馬允（能成）与実親全無堺論云々、仍為

志久見内之条、不及子細歟云々」とあるところからすると、木島実親は自分の領内で獲ったとは主張できないため、毛見五郎領で（毛見氏と合意のうえ）獲ったと述べたようである。ところが毛見五郎に確認したところ（鎌三九〇四によれば、木島実親は初めは現場が木島領内と述べていたが、のちに毛見領内と主張を変更している）、（もちろん自分の領内から獲られたものではないし）中野能成と木島実親との間にこれまで境界争いがあったこともない、との答えが返ってきた（つまり両者の境界については以前から明白になっていて、どちらの領内かを争う問題ではない）。とすれば、（今回、中野能成があえて申し立てたということは、中野の所領である）志久見領内で捕獲したものであることは明白である。

以上のように木島実親の陳弁を否定し、中野側の主張を認める裁許が出たと理解できる。そして末尾では、「兼又志久見内山を方々より越堺、任自由狩なとをし、不可有狼藉之由、可令下知給之旨候也」と念が押されている。すなわち、自己の「領内」を越えての狩猟は禁止されているのである。

また、元徳三年（一三三一）、安芸国三入庄に関する熊谷直勝譲状には、「惣領内殺生禁断事、去嘉元年中、所被成置関東・六波羅御下知・御教書也、若甲乙人等当庄及乱入狼籍（藉）、至狩猟有伐取草木事者、上申、任御下知之旨、可申行重科」との一節がある（鎌三一三七六）。甲乙人が庄内に乱入して狩猟などを行うことを厳しく禁じており、やはり狩猟も区切られた領域単位で行われるべきものとされていたことがうかがえる。

ただ、以上の考察から、領内での狩猟が単一主体による独占的な行為を意味すると理解するなら、それは早計である。確かに所領や庄園公領の単位でいえば、狩猟という行為はその枠内に収まるものかもしれない。しかし、そこに住む領主一族やあるいは住民たちの間においてまで、狩猟の場が排他的に細分化されていたと見ることは必ずしもできない。領内においては、入会的な利用がなされていた可能性が充分に高い。というのも、前述のように狩猟の場たる山などは耕地と異なり、細分化して利用しやすいものとはなりえないからである。領内型の類型は、一見耕宅地的論理に基づくものと混同しやすいが、微細に見ていけば、必ずしもそうとは言い難い点、注意する必要があろう。

（2） 協定型

領域をまたぎ、あるいは個人の領域と明確になっていないエリアで、複数の主体が合意のうえで狩猟をする型である。漁業の場合のように明らかな形で狩猟の協定を結んでいるケースは管見の限り見受けられないが、前述した市河氏や青方氏などの在地領主一族による共同利用は、この型の一種と見ることができる。

薩摩国薩摩郡の成枝名に関する下知状が引く弘安七年（一二八四）の和与状には、成富忠弘と同忠末の兄弟が山野・狩倉について「互無違乱、可令合狩」と見えるが、これも同様のケースと考えられる（鎌二六三六七）。この山野・狩倉自体は、忠弘方が子孫に至るまで知行すべしとされているものの、利用については「合狩」となっており、用益権については一種の協約的な合意がなされていたのである。

これらの事例からすると、山野などを自然状態のままで利用し、かつ個人への分割になじまない領域は、惣領が管理しつつも一族の共同用益地とする、という慣行が広く存在したことが想定できる。その場合、この共同用益は合意にもとづく協定型の権利と見なすことができよう。その際、漁業の場合のように、得分について配分比率などが決まっていたり、山手の支払いなどが行われていたことも可能性としては考えられる。

また山手といえば、前に挙げた多田院の御領山のように、周辺庄園の百姓が山の用益をするときに、山手を負担して入山を認められるかたちを取っていたのも、一種の協定型の権利といえる。

（3）　特権型

漁業と同様、狩猟にも特権による狩猟権ともいうべきものが見られる。特に殺生禁断社会ともいうべき中世においては、狩猟行為を公認されること自体が特権となる場合があった。

例えば、摂津国広田社では狩猟神事を神呪寺によって妨害される事件が起きたが、これを朝廷に訴え出たところ、「広田社申狩猟神事神呪寺妨事、差遣官使、慥可遂行之由、所被仰下候也」との院宣が下った（鎌八九三〇）。神呪寺の妨害にかかわらず、狩猟は遂行せよというのである。この件に関しては寛喜四年や正元二年（一二六〇）にも同様の訴えが出されており、そのつど繰り返し狩猟の遂行が確認されている（鎌四二六〇・同四二六一・同八四九〇など）。

鷹狩りに関して鎌倉幕府が発した次の文書にも注目してみたい（鎌九五一六）。

　鷹狩事

右、供祭之外、禁制先畢、仍雖備于供祭、非其社領、縦雖為其社領、非其社官者、一切不可仕狩之由、可令相触其国中、若有違犯之輩者、慥可注申交名之状、依執達如件、

　文永三年三月廿八日　　相模守

　　　　　　　　　　　　左京権大夫

　某殿　守護人云々

まず供祭以外の鷹狩りを禁制としているのが注目される。逆にいえば、供祭のためならば一般に禁止されている鷹狩りも特別に許されたということである。このような供祭を殺生禁断の例外とする事例は数々見られ、公家新制でも武家新制でも「於社有例之供祭者、不在制限」「神領供祭之外、可停止」などと同様の趣旨の文言が見られる（鎌四二四〇・同八六二八）[11]。ここで幕府発給の文書で興味深いのは、ただし供祭のためであっても、社領でなくまた社官

でない者が行う鷹狩りは認められないとしている点である。ここからは「供祭のため」と称して、社領外で、あるいは社官以外の者が実際に鷹狩りを行っていたらしいことがうかがわれる。前述したように、鎌倉市中では御家人ならぬ「甲乙人」も関わっていたとされているのである。おそらくは「供祭のため」という理由づけは、鷹狩りに関して絶対的な特権と認識されていたのであろう（近世には特権を認められた証たる猟師巻物を持って諸国に旅稼に出る狩猟者もいたことが知られているが[12]、鎌倉期については明らかでないのでここでは触れない）。

（4）慣行型

移動する動物の特性により、領域を越えての狩りが認められるという、慣行にもとづく権利のあり方である。漁業においても、「当国浦々習、両方山之懐内者、付其浦漁仕候事、皆以傍例候」、すなわち両側の山に抱かれた湾内の漁業権はその入り江の浦にある、というような地域的「傍例」が存在したが、この場合はあくまで集落の目の前の延長上の海に関わる漁業権なので、「領内型」に分類できる。こうした事例を除くと、庄園や村落の領外に適用された慣行的漁業権は管見の限り見出しがたい。それに対して、狩猟の場合には各地に地域ルールとしての慣行が広く存在したようである。

先に寺院関係者が肉食をしていた事例として挙げた弘安二年の滝泉寺大衆申状には、「或催寺内之百姓等、取鶉狩狸殺狼落之鹿」とあったが、ここに出る「狼落之鹿」というのが注目される。これは狼に追われて逃げ落ちてきた鹿を指すが、なぜわざわざ「狼落とし」と記載しているのかが気になる。

建長八年（一二五六）の摂津多田庄政所代沙弥某書下写によれば、満願寺の衆徒は、「於寺内花薗致殺生之間事、自昔被禁断之処、或号射鹿、或称犬落鹿、於寺庭坊中、令殺害之間、潔界既被汚之云々」と訴えた（鎌補遺一五六四）。

ここで「射鹿と号し、犬落としの鹿と称し」てこれを狩ったことが興味深い。「号する」とか「称する」は、それが何らかの理屈による正当な行為であることを主張する用語であるから、すでに射られた鹿であるとか犬に追われて逃れてきた（おそらくは手負いの）鹿ならば狩っても良いとする慣行があった可能性がある。この言い分に対して、本文書では、「此条、於自今以後者、致逃籠彼寺領中鹿者、設雖御狩射鹿、不可取之、況於私猟之鹿哉」と命じ、「御狩」で射られた鹿であっても、「領中」に逃げてきた場合は狩ってはいけないとし、いわんや私猟の鹿ならばなお許されないとしている。すなわち、寺庭坊中という特殊エリアでは、通常許される手負い鹿の捕獲も禁止されるということになる。手負いの動物を例外扱いする事例は他にも見られ、永仁三年（一二九五）の秦則元等連署起請文案によれば、若狭国多烏浦で、地頭代弥五郎入道が狩りを旨とすることがないことを百姓たちが起請しているが、その中で、「犬おとし、おりふしゆきニセめられて、おちきたりて候時者、とられ候」と述べている（鎌一八八四〇）。文脈からすると、地頭代の狩猟は（おそらく百姓の動員にも絡むため）良からぬこととされているようであるが、ただし犬に追われたり雪のために落ちてきた鹿を獲ることは正式の狩猟行為とは区別されており、問題とされていないことが読み取れる。

こうした狩猟にまつわる慣行は、中世末期にも見られる。天文一九年（一五五〇）に出された福原貞俊以下家臣連署起請文の一項には、「鹿ハ里落ハたをれ次第、射候鹿ハ、追越候者可取之事」とある。ここでは手負いで里に出てきて倒れた鹿が見つかったら、その地の者が取得することを許され、射られて逃れてきた鹿は、追い来たった者が取る権利を保証されている（『大日本古文書 毛利家文書』四〇一号）。伊達氏『塵芥集』でも、狩人は盗人と紛らわしいため路次から三里以上離れた場所で狩猟をするよう定められているが、「たゞし狩人鹿に目をかけ、追ひ来らば、是非にをよばざるなり」と、狩りかけの動物についてはその狩人が路次近辺に出てきてもこれを咎めないとしている

(『塵芥集』六五条)。ただ、鎌倉時代寛喜四年には、春日社の社殿近くに矢の立った鹿が馳せ下ってきて死に、鹿殺しの猟師が追い下ってきたので、神人らが出動したところ逃げ帰ったとの史料があるように(鎌四二七八)、こうしたルールは、中世全体を通じて全国一律というようなものでは当然なく、地域や時代によってさまざまであったと考えられる。

以上、狩猟をめぐる権利のあり方について若干の検討をしてきた。そこに通底するのは、私的占有になじまない場の論理であった。武士の知行地や庄園公領などの単位で区切られた枠内での領内型狩猟であっても、その内部には共的利用の可能性があることを指摘した。また、漁業権との類似性と相違点も浮かび上がってきた。狩猟においては、地域ごとの慣行に支えられた慣行型ともいうべきルールが広く存在していた可能性がある。それは時に領主の領域を越え、在地社会において共有されるものでもあったと見ることができる。しかもその命脈は長く、中世末期にも形を変えながら見られるものとなっている。

おわりに

山野河海は従来、耕宅地を中心とする私的占有の原理が貫徹する日常的世界に対して、非日常的世界あるいは特殊な境界領域と理解されることが多かった。居宅を中心とした平坦な耕地に囲まれ、その向こうには丘陵型の雑木林や採草地が広がり、さらにその彼方に青黒く繁った奥山が控えているというような類型的な「農村」像を前提とすれば、入会や共同用益の比重は従たるものとして低く考えられるであろうし、山は彼方の境界領域すなわち縁辺の世界のものと遠く感じられるであろう。

しかしながら山がちな日本列島にあっては、共的世界であった山野河海を日常とし、あるいはその場を日常にごく近接する存在として活動する人々が思いの外多くあったのではないかと考えられる。すなわち、山間に開かれた村落に住して山野を営みの場とし、あるいは河海辺に住して目の前の水界を稼ぎの場とする人々である。また、農業を中心とする村落でも、農閑期には山野河海がすぎわいの場となった地域も多かったのではなかろうか。

本章では、狩猟を素材として、自然をめぐる人間社会の間のルールに注目してきた。狩猟は、鎌倉期の史料を読む限り、村落において普く広く行われており、しかもそれは武家の棟梁から凡下に至るまでのあらゆる階層の営みであった。常に自然と対峙しなければ生活できなかった前近代において、眼前の自然とどのように接し、また、自然をめぐって社会にどのようなルールを作るかは、当事者にとっては身に迫った重大事であり、生活に密着した重要な課題であったはずである。そして狩猟こそは、単純にエリアで区切るような私的占有の論理だけでは処理することのできない認識や権利のあり方に支配される生業であった。

全国的な統一的法体系のない時代にあって、漁業と同じく狩猟の権利を守るためには、さまざまな論理・権原が利用された。領内であること、協約的に合意されていること、あるいは特権的に承認されていることなどは、漁業と共通の要素といえた。一方で陸上を移動する対象を捕獲するという狩猟の性質から、狩猟独自のルールが存在していたことも知られる。地域的あるいは時代的にどこまで普遍性が認められるかは定かではないが、仕留め損なった手負い動物の場合など、越境しての狩猟が慣習的に認められるケースもあった。

漁業との相違は、より強い殺生忌避の社会的思潮の中に置かれていた点にもある。しかし、そうした思潮の中にあって、野生動物を狩る行為は、肉や皮革を得るそれ自体の生業としても、また農業を守る業としても、あるいは神への供犠を得る営みとしても、大きな意味をもっていたといえる。(13)殺生禁断が各地で喧伝・施行され、殺生罪業観が広まったにもかかわらず、さまざまな思惟的方便を編み出しつつ根強く狩猟が続けられたのは、そこに理由があったと考えられる（肉食と殺生禁断思想との「妥協の回路」については、苅米一志が漁猟者の寺院への帰属や寺院からの殺生の容認などを挙げているほか、苅米をはじめ平雅行・中澤克昭などが殺生功徳説（殺生仏果観）について分析している）。(14)その意味でも前近代の人々にとって、狩猟はまさに自然との対峙そのものであったといえる。そして、その場にはたらく論理は、生業そのものから生み出された現場の論理であり、動物の生態という自然そのものから生み出される論理であらざるをえなかった。それゆえにこそ、耕宅地の占有の論理に優越する共的用益が広く図られたと考えられる。

注

（1）喜田貞吉「上代肉食考」『喜田貞吉著作集10』（平凡社、一九八二年）、原田信男『歴史の中の米と肉』（平凡社、一九九三年）、平雅行「日本の肉食慣行と肉食禁忌」（脇田晴子他編『アイデンティティ・周縁・媒介』吉川弘文館、二〇〇〇年）。
（2）原田信男『コメを選んだ日本の歴史』（『文春新書』、二〇〇六年）一一〇・一一一頁。
（3）中澤克昭『中世の武力と城郭』（吉川弘文館、一九九九年）、原田信男「殺生罪業観の展開と狩猟・漁撈」（中村生雄他編『狩猟と供犠の文化誌』森話社、二〇〇七年）。
（4）苅米一志「日本中世における殺生観と狩猟・漁撈の世界」（『史潮』新四〇、一九九六年）、前掲注（3）原田論文。
（5）中澤克昭「狩る王の系譜」（『人と動物の日本史2　歴史の中の動物たち』吉川弘文館、二〇〇八年）。
（6）前掲注（4）苅米論文。
（7）藤木久志「境界の裁定者—山野河海の紛争解決—」（朝尾直弘他編『日本の社会史　2』岩波書店、一九八七年）、春田直紀「中世の山村と海村—生業村落論の試み—」（『日本史研究』三九二、一九九五年）。
（8）松井輝昭「狩倉についての一試論」（『広島県史研究』四、一九七九年）。

(9) 前掲注(3)中澤著書。
(10) 白水智「中世の漁業と漁業権―近世への展望を含めて―」(神奈川大学日本常民文化研究所奥能登調査研究会編『奥能登と時国家 研究編2』平凡社、二〇〇一年)。
(11) 中澤克昭「殺生と新制―狩猟と肉食をめぐる幕府の葛藤―」(『東北学』三、二〇〇〇年)。
(12) 永松敦『狩猟民俗研究』(法蔵館、二〇〇五年)。
(13) 前掲注(3)中澤著書。
(14) 前掲注(4)苅米論文、平雅行「殺生堕地獄観と動物供犠」(『部落史史料選集 一』部落問題研究所出版部、一九八八年)、前掲注(11)中澤論文など。

第三部　外部世界との交流

第一章　中世山間庄園の生業と外部交流

――若狭国名田庄――

はじめに

海に流れ込む川の河口から上流へと道をたどり、山間地域へと分け入っていく。道の両側に山が迫るその最奥の場所は、「行き止まりの地」と認識されることが多い。最も平地から離れた辺鄙な場所であると。しかし、山が国土の四分の三を占める日本列島では、山棲みの生活は至るところに展開しており、そこからさらに山奥へ、そして山を抜けた先の地域とまた交流をもつ、そのような通路が縦横に延びている場合が非常に多い(1)。このようなケースでは、河口からたどった最奥の地は、行き止まりどころか、むしろ山を越えた先からモノや人や文化が最初に入り込む先進地となる。現代の車道を中心とした交通体系では行き止まりでも、人の足で歩いた時代には、それは別地域への入口にすぎないという場合が多い。そして、こうした山越えによる、あるいは川を通じた山村と他地域との交流は、広範に展開していたと考えられる。本章では、中世前期に遡る畿内周辺の山間庄園を素材に、その外部世界との交流・交易の諸相を描き出し、検証してみたい。

若狭国名田庄は、現在の福井県小浜市の市街から南西に延びる南川の谷間に広がる、広大な山林を含む庄園である(図6)。若狭国の南西端に位置し、丹波国・近江国と境を接している。地図を一見すれば明らかなように、平地は川

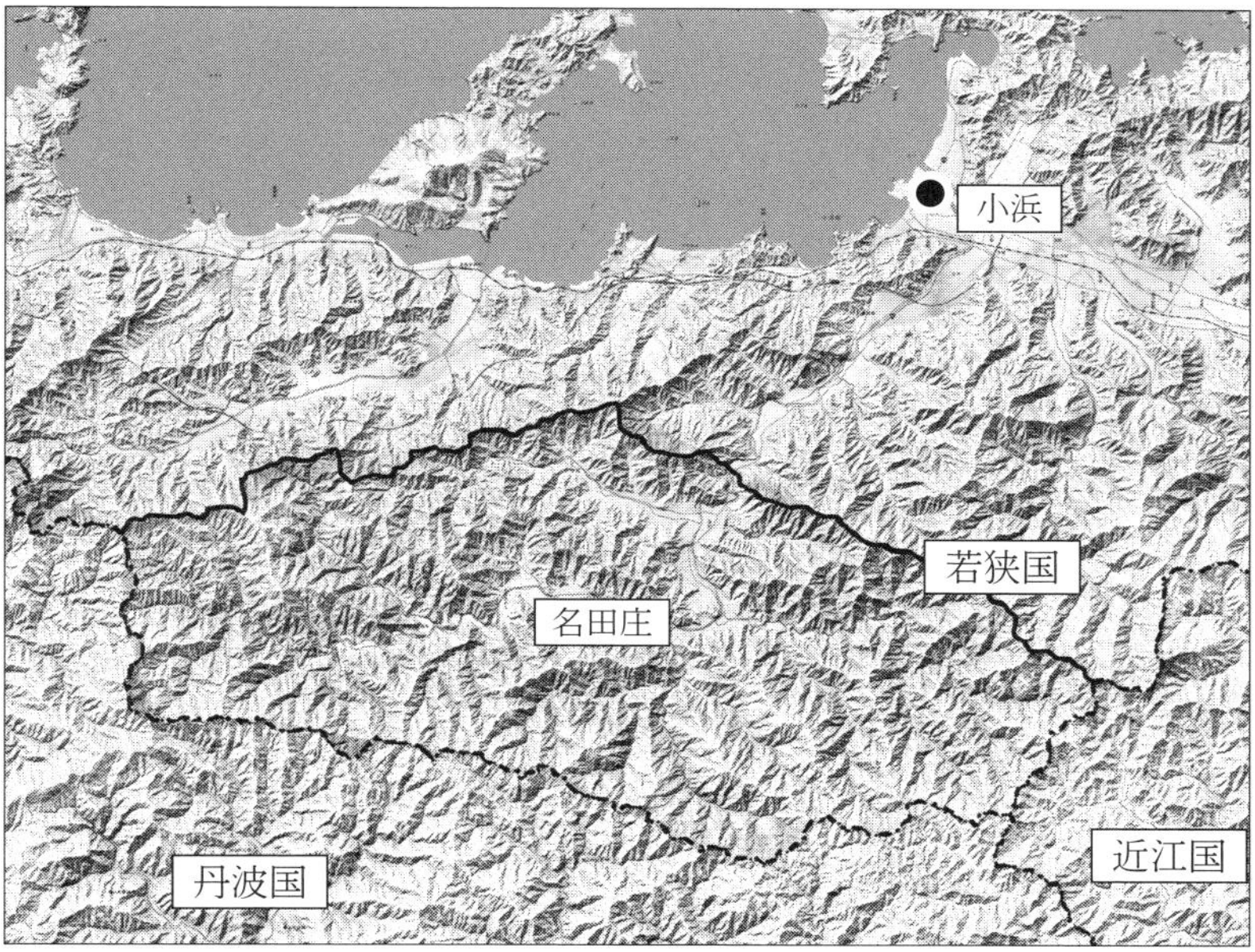

図６　名田庄位置図

沿いに細長く存在するだけで、面積の大半が山林で占められている。南川は、幾筋にも分かれて深い谷を形成しており、丹波・近江との国境をなす山々に近づくにつれて、険しい谷が迫ってくる。

　この庄園については、古く清水三男・渡辺澄夫両氏の研究があり、さらに網野善彦氏も触れている(2)。『わかさ名田庄村誌』にも詳しく総合的な記述がある(3)（以下、『村誌』と略す）。同庄はいくつもの村――上村・坂本村・下村・中村・田村・三重村・知見村および別相伝の井上村・須恵野村など――から成り立っており、伝領の経緯が非常に複雑で錯綜している。また、村の内部はいくつもの名に細分化されているが、その構造が定田・佃・公事の何れにおいても均等的であることから、名田庄に関する研究は、伝領の経緯と名のあり方に着目したものが長く主となってきた。しかし一方で、名田庄の領家であった京都の大徳寺には、同庄の在地支配に関する貴重な史料が残されており(4)、山間庄園としての姿を知ることができるほか、その外部との交流についてもうかがうことができる。

一　名田庄の生業

中世における名田庄の生業として史料上に確認できるのは、稲作・畠作・養蚕・漁業・採集・林業である。すでに史料からたどりうるこれら諸生業の実像については別稿で考察したので詳細は割愛するが、(5)概略のみ振り返っておきたい。

稲作については、南川支流に流れ込む極小河川の奥や山裾に水田があったが、未だ南川やその支流沿いの低地には田が少なかったと見られ、稲作を主体とする地域ではなかったことがわかる。畠作では、大豆と苧の栽培がうかがわれるほか、「あふら」が見えるので、油料作物の荏胡麻栽培も考えられる（「真珠庵」一六・一三。『福井県史　資料編2　中世』所収「真珠庵文書」一六・一三号。以下、「真珠庵」一六・一三のように略す）。その他の生業に関しては、次の史料が目を引く（「真珠庵」一三）。

（端裏書）「志水
　注文　」
　　　　　判
守延名　字シウツ
本田壱町百八十歩内分米五石一斗五合六夕八才 内除二石九升一合六夕八才
四反百十歩皆河成

定田六段七十歩　分米参石一升四合
　除立物七斗一升五合▨▨立用者、以他足可立用所入加年貢也、
　定御倉納弐石弐斗九升九合
　　大佃六十歩　　分米　三斗
　　御佃一段　　分米　壱石六斗五升六合
　　　已上四石二斗五升五合

上葉のへて八両代一貫六百文
さい〱(6)の用途四百六十文　綿四両二分
あふら一升　五両お一め(7)　し井二升
ぬかこ二升　くるみ一升　ほしわらひ二連
めしのうほ　あゆ四十二　くりかきとしによる
　此注文之外、可入加雑掌得分、彼注文之内減少者可延年紀、

これは志水（清水）にあったとされる田村守延名の年貢などに関する注文であるが、多彩な山野の幸が記載されている点が興味深い。「し井」は二升という量から考えて、椎の実を指すのではないかと思われる。漁業に関しては、鮎の貢納が見られることから、川漁の存在が確認できる。近世には当地は鮎の名産地として知られ、また、鮭・鱒も遡上して、秋から冬にかけては漁獲の対象となっていた(8)。これらも中世に遡る可能性がある。採集に関しては、領主への貢納物の中にムカゴ（ぬかこ）・干しワラビ・クルミなどが見られる。しかし、これ以上の詳細については知ることができない。次に山村を象徴する生業である林業を取り上げてみたい。

とはいっても、林業が租税賦課の対象となった形跡は見当たらない。つまり、領主の許に残された史料からでは、林業の状況についてはわからない。ところが、名田庄とは離れた場所に意外な史料が残されていた。名田庄から北東に二〇キロ離れた海辺の集落多烏浦がその場所である。貞和四年（一三四八）、多烏浦で天満宮を造営することになり、その折にかかった経費を書き上げた注文から名田庄の林業をうかがうことができる（『小浜市史 諸家文書編三』所収「秦文書」九〇号。以下、「秦」九〇のように略す）。

（端裏書）「当社造栄入雑銭の帳」
貞和四季戊子四月廿二日当社天満宮新造栄入雑用銭事
合
百四文　なたの庄へ財木あつらへに行時入四月廿二日
五貫文　財木代ニやる、持使二郎三郎殿 源藤次大夫四月廿五日
五十文　二人の使ニもたす
一貫五百文　同財木代ニヤル、筏ノ出時　五月廿七日
百文　財木下之時、酒直ニ入
（後略）

四月下旬の二二日、材木購入の話をまとめるため、多烏から使いの者が直接名田庄に出向いた。三日後、今度は二人の男が材木代金五貫文を支払うために遣わされた。一方、名田庄側では、その後約一ヶ月の間に必要な木を伐採し、山中から曳き出して筏に組むなどの作業にあたり、搬出の日を待っていた。そして筏流しの日、材木代の残りと筏流しに関わる費用を用意し、祝儀の酒を携えた使いの者が再び多烏から出向き、材木を受け取って取り引きは終了した。

右の史料によると、おおよそこのような材木購入の段取りが想像できる。最後の受け渡しは、あるいは名田庄ではなく、河口の小浜の街で行われたのかもしれない。

この事例からは、名田庄が、当時、小浜を中心とする地域における木材供給地として重要な位置を占めていたことがわかる。というのは、同庄が単に資源としての山林を擁していたというのみでなく、選定・伐採から搬出に至る一連の林業技術を有しており、それらの技術をもつ職人的な人々を抱えていたことを推定できるからである。多烏浦も背後に標高四〇〇メートルほどの山をもっており、そこから採れる木を燃料に塩を焼いていた。決して木材の採れない山ではなかったはずである。しかし、海岸沿いの山は塩木や日常の煮炊きに使う燃料として利用し尽くされていたと思われ、社殿造営用の材木は他に求めざるをえなかった。そのときに距離の離れた山間庄園である名田庄に直接注文に出向いたのは、近隣地域の中で「材木なら名田庄」という認識が共有されていたからであろう。そもそも注文を受けて希望の材木を選定し、伐採し、造材を施して運材する過程は相当の技術を要する。大径木となれば、目戸穴を開けて綱を通し、コロやテコで移動させ、川の流れに乗せて運び下ろさなくてはならない。筏を組み、それを操る技術も必要である。[9] 近世初期に下るが、若狭国国分寺本堂を建立した折、柱・板などの建築材を供給したのは名田庄であった。[10] 文正元年（一四六六）の名田庄三重村の熊野神社棟札には、「七十年ニテ葺替候材木御山ニテ取、杣人四十人手間」とあるが、この「御山」は当然庄内の山を指すであろう（『村誌』五四六頁）。ここでも杣人の存在を見出すことができる。

しかしながら、林業は庄園領主への貢納品目からは全くうかがうことのできない生業である。それは材木が恒常的な貢納品にはなじまないということと、重量物であるため、遠隔地の庄園領主の許まで運ぶことが困難なためであろう。もちろん全国的に有用な大径木の産地であれば、分水嶺を隔てて水系を異にしていようが遠隔地であろうが、運ぶことは厭わなかったであろうが、そうした大径木は例年の貢納品ではないし、名田庄の場合は小浜を中心とする地域経済圏の中での材木供給地として機能していたものと考えられる。とはいえ、名田庄にとって林業が重要な産業であったことは間違いない。我々はしばしば庄園領主の許に残された史料から当時の在地生業を復元するが、その場合史料を通して見ているのは、あくまで当時の領主の目に映った在地の姿でしかないのである。そこからは、領主にとってどのような価値をもつ庄園として認識されていたかはわかるが、領主に関わりのない部面を含めた在地の姿をうかがい知ることはできない。在地の産業や生業の復元には含みをもたせておかなければならないということを考えさせられる事例である。

以上から明らかになった鎌倉から南北朝期にかけての名田庄の姿をもう一度まとめておこう。当地に生活する人々のなりわいは実に多様であった。小河川の流れ出る谷や山裾の地に田を開き、稲作に励んだ。しかし、平地が少なく農業技術も未熟で、気候・天候に左右されやすい条件の下では、米作りのみに頼って生きていくことは困難であった。というよりも、当庄は水田耕作をはるかに凌ぐ有用さをもつ広大な土地と山の環境に恵まれていた。庄内の土地には広く畠を開き、大豆などの作物を栽培した。畠では、食料以外にも苧を栽培して布を織り、荏胡麻を栽培して燈油を搾った。各家では桑も栽培して養蚕も行ったが、桑は名ごとに本数で領主に把握されており（「真珠庵」四）、糸や綿などが公的賦課の対象となっている。(11)おそらく人々が自らの衣服地としたのは、苧麻の方であったであろう。現地の古老の話では、麻は夏に刈り取り、蒸して皮を剝ぎ、それを灰で煮て洗いさらし、表皮をこそげ落として白い繊維を取り出したという。それを細く裂き、糸にしていくのは女性の冬の仕事であった。(12)この製法は近代のものであるが、苧麻の性質から考えて、中世でも似通った方法で糸が作られていた可能性が高い。苧も公事の一つとして貢納の対象となっているが、こちらは絹や真綿と異なって、人々の日常衣料となったものであろう。また、人々は山野へ分け入り、蕨・山芋・むかごを採り、また、家の周囲などでも柿・栗・胡桃などの果実を手に入れた。季節には川で鮎を捕り、塩漬けにするなどして保存した（「真珠庵」五には「鮎塩」が見える）。これら多種多様な生活仕事が、山野や河川を含む周囲の環境の中で行われていた。さらに、自給的性質の強い上記の生業以外に、名田庄が地域社会の中で果たした役割を最もよく表したのが、林業であった。名田庄には、小浜・遠敷を中心とする地域経済圏に材木を供給し、それによって暮らしを支え、あるいは助けとしていた人々がいたことは確かである。

実際には、これ以外にもおそらく雑穀の栽培・炭焼きなどさまざまな生業があったであろうし、畠作物・山菜などの種類もはるかに豊かであったに違いない。また、木地師の存在も推定される。(13)が、これ以上のことを史料に即してたどるのは困難である。ところで近世もごく初期の慶長一八年（一六一三）に作成された「加茂社講中土地目録」という史料がある。(14)この文書は、在地での名を単位とした収納の実態や産物、年中行事などが細々と記されており、難解ではあるが、中世的色彩のなお色濃い在地の様子がわかる興味深い史料である。この中には、当地の産物として、米・大豆・苧・綿・山芋・栗・蕨・串柿・胡桃・油が挙げられている。まさにここには、これまで検証してきた鎌倉・室町時代とほとんど変わらない産物がそのまま出てくるのである。振り返ってみれば、すでに中世以来、与えられた自然環境を可能な限り使い尽くし、多様な生業を営むことによって、人々は生活を支えてきたのである。

二　庄外との交流

前節では、名田庄の多様な生業と産物について探ってきたが、もう一つ生活を見ていくうえで欠かせないのが庄外との交流である。自然を活かした生活を営んでも、自給できないものは多々ある。海の魚や海草などの魚介類、塩、鉄製品などは庄外から買わねばならない。そこにはこうした品々を運ぶことで生計を立てている人がおり、また、外部のさまざまな情報も交流に伴ってもたらされた。庄外との交流は、いわば庄民の生活を支えるもう一つの柱でもあったのである。

そこで次はこの問題に焦点を当て、小浜方面、丹波・山城方面の二面から外部との交流を考え、庄民の生活をさらに探るとともに、地域における名田庄の位置づけを試みたい。

1　小浜方面

地形的に見ると、名田庄は背後を丹波との境をなす標高七百〜八百数十メートルの山々に囲まれた、まさに山中の庄園である。中世以来の名に基づく人的結合が長く現代にまでその命脈を保ってきたことや、田村のように名が庄内の各村ごとに存在し、一庄にわたることがなかったことなどから、地形的制約による各集落間の孤立疎遠が説かれ、名田庄自体にも一見外部と隔絶しがちな印象を与えてきた。ところが実態を見ていくと、決してそのようなことはなく、常に庄外、特に小浜方面との交流を活発に行っていた様子が窺えるのである。まずは次の史料を参照願いたい（「大徳寺」一四一。『大日本古文書　家わけ第一七　大徳寺文書』所収一四一号。以下「大徳寺」一四一のように略す）。

(押紙)「契約状　和多田河手事」

若州和多田村河手事、件河手用途者、公禅相伝知行無相違者也、而聊有子細、以花山院前中納言殿御知行田村内岸名、下村正利名両名、限五ヶ年自卯歳至未歳奉相博者也、然者、被仰御代官、可有知行彼両名年貢分十一貫文足也彼河手用途、依時有増減之間、雖難定其足、仮令(花押)○一年中陸拾貫許也、然者、相当彼両名之足程、加勘定可被立用、召(花押)○此外毎年件河手用途拾三貫、可為御得分、件河手用途陸拾貫外、其余剰出来者、早可沙汰給、此上猶依時増物出来者、於三分二

者（花押）○可給之、所残三分一又可被召者也、如此奉契約之上、更年記之内不可致参差之沙汰、乍申賜件両名、年貢万一
彼河手用途不足事出来者、相当彼足程、有御知行、可被留用、立（花押）其時可被加有限利平、更不可申子細、仍為後日状
如件、

嘉暦弐年十月十日　　公禅（花押）

右は、嘉暦二年（一三二七）に出された、田村内岸名・下村正利名と和多田村河手とを五年間相博（交換）する旨の契約状である（傍線白水。以下同）。文中傍線部には、この和多田村の河手用途、すなわち河川交通に伴う関銭がどれほどの額に上るかが説明されている。それによると、河手用途は多少の変動があるものの、ほぼ年間六〇貫文の収入を確保していたというのである。この事実は、とりもなおさず南川を通じて多くの人と物が往き来していたことを示している。(15) 庄園の産物が船や筏で河口の小浜や遠敷の市に運ばれ、逆に市から庄民の生活物資が運び上げられていたのであろう。そのうち、名田庄から小浜方面への需要を示す史料が、次の観応二年（一三五一）の田村上葉算用状である（「真珠庵」二九）。

（端裏書）「田村上葉算用状　観応二年分」

田村御うわはのようとうの事十一名ハん

合廿二貫百文内

（中略）

御さかなのふん

一、九十三文ニて　うを《こふ》とりてくうし

一、百文ニて　　いりことりてくうし
一、百文ニて　　あわひとりてくうし
一、百文ニて　　しをとりてくうし
以上十三貫五百八十文
壱貫壱百五十一文かわなり
壱貫四百四十文たゝいま進上
以上十六貫百文　進上
くわんおう二年六月五日　　忠弘（花押）

「上葉」というのは、前に若干触れたとおり、本来は養蚕業に関わる賦課であって、おそらく当初は糸で納められていたものと考えられる。しかし、この史料によると、「上葉」はもはや養蚕業への賦課とは全く別のものとなっており、純粋な銭納の貢納品目となっていることがわかる。史料前半部（中略とした部分）では、日を逐ってすでに納入した金額が列挙され、そのあとに右に引いた「御さかなのふん」の記載が出てくる。算用状全体の構成から見て、この部分では「うを」「こふ」「いりこ」「あわひ」「しを」の代金を、納入すべき金額から差し引いていることは明らかである。つまり、海産物を公事として納めるために、上葉用途からその分を相殺しているのである。注目すべきは、山間庄園の名田庄が、領家から海産物の納入を求められている事実である。これは、同庄が海産物の入手に容易であると見なされていたからにほかならない。では、東北・北海道方面から日本海交通によって運ばれてくる昆布や、近海で獲れる魚介類、塩などが集中する市場はどこか。最もふさわしいのは小浜である。庄では小浜の市まで出向き、あるいは行商人を通じて魚介類を入手して京都の領主へ納めたものと考えられる。

これは貢納に際しての交易の事例であるが、その背景には、庄民の小浜との強いつながり、すなわち日常的、恒常的な交流が想定できる。例えば、貢納品目に「鮎塩」が見えるように、塩は名産の鮎を加工・保存する手段として使われているが、それは貢納物以外の鮎の保存、さらに日常の食品としても欠くことのできない品である。この点一つを取っても、小浜は庄民の日頃の生活に深いつながりをもっていたといえるであろう。同じく小浜にほど近い太良庄の住人らは「一日も小浜へ出入候はてはかなわぬ在所にて候」と述べているが(16)、小浜のもつかかる求心性は、当然名田庄にも及んでいたと考えられよう。

一方、名田庄に対する周辺地域からの需要については、材木が地域の中で求められ、実際に取り引きされていた事例は先に検証したとおりである。また、林業以外にも貢納品として見える椎・綿・鮎などの品々は、近隣の小浜や遠敷の市に持ち込まれた可能性があり、そうした動きはこののち代銭納化が進む中でいっそう進んでいったと思われる。小浜は、周知のように日本海から近江・京都への玄関口にあたる重要な港湾都市である。と同時に、若狭国内において占める地位も相当に大きく、海に面する小浜と、そこからわずかに内陸に位置し、国衙守護勢力の中心地であった遠敷とが若狭の経済において車の両輪のような役割を果たしていた。名田庄の平野部への出口は、まさにこの小浜に向かって開いており、日常生活上、小浜・遠敷を中心とする経済圏に属していたと考えて間違いはない。名田庄は木材などの供給地として一定の役割を果たし、また海産物などの需要をもつ、地域経済と密接かつ有機的に結び付いた庄園であったと位置づけられる。

2 丹波・山城方面

先に鎌倉時代末の嘉暦二年（一三二七）、和多田村で年間六〇貫文もの河手収入があったことを述べた。はたして、これは名田庄を最終目的地とする人間や物資の往来だけに伴うものであったのであろうか。その二年前の注文において、名田庄内の一村の本田に対する年貢米が四五石余であったことを考えれば（「大徳寺」三三五）、仮に一貫＝一石で換算して六〇石分に相当する収入はかなり多額なものといっていいであろう。一八世紀には、樹木の濫伐により土砂が多量に川に流れ込み、船運を困難にしたこともあったが[17]、近代には南川上流部の井上まで船が遡上していたともいわれ[18]、中世においても和多田までのみならず、より上流部へ船が通っていた可能性がある。荷を担ぎ、あるいは馬を曳いた人は、国境を越えて、京へ通じる周山街道へと抜けていったのではないだろうか。近世には確実に若狭から京都方面への主要街道の一つになるこの小浜街道―周山街道ルートも、時代を遡るにつれて史料は乏しくなる。しかし、大都市京都への最短距離ということで、中世においても庄内を貫く街道は背後の険峻な山をも越えて、丹波・山城方面へ伸びていたと見ることができる。名田庄がつながりをもっていたのは、小浜方面のみではないのである。ところが、従来、中世若狭の交通路としては、もっぱら近江へ抜ける九里半街道に関心が集中し、この小浜街道についてはほとんど論じられることがなかった。もとより史料は少ないが、中世の同街道について、遡及的に可能な限りたどってみようと思う。

（端裏書）「下二村二答状永正一五八廿七」

下村小野沙汰人并供御人等謹重支言上

五村供御人等掠申条々相違間事

（中略）

一、京都・田舎之商人、役銭与駄賃並渡之儀、無隠之処、役銭別ニ不請取之由申歟、一段之虚妄、言語道断之儀也、然去七月廿六、年預殿江出状始末相違云々、子細何事乎、（中略）凡従若州小浜等高荷請取之時、役銭与駄賃以八十疋渡之也、其間ニ役所、当所迄七八ヶ所有之、但依在所員数不相定也、号至極課役免除、至駄賃者、諸関悉出之也、若関銭不請取者、何以致沙汰哉、前後相違之申状、曲説非一也、然至当所之兵士、可押領仕之条、如法御法者、可有異御沙汰歟、（後略）

この史料は、永正一五年（一五一八）、丹波国小野山供御人が、下二村・上五村に分かれて相論を交えた際のものである。[19] 下小野供御人らは、上小野供御人の運ぶ荷が「自分商売」の品ではなく、荷主から預かって運送にあたる品だとして下小野の関銭を払うように主張しているのである。小野山供御人の本拠地である小野は、名田庄から山越えをして京都へ抜ける途中の周山街道沿いにある。傍線部によれば、この街道を利用して若狭から丹波へと商売上の荷が運搬されていたというのである。しかもその途中に七、八ケ所の関が立ち、通過する荷を対象に関銭を徴収していたことがわかる。関の設置は交通量の多さと関わるわけで、一六世紀前半には小浜街道—周山街道ルートが日本海と京都を結ぶ短距離ルートとしてよく利用されていたことが判明する。また、年未詳（中世後期）の某書下には、

於小野細河関所有之云々、為事実者、自若州毎月運送　公物、無其煩可勘過之由、可被加下知之状如件、

十二月廿三日

（花押）

主殿頭殿

とあって、[20] 中世後期には若狭より毎月定期的に荷が京都方面へ運ばれていたことが知られる。一五世紀に遡ると、文明七年（一四七五）、北陸に真宗を精力的に布教していた蓮如がその拠点吉崎を退去することになったが、この折のことを綴った御文に次のようにある。[21]

去文明七年乙未八月下旬の比、予生年六十一にして越前国坂北郡細呂宜郷の内吉久名の内吉崎の弊坊を、俄に便

船の次を悦びて海路はるかに順風をまねき、一日がけにと志して若狭の小浜に舟をよせ、丹波づたひに摂津の国をとをり（後略）

小浜に着いた蓮如が丹波へ越えたということは、すなわち名田庄内を通ったことになる。名田庄および隣接する丹波知井庄には、その時に真宗に改宗したという言い伝えをもつ寺が分布している。(22)

さらに遡ると、中原康富が書き記した『康富記』には、文安六年（一四四九）四月一二日条に大地震の記事があり、それに続く翌一三日の条に、

東山西山在々所々大地裂破云々、若狭海道小野長坂之返、山岸等崩懸、荷負馬多斃死、人亦数多被計（討カ）殺云々、

とある。(23)若狭と京都を結ぶ山路を地震が襲い、人馬に多大の被害が出たというのである。これによっても、荷を負った人馬の通行の頻繁であった様子がうかがわれるであろう。また、『太平記』には、

此ヒシメキ紛レニ、道朝ハ三百余騎ノ勢ヲ卒シ、長坂ヲ経テ越前ヘソ被落ケル

と、道朝（斯波高経）が京都北西の長坂口から北陸へ抜けていく様子を描いた一節がある。(24)これはすなわち丹波から若狭への道をたどったことを意味しており、名田庄内を通過したことは間違いない。

中世も遡るほど史料的には曖昧になっていくが、小浜街道から周山街道へとつながる京へのルートが早くから存在したことは明らかである。では、より古く中世前期にまで遡る手がかりはないであろうか。直接的な証明ではないが、この山中のルートの利用を推測させるケースがないではない。それは、神護寺領庄園の分布である。

高雄山神護寺は、京都の北西のはずれに位置する寺院であるが、ここはちょうど丹波へ向かう周山街道の起点に当たっている。街道を北へたどると、吉富庄に差しかかる。吉富庄は、本庄たる宇都庄と吉富新庄に分かれるが、前者は寿永三年（一一八三）に源頼朝が、後者は神護寺中興の荒法師文覚の要求によって、元暦元年（一一八四）に後白河

院が寺領として寄進したものである（『平安遺文』四一五〇・四一七二）。山野の広大な領域を占めた庄園で、その東端が周山街道に接している。さらに北上すると、弓削庄がある。ここも、延元元年（一三三六）に後醍醐天皇がやはり神護寺に祈禱料として寄進した庄園である。[25] つまり、神護寺は自らをその起点とする周山街道沿いに庄園を獲得しているのであり、この山中のルートが同寺にとって重要な意味をもっていたことがわかる。[26]

では、丹波の最奥部から若狭へ達するルートとしてはどうであろうか。そのまま丹波・若狭の国境を越え、名田庄の谷を下って平野部に出ると、間近に西津庄がある。同庄は現在、小浜市の中心部の北半分を占める位置にあり、少なくとも元暦二年（一一八五）には神護寺領となっていることが確認できるが（『平安遺文』四八九二）、この寺領化も文覚の活躍によるところが大きいのである。文覚はその後、近隣の多烏浦をも西津庄の一部に編入するなど、神護寺の興隆のために活発な動きを展開しているが（「秦」一六）、彼の足跡をたどると、名田庄―周山街道のルートを利用していると考えるのが最も自然である。一般に中世において、若狭から京都への交通路としては、小浜から琵琶湖沿岸に達する九里半街道が最も知られている。琵琶湖まで出てそこから船に乗り換えるか、湖岸に出る手前から朽木谷を南下するルートである。一方、小浜街道―周山街道ルートといえば、京都近辺に住む人にとっては現代に至るまで周知の交通路でありながら、中世に関してはなぜか取り上げられることがほとんどない。しかし、西津庄の場合を考えると、領家神護寺へ行き着くためには、九里半街道を西端から東端まで通り抜けたうえ、京の町へ入ったのちもさらに北西の隅まで道をたどらなくてはならない。その点、名田庄の谷を北へ抜け、山越えしていけば最短ルートで京都までたどり着ける。ことに神護寺と西津庄とを往来する場合には、最も有効な短距離ルートとなることはいうまでもない。周山街道を北へたどる神護寺の志向といい、文覚の活動といい、ルートとしてはすでに中世前期から機能していたと見て誤りないであろう。とすれば、初めに問題とした和多田村における多額の河手収入も、改めて大きな意味をもつことになる。名田庄内に伸びる道が行き止まりではなく、京都まで続く街道として機能していたということなれば、若狭において名田庄のもつ重みもまた変わってくるはずである。

ところで、名田庄から丹波へのルートといっても、実は一つではない。つぶさに見ていくと、堀越越え、棚野坂越え、知井坂越え、五波峠越えなどいくつものコースがある。近世から近代にかけての交通路に関しては、『名田庄村誌』や北見俊夫の具体的な考察がある。(27)八〇〇メートル級の山が連なる国境地帯のこととて、自ずから峠の位置も定まり、時代によるコースの変化がそれほどあったとは思えない。しかし、この中で中世に利用されたのがどれであったかを知る手がかりはほとんど残されていない。ただ、距離的に最も短く、蓮如が通ったと伝えられる知井坂越えや南北朝期の永正年間（一五〇四〜二一）に京都の戦乱を避けて陰陽道家の安倍氏が移住してきた納田給（現在の納田終）へ通ずる堀越越えは、かなり早い時期に遡るコースではないかと思われる。特に知井坂越えは最短距離で丹波に入ることができ、しかもさほどの急峻な道ではなかったから、利用しやすかったのではあるまいか。この峠越えのコースについて、具体的なことはなおはっきりしない。

いずれにせよ、海から川沿いに遡って山間に至る道筋が、決して行き止まりの隘路ではなく、都市と都市を結ぶ短距離で有効な交通路であったことは銘記しておかなければならない。

おわりに

山村の外部交流の状況を中世に遡ってたどることは難しい。交流は衣・食・住・職のさまざまな部面に関わって行われるので、ある山村の交流を追うためには、その土地の生活・生業の実態をまず前提として明らかにする必要があるからである。ところが領主側は、貢租の収納に関わりのない生活部面については関心が薄く、当然史料にも書き残されることが少ない。すなわち、領主の許に残された史料を主として在地の状況を解明してきた中世史、特に一五世紀頃までに関しては、たちはだかる壁が高いといえる。しかし、在地の実態を明らかにするためには、領主から死角となっている面も含めて了解しておかなくてはならない。そのうえで、領主支配の枠組を超えた地域交流を解き明かす必要がある。名田庄の場合は、山村としての特色を表す林業関係の手がかりが領主史料の中で欠落していた。しかし、幸いにも近隣地域の史料の中にそれを補うものが残されていた。

こうして名田庄については、その生活・生業についてある程度明らかにしたうえで、それにまつわる交流の諸側面を考察することができた。林業を通じた周辺地域との交流、また、山を越えた先にある都市との交流など、その形態は一つではない。いずれにせよ明らかなのは、山は必ずしも閉鎖された異空間ではない、ということである。常に平野部との交流があり、相互に依存する関係が築かれていた。材木・薪・その他の山の幸は平地の人々が待ち望むものであった。逆に塩・魚などの海産物や米、工芸品など山住まいの人々が求めていたものも多い。

さらに、山には交通路としての役割もある。車では迂回して遠回りする場所でも、山を越えれば距離的には間近いということは多くある。川の上流部が迫り、狭隘な谷に阻まれても、実はそこは袋小路の終点ではなく、次なる里や町場への通過点である場合も多い。名田庄は、まさに日本海と京都を結ぶ重要な街道の一部をなしていた。山の世界は、決して閉ざされたものではないのである。

注

（1）胡桃沢勘司は近現代を中心とするこのような峠越えの物流や交流を丹念に跡づけており（『西日本庶民交易史の研究』文

献出版、二〇〇〇年）、中でも第一編「交易の成立と展開」においては、本章で取り上げる若狭国の海辺と内陸との交易について詳細な検討を加えている。

（2）清水三男「若狭国名田荘」（『清水三男著作集 第二巻 日本中世の村落』校倉書房、一九七四年）、渡辺澄夫「徳禅寺領若狭国名田庄」（『畿内荘園の基礎構造 上』吉川弘文館、一九六九年）、網野善彦『蒙古襲来』（小学館、一九七四年）。網野の諸作はのちに、『網野善彦著作集 第五巻』（岩波書店、二〇〇八年）に収載。

（3）『わかさ名田庄村誌』（名田庄村、一九七一年）。以下、同書からの史料引用では『村誌』と略す。

（4）『大日本古文書 家わけ第一七 大徳寺文書』（史料引用では「大徳寺」のように略す）、『福井県史 資料編2 中世』所収「真珠庵文書」（史料引用では「真珠庵」のように略す）、白水智「徳禅寺襖裏文書中の名田荘関係史料について」（『福井県史研究』一〇、一九九一年）。

（5）白水智「ある山間荘園の生業と外部交流―若狭国名田荘の場合―」（『民衆史研究』三九、一九九〇年）。本章はこの論文をベースにしたものであるが、改稿にあたって水田の開発や分布については割愛した。

（6）県史では「さいく」となっているが、「さい〳〵」の誤りである。写真によって改めた。

（7）県史では「五両おつめ」となっているが、「五両お一め」すなわち「五両苧一目」の意味である。写真によって改めた。なお、「真珠庵」四二には「三両苧十一目半」が見える。

（8）「若狭郡県史」第七巻土産部（『小浜市史』五五三頁）。

（9）筏流しは危険を伴う命がけの仕事であり、充分な熟練を要した、と近代の様子を現地の古老が話してくれたが、これは時代を越えて変わらない条件であろう。

（10）『小浜市史 社寺文書編』所収「国分寺文書」一。

（11）「大徳寺」七一七には「上葉糸」の記載があり、養蚕の成果が糸で収納されたこともあったようである。なお、『大日本古文書』では「上乗糸」としているが、「上葉糸」の誤りであろう。

（12）一九八九年一〇月二一日、堂脇幸太郎夫妻より聞き取り。

（13）近世における木地師の存在を示す史料は多い。「稚狭考」第八旧説方言（『小浜市史』）には次のようにある。「名田庄出合、長谷に此細工人山居す。昔より有事と見へて大飯郡吉坂の辺ろくろ村おり。妙徳寺にろくろ谷ありて申楽狂言にもいへり」。

出合・長谷（現在の永谷）は名田庄の中でも近江に近く、ほとんど平地のないところである。木地師の拠点として名高い近江に隣接する土地柄から考えて、中世には木地師が入り込んでいたと思われる。

(14)「谷川文書」（『若狭遠敷郡誌』所収）。

(15)『村誌』によれば、現在の中名田地籍に陸路の難所があり、物資はもっぱら水運によって運ばれていたという（二八頁）。

(16)『大日本古文書 家わけ第十 東寺文書四』ぬ―五二。

(17)「稚狭考」第七製造商売（『小浜市史』）。

(18)北見俊夫「交通・交易の変遷」（和歌森太郎編『若狭の民俗』吉川弘文館、一九六六年）。

(19)『図書寮叢刊 壬生家文書三』（宮内庁書陵部、一九八一年）八八三。

(20)『図書寮叢刊 壬生家文書四』（宮内庁書陵部、一九八二年）一〇二〇。

(21)「帖外御文」六〇（禿氏祐祥編著『蓮如上人御文全集』平楽寺書店、一九三九年）。

(22)知井庄の「正福寺縁起」には、文明七年（一四七五）のこととして、「(蓮如)上人若狭の小浜より立出で、同国那田之庄小倉畑といふ所に暫く逗留なされ、夫より八ヶ峰知坂の嶮所を越えて知井庄に出でたまひ、南村に立寄り寄宿したまふ」と書かれているという（『京都府の地名』〈平凡社、一九八一年〉「知井荘」の項）。

(23)『増補史料大成 康冨記二』（臨川書店、一九八五年）文安六年四月一二日・一三日条。

(24)『日本古典文学大系 太平記三』（岩波書店、一九六二年）四四七頁。

(25)『高雄山神護寺文書集成』（思文閣、二〇一七年）三二六号文書。

(26)後醍醐天皇は、弓削庄を施入する直前、足利尊氏等が丹波路から攻め入るとの情報を得、神護寺の衆徒らに交通路を警備するように指示している（『高雄山神護寺文書集成』三二五号文書）。弓削庄の寄進そのものも、神護寺と周山街道との密接な関わりを前提としていたのではあるまいか。

(27)前掲注(18)北見論文。

第二章　近世山村のネットワーク

――甲斐国早川入と外部世界との交流――

はじめに

甲斐国について、一般的には、平地をなす甲府盆地は先進地帯であり、それに対して、富士川の狭隘な谷を取り巻く南西寄りの山がちな河内領は不利な条件のもとに置かれた後進的な農村地域と見なされがちである。平地的な生活文化体系から見れば、確かに河内領は水稲耕作には不向きで後進的と理解されよう。

しかし、すでに第一部第三章で見たように、河内領には、盆地にはないさまざまな山地資源が包蔵されており、豊かな一面をもっていた。すなわち、生活環境に適応した、平地的なものとは異なる生業・生活の体系が成り立っていたのである。また、山村の産物は商品価値をもつものが多く、大動脈である富士川を通して、あるいは峠越え、山越えのルートを通して、外部世界との交流も活発に行われていた。さらにそればかりでなく、山村で生きる人々のもつ技術・技能も、地元だけでなく、さまざまな地域に出向いて活用する機会があった。

本章では、近世早川入の林業を主たる素材として、それがどのような形で外の世界と関係をもっていたかについて考察していきたい。さらに、林業以外の交流についても史料からたどれる実態について触れてみたい。

一　雨畑谷の林業

1　林業の実績

近世に入ると、早川支流の雨畑谷一帯では、奥沢金山・遠沢金山などの金山が次々に開発されていくが、[1]同時に林業に関しても大規模な伐採が行われるようになる。もともと雨畑谷は、早川本流よりもさらに険しく細い峡谷で、平地の割合が非常に低い地域である。溝口常俊の研究を参考に計算すると、[2]早川入全体の村々で見た場合、耕地面積に占める焼畑の割合は五九・八％であるが、雨畑の場合は九〇・九％にも上っている。つまりは、田はもとより常畠も少なく、農業といえばほとんどが焼畑耕作という急傾斜の山間地域であった。その一方、林業に関しては豊かな資源に恵まれており、雨畑村の有力家であった尾崎家は、材木の売り込みや契約、伐採事業の遂行、運材の手配などを精力的に行っていたことが知られる。近世中後期の雨畑村および雨畑村住人の関与した林業関係の事業をまとめると表8のようになる。

現在の雨畑谷は、住む人も少なく、広大な奥深い山が静寂に包まれて、ひっそりとたたずむ土地である。しかし、表8から読み取れるのは、まったく異なった情景である。表8は近世中期の安永年間（一七七二〜八一）以降に関わる内容であるが、そこには当地の住民がいかに林業に依存していたかということとともに、林業に関連していかに多くの外部の関係者がつながりをもち、頻繁なやりとりをしていたかが表されている。林業は、単に山の中で木を伐採するだけが仕事ではない。それが商品である以上、材木は必要とする土地に送らねばならない。そのためには、受け取

表8　雨畑村・同住人が関与した林業関係の事業

年号	西暦	事業内容
安永三年	一七七四	◇四月、江戸寛永寺・駿州久能山東照宮の御普請材木を請負うべく願書を提出。 ◆江戸の材木問屋尾張屋太忠請負のうち、雨畑村万右衛門の下請にて、雨畑谷の室草里あらす沢より雑木尺〆七〇〇本余を伐り出す。
安永四年	一七七五	◇三月、江戸寛永寺に送る材木の書上げ帳を勘定所奉行に提出。 ◇四月、駿州東照宮用材につき、湯島村内の伐山、および清水湊にて改め済みの材木の内訳を、江戸の材木問屋角屋与兵衛とともに帳面にして提出。 ◆八月~翌二月、太甚と手打ち。奥沢山伐り出し尺〆三五〇〇本。 ◇駿州東照宮用材改帳を作成。
安永五年	一七七六	◇七月、槻御注文を受けるべく、願書を役所に提出。
安永六年	一七七七	◇四月、雨畑村百姓稼山から伐り出す材木につき、江戸猿江の材木蔵へ納積みを請負いの旨、証文提出。 ◆野呂川山にて伐り出し。 ◆六月~雨畑村の尾崎源次郎が請負い、資金は江戸霊岸島本湊町の角屋与兵衛の出資で、雨畑谷奥の御馬谷東俣より諸木尺〆五〇〇〇本を伐り出す。 ◇十月、栂四〇〇本余を年内に江戸着木させるべく請書を提出。 ◆十二月、田安御座敷焼失につき、御馬谷より材木一五〇本を狩り抜き。
安永八年	一七七九	◇十月、鎌倉八幡社修復につき、檜皮請負の願書および内訳帳を御勘定所に提出。
天明三年	一七八三	◇三月、雨畑村・赤沢村の御林および百姓稼山の材木を清水湊に上納につき、仕訳帳を役人に提出。 ◆天明の飢饉のため村が困窮し、尾崎源次郎が御用木の伐採を願いに江戸へ出向くが効なし。
天明四年	一七八四	◇閏正月二十八日、雨畑村源次郎の伐木請負に証人となる旨、江戸湊町平兵衛店与兵衛・家主平兵衛が番所に証文を提出。 ◇十月、栗など九四本代金仕切書を作成。 ◇十一月二十三日、雨畑村困窮につき材木伐出願書を小日向御役所に提出。 ◆字滝沢下にて〆二二〇〇本ほか足木しりやふち川丈にて村方一〇〇〇本、合計三二〇〇本伐り出し。

天明五年	一七八五	◇正月、雨畑村困窮につき百姓稼山のうち字滝沢の売払契約証文を材木商天満屋六郎平代弥吉に提出。 ◇四月二十二日、荷物仕切状と目録を江戸鉄砲洲船松町雑賀屋善兵衛より受領。 ◇八月、百姓山伐木仲間の請負一札を、伊兵衛らが元締に提出。
天明六年	一七八六	◇正月十八日、材木伐出仕入金・売捌勘定借用一札提出 ◇四月、雨畑御馬谷での伐り出し仕入金につき、借用証文を天満屋六郎平に提出。 ◇十二月、滝沢山材木仕切ならびに目録を天満屋六郎平より受領。
天明七年	一七八七	◇五月、材木四一二本代金仕切状を天満屋六郎平より受領。
天明八年	一七八八	◇五月、京都御材木の請負い願を役所に提出。 ◇六月、雨畑村御林材木の伐出と大坂廻しにつき、請負証文を勘定所へ提出。 ◇六月、奥沢谷・百姓稼山の伐木延年願を勘定所へ提出。 ◇十月、京都御用にて御買上げの福士山・雨畑村稲又谷の材木諸入用目録を作成。 ◆京都禁裏焼失につき稲又谷にて尺〆約一〇〇〇本、長畑・行田春沢にて二六〇本伐り出し。 ◆下山村嘉平衛の引請けにより、福士村枝郷字石間にて〆一六〇〇本ほど伐り出し。 ◆雨畑村御林の奥沢山にて、尺〆五〇〇〇本、尾崎源次郎請負にて伐り出し始め、年間尺〆八〇〇〇本生産する。
天明九年 （寛政元）	一七八九	◇正月、雨畑村百姓山材木代金より内借につき、請取状を作成。 ◇三月、京都入用材木を雨畑村奥沢谷より伐出につき、日雇組請負い証文を信州遠山村頭より受領。 ◇三月、雨畑村御林字奥沢谷伐出につき抱先山請負証文を信州木曽王滝村の抱頭より受領。 ◇十月、請負人雨畑村尾崎源次郎代藤次郎・清水湊問屋十一屋太郎右衛門より御普請役元締へ差上げ書付ならびに舟物覚を提出。 ◆奥沢山御林にて尺〆五〇〇〇本、百姓稼山にて五〇〇〇本、計一万本余を生産。
寛政二年	一七九〇	◇六月、京都入用材木につき、雨畑村御林よりの伐出仕入金差引書を作成。
寛政六年	一七九四	◇大坂村（?）百姓稼山雑木伐出し仕入金につき、契約証文を天満屋に提出。
寛政七年	一七九五	◇三月、甲州大城山材木の請取諸入用目録を十一屋太郎右衛門より受領。
寛政八年	一七九六	◆駿河江尻宿妙連寺普請木の請負いにて、長畑長谷より諸木尺〆八〇〇本、行田壱沢まで伐り流し、都合二〇〇〇本ほど生産。
寛政九年	一七九七	◇閏七月、長生谷山仕切状ならびに目録書を天満屋六郎平より受領。

寛政十年	一七九八	◇五月、材木代金目録を天満屋より受領。
寛政十一年	一七九九	◇五月、檜材木仕切金目録を天満屋六郎平より受領。
寛政十二年	一八〇〇	◇五月、材木運搬代金等仕切状を天満屋六郎平より受領。
寛政十三年 （享和元）	一八〇一	◇二月、富士川筏流許可願を役所に提出。 ◇九月十六日、荷物仕切と差引目録を雑賀屋善兵衛より受領。 ◇十月、荷物請取目録帳を清水湊十一屋太郎右衛門より受領。
享和二年	一八〇二	◇十月、返上金等目録を天満屋六郎平より受領。
享和三年	一八〇三	◆三月より江戸天満屋方に願い成り、とりかかる。
文化二年	一八〇五	◇十二月、材木運賃等仕切状を天満屋六郎平より受領。
文化七年	一八一〇	◇六月、雨畑村困窮につき、小物成稼山のうち稲又谷の材木を伐り出すべく願を提出。
文化八年	一八一一	◇厘杣組請負証文の雛形あり。信州よりの職人が来たと思われる。
文化十一年	一八一四	◇正月、身延山入用材木を相又村・大城村御林にて伐木のため、日雇組請負い証文の雛形を作成。
文化十二年	一八一五	◇十二月、稲又谷皆済仕切状と目録を天満屋六郎平より受領。
文政二年	一八一九	◇八月、百姓稼山御馬谷伐出に関わる材木山売渡証文を相手方に渡す。
文政六年	一八二三	◇九月六日、板子一〇四本仕切状を伊賀屋吉兵衛より受領。
文政七年	一八二四	◇七月、駿府浅間社入用材木請負い証文を請負人より受領。
文政八年	一八二五	◇十二月、雨畑村百姓稼山のうち御馬谷を三年季にて請負う旨の証文を天満屋六郎平より受領。
文政九年	一八二六	◇九月、七面山池大神宮拝殿屋根ならびに造山を当山にて造営されたき旨の願書を、身延山久遠寺に提出。 ◇十一月二十二日、唐檜四八箇仕切状を大坂屋庄三郎より受領。
文政十年	一八二七	◇閏六月、水戸殿用材を駿州田代山より伐り出し、諸荷物持送りにつき、協定を結ぶ。 ◇十一月、身延山用材伐出につき、大城村・相又村請負い証文を身延山に提出。 ◇十二月、身延山再建用材を相又村・大城村御林より伐り出すにつき、請負い証文を大城村と相又村の名主に提出。
文政十一年	一八二八	◇二月、身延山入用材木を相又村・大城村御林にて伐採につき、請負い証文を八代郡常葉村杣頭らより受領。
文政十二年	一八二九	◇四月、江戸廻し家造切組輸送契約証文を江戸木挽町相模屋平助ほかより受領。
文政十三年	一八三〇	◇七月、身延祖師堂再建用材の伐り出し人別勘定帳を作成。

天保三年	一八三二	◇九月、雨畑村御馬山対談連印一札の控を作成。
天保四年	一八三三	◇三月、駿州井川山諸々沢谷にて伐り出す御用材につき、諸役人の御泊控帳を天満屋に提出。
天保五年	一八三四	◇十月、百姓稼山売渡しにつき、伐り出しなどの取極一札を天満屋に提出。
天保六年	一八三五	◇十一月、雨畑村御馬谷立木につき山梨郡牧平村人と出入の件、返答書を寺社奉行所宛に提出。
天保七年	一八三六	◇正月、筑前国黒田美濃守産物会所建立に関する金子請取証文を、江戸芝金杉引請人岡田七右衛門・鎌倉小町妙勝寺より受領。
天保十五年	一八四四	◇八月十日、江戸城本丸普請用材を駿州田代村山より伐り出しのため、仕入金下げ願を御普請役人に提出。 ◇十月十日、江戸城本丸普請用材買上証文を十谷村名主等より受領（同様の証文が大原野村・新倉村・草塩村・保村・塩之上村・四尾連村・万沢村・大和村・清子村・樋上村・下田原村・一色村・大城村・鴨狩村・大野村・本郷村・下山村からも出されている）。
弘化三年	一八四六	◇八月、材木一二三本仕切状を材木商栖原角兵衛より受領。
弘化四年	一八四七	◇七月、材木伐り出し願を栖原屋長七に提出。
嘉永元年	一八四八	◇四月、杣方日雇勘定金に差しつかえ、金子借用手形を江戸鉄炮洲本湊町栖原屋長七代伊兵衛に提出。
嘉永五年	一八五二	◇六月二十二日、材木関係証文控を江戸深川木場吉永町中村屋源八より受領。 ◇七月十三日、御林続き百姓持山伐木につき境目見分願を市川役所に提出。 ◇十月、駿州井川田代林山掛日記を作成。 ◇十月、材木山一ケ所売渡証文を受領か。
安政二年	一八五五	◇正月、京都造営用材諸用留を江戸深川木場紀伊国屋清八の代として雨畑村尾崎源次郎が作成。 ◇三月二十四日、水戸殿用材を紀伊国屋清八が請負い、伐り出し・江戸廻木につき、川触れ次第出頭の請書を市川役所に提出。
安政七年（万延元）	一八六〇	◇二月、江戸城本丸普請用材を雨畑・保両村御林より伐出のため、御普請役人に願書を提出。 ◇八月、保村御林檜・赤松木数寸間等の書上げ帳を御用材御伐り出し担当の役人に提出。
万延二年	一八六一	◇正月、材木伐出等諸用日記帳を作成。

（注）◆は『早川町誌』九九〇頁，資料38より作成。
◇は「尾崎源武家文書目録」より作成。本目録は菊池邦彦氏よりご提供いただいた。

る材木商や発注者との関係はいうまでもなく、運材にまつわる中継地の問屋、さらに多量の材木を河川に流すために、役所の許可も取らなくてはならない。幕府や領主が発注する大切な材木の場合、洪水で運送中の材木が散乱してしまう事態に備えて、流域の村々宛てに、見つけた場合の処置なども役所から指示される。また、伐採にあたっては、甲州のみならず、より遠隔地からの伐採・運材職人を呼び寄せることも多く、彼らとの交渉も必要であった。伐採の現場そのものは奥深い山中であることが多いが、林業という事業全体を考えた場合、それは決して山奥にこもっていて成り立つ仕事ではない。雨畑村でこの時期、林業に中心的な役割を果たしていたのは尾崎家であるが、同家はさまざまな職人・商人・役人と頻繁に交流をもち、交渉にもあたっている。いわば林業をめぐる現地コーディネーターの役割を果たしていたといえる。この関係をもう少し具体的に見てみよう。

2　積極的な受注活動

早川入の村々にとって、林業による稼ぎは、重要な収入源であった。それは日常的な稼ぎの手段であるばかりでなく、困窮時にも重要な意味をもった。本当に年貢金が不足したためか、伐採許可を得るための名目かははっきりしないことも多いが、年貢の支払いに詰まり、その調達のために伐採を認めてほしいとの役所への申し出も出されている。表8の天明三年（一七八三）・同五年などの項にあるように、村の困窮を材木伐採事業の受注によって乗り切ろうとする動きも見られた。

しかし、材木を伐採するにはさまざまな準備や資金が必要なうえ、そもそも受納してくれる相手が必要である。そのために、山村の住人は座して待つばかりでなく、積極的な材木の売り込みにも出かけている。次の史料はその一例である（『早川町誌』九九四頁。以下、同書よりの引用は『早川』九九四頁のように略す）。

乍恐以書付奉願上候

今般就御用、当国御林并百姓山、其外地木等まで御取調御見分在之、右者去月中私下調奉書上候川内領村々社木・百姓持木・檜・槻・杉・樅御材木并ニ板木共伐出し方之儀、最寄私共に請負被仰付被下置度奉願上候、尤他木川縁通ニ御座候茂、此節より被仰付被下置候て（ハヽカ）、年内中江戸廻木御上納可仕候、勿論御代永之儀は江戸請負人納方より成丈引下ゲ御請負可仕候、尤御差急キ御用ニ付、御代永之儀は、木品出来高ニ応じ、其時は御見分奉請、当御役所様におゐて御渡方被仰付様（候脱カ）奉願上候、既ニ先年、久能山・東叡山御材木被仰付被下置候節茂、中井清太夫様御役所におゐて、御渡被下置候御用相勤候、

右、願之通被仰付被下置候ハヽ、難有仕合奉存候、以上、

天保十五辰年七月四日上候

巨摩郡　雨畑村

願人　源次郎

御役所

高山又蔵様

この年五月、江戸城本丸が炎上する事件があり(3)、その再建のために急遽用材が求められていた。この事業を受注すれば、相当大きな取り引きになるのは明らかであった。願人の尾崎源次郎は、すでに早く六月のうちに、雨畑村のみならず、早川入の黒桂村や新倉村にある御林・百姓山で利用できる材木の樹種とその数量を詳細に書き上げ、役所に提出していた（『早川』九九二頁）。文中にいう下調べの書上というのがそれであり、そのうえで右の受注願いを出している。ここには、ライバルとの違いを協調するために、いくつもの売り文句が並べられている。それは、①早い納期、

②値引き、③代金の後払い、④実績の強調であり、まさに営業のお手本のような売り込み文書といえる。この営業が奏功し、詳細を聞きたいので江戸まで出頭せよとの七月二七日付書類が届いた（『早川』九九四頁）。『早川町誌』によれば、源次郎は、さらに周辺の数ケ村の材木をも受注の対象にしようと説き回ったが、消極的な村もあり、一〇月には、それらの村々に対し、御役所からも説得してもらえるよう、願書を提出している（『早川』九九五頁）。結果的に、源次郎はこの事業の受注を勝ち取ったようで、その後、伐採が始められたことは前記の一覧からも窺える。

3　材木問屋・領主・他事業主とのつながり

林業を行うには、関連する業者や領主との連携が必要となる。まずは材木商・材木問屋との関係から見ていくことにする。前載の表8に見えるのは、大半が江戸の商人・問屋である。霊岸島本湊町の角屋、深川木場の天満屋、鉄砲洲船松町の雑賀屋、木挽町の相模屋、鉄砲洲本湊町の栖原屋、深川木場吉永町の中村屋、深川木場町の紀伊国屋、尾張屋、伊賀屋、島屋、大坂屋など、多数の商人と取り引きを行っていたことが知られる。特に天満屋との関係は非常に深かったことがうかがえる。(4) この他、中継地の問屋としては清水湊の十一屋の名が挙がっている。材木は早川から富士川を下し、河口から西寄りにある清水の港まで運ばれたものであろう。清水は、三保の松原で有名な三保の砂嘴の内懐、巴川の河口付近に開かれた港で、富士川を通じて甲信地域と通ずる南北のルートと、太平洋海運および東海道の東西ルートがつながる結節点に位置している。清水には近世初期以来四二軒の廻船問屋があり、富士川を行き来する物資を一手に握っていたという。(5)

林業は、こうした商人や問屋の仲立ちがあって初めて成り立ちえたのであった。商人は単に荷受けをするだけではない。表8の天明八年（一七八八）の項に見えるように、幕府の管理する御林山からの伐採を請負うにあたって、源次郎とともに証人となったり、同九年のように前借り金の証人になったり、安永六年（一七七七）・天明六年などのように事業資金の出資者となったり、その働きはさまざまであり、伐採事業の遂行には欠かせないパートナーであった。また、領主との関係でいえば、幕府の「御林山」から用材を伐る際には、百姓たちの利用に任される「百姓稼山」からの伐採とは異なり、当然役所の許可が必要となった。表8にある文政一〇年（一八二七）の身延山久遠寺の再建用材の場合がその事例にあたる。幕府や諸大名がその発注者である場合も多く、天保一五年（一八四四）のように、その資金を前借りするべく、申請することもあった。また、天保六年や嘉永五年（一八五二）に見えるような何らかの紛争や境界の問題などが起きた場合にも、その裁定者として、支配者側の役割は大きかった。

さらに、（寛政一三年＝享和元年、一八〇一）のように、富士川を筏で流送する際の許可についても、役所との交渉が必要であった。早川本流沿いの村のケースであるが、筏通過の申請が認められて発行された手形の例を次に掲げる（「斎藤義直家文書」A-1-⑧-1。以下、同文書の引用は「斎藤」A-1-⑧-1のように略す）。

覚

一、右者甲州巨摩郡保村百姓持小物成山立木同郡京ヶ島村名主茂平太買取材（伐カ）出候材木、此度水戸殿用材ニ買上ニ相成、当十一月より来酉二月中迄駿州蒲原浜迄差出候由ニ而、富士川筏下ヶ之儀右茂平太依願通手形如此候、以上

文化九申年十一月廿三日

中（中村）　八大夫

十島

口留番所

番人

早川中流の保村にある百姓持ちの山から、京ケ島村の茂平太が立木を買い取り、材木を伐り出したところ、水戸殿（水戸藩）がこれを買い上げることになった。そして、文化九年（一八一二）一一月から翌年の二月まで、駿河国蒲原、すなわち駿河湾を目指して富士川を筏で下したいとの願いが、茂平太から出された。これについて願いを聞き入れ、この通し手形を発行する、という内容である。発行者は中村八大夫、宛名は甲駿国境十島に設けられた番所の番人となっている。手形発行のもとになる同じ頃の申請書も残されているが（「斎藤」A―1―⑧―2、A―1―⑧―6）、これには、通過する材の種類（檜・樅などの樹種）、本数、材の長さ、筏にしたときの数、伐採地の山、山の種類（百姓持ちの山か、御林山か）、伐採事業者、通過時期、運材区間などが、細かく書き載せられている。

また、幕府の関わる発注事業の場合には、流域の村々に対し、洪水などによる散乱木を届け出るよう指示も出された（「斎藤」D―c―①―4―1）。

御本丸御普請ニ付雨畑村源治郎引請上納いたし御用材ハ、合川小川等より可令川下ヶ候条、万一出水等ニ而散乱木有之候ハ者、村々江留置無相違源治郎江引渡、都而不締之儀無之様可致候、極印切判銘左ニ相達候

御材木  切判銘

敷木  黒印

此廻状村下令請印早々順達、留り村より可相返者也

天保十五辰十月

御役所

江戸城本丸の普請用材を雨畑村の源次(治)郎が請け負って上納することになったので、川下げに際し、万一大水で各所の河原等に打ち上げられた散乱木があったならば、そこの村で確保したうえ、間違いなく源次郎に引き渡すように、と命じた文書である。先に述べた源次郎の売り込みが実ったことを示す史料である。文書の後半には、材木に刻み付けられた切判銘や、材木運搬のための敷き木に捺された黒印が載せられている。また、この文書自体は写しなので宛名は記されていないが、本来は富士川流域の村々が宛名として連記されていたはずである。文書の末尾には、それを前提にした一文が添えられている。以上のように、伐採事業の遂行のためには、支配者側の支援や許可が必要であり、役所・役人への届け出や交渉は必要不可欠の事項であった。

伐採事業はまた、複数の村あるいは村人との交渉や協力を必要とする場合もあった。具体的には、複数村の村人が共同で伐採事業を行ったり、自村以外の山から材木を伐る場合などである。雨畑谷ではないが、同じ早川入のケースとして、文化一一年に、京ケ島村の斎藤茂平太が信州稲核《いねこき》村の村人二人と共同で、黒桂村の山木を買い受け、伐採した件が挙げられる(「斎藤」A–j–③–18–3)。このときの契約状には、三人で資金を出し合って事業を進め、利益も三分することが定められている。稲核村は信州北部の安曇野にあり、文化八年の記録によれば、六五世帯中四二世帯が杣業に従事する杣人の村であるという(6)。どのようないきさつで信濃国北部の村の者と知り合ったのかはわからないが、林業をめぐる交流は意外な広がりをもっていることが知られる。

また、先の表8の天明八年の頃にも見えるとおり、雨畑の源次郎が下山村の嘉平衛と共同で、甲州最南端に近い福士村の石間《いしあい》山から一六〇〇本ほどの材木を伐り出している例もある。同じく表8の寛政七年・文化一一年・文政一〇年・同一一年の項には、同じ河内領の大城村・相又村で御林からの伐木を行っていたことが知られる。さらに、文政一〇年・天保四年・同一五年からは、早川の谷から西に山を越えた駿州井川領内で伐採を進めていることもわかる。井川領での仕事には、京ケ島の斎藤茂平太も関わっており、文化一四年には、江戸の天満屋・高須屋と組んで材木伐採にあたったことも別の記録に残されている（「斎藤」A–h–④–8–1）。このように、各地の村々や村人との関係も、さまざまな形で築かれていた。

そして、忘れることのできないのが、林業技術者、つまり職人とのつながりである。前述のように、早川入の林業事業者も近隣の各地へ伐採に出かけているが、逆に周辺から早川入へも多くの杣や日雇《ひよう》（運材職人）などの職人がやって来ていたことが明らかになる。一八世紀初頭の正徳六年（一七一六）、雨畑村・保村の山で行われた材木伐り出しには、南アルプスを西に越えた信州遠山からはるばる日雇の者二二人が一組としてやって来ていた（「望月作太郎家文書」B–③–32）。その遠山からは、表8の寛政元年の項にあるように、京都入用の材木を雨畑谷で伐る際にも日雇組が参加している。このときの伐採には、林業先進地として知られた信州木曽の王滝村からも職人が来ている。文政一一年にも、身延山久遠寺から発注された用材を伐り出すにあたって、甲州八代郡常葉村の杣がその職を請け負っているのを見ることができる。職人たちは南アルプスのような急峻な山をも越えて、出稼ぎに来ていたのであり、その移動はたいへんに盛んであった。

二　他国稼ぎのネットワーク

1　野州川俣との関係

次に、林業技術者たちの広範な交流を検証していこう。まずは次の文書に注目したい（「水野定夫家文書」一次一六一）。

清帳

（角印）一、三月廿八日入 八月廿六日迄 惣合数千四拾壱本
尺〆千三百九拾本 六分四厘

（角印）匣代銀四貫七百七拾七匁三分八厘
銭六四 為金七拾弐両壱分弐朱ト 五拾八文

内

（角印）金拾八両弐分也　金貸通〆高

（角印）金拾八両壱分ト 七百四拾五文　立米拾弐石 三斗五合七夕代 両ニ六斗七升かへ

（角印）金弐両壱分ト 五百三拾弐文　味噌七拾〆目代 両ニ三拾〆かへ

（角印）六百六拾四文　塩壱斗代 六拾四文ッヽ

（角印）金五両壱分弐朱ト 弐百四拾壱文　諸色代〆高

（角印）小以金四拾四両弐分弐朱ト 五百八拾六文　引

（角印）　残金弐拾七両弐分弐朱ト
　　　　　　　弐百六拾八文　取
　外ニ
　　壱〆八拾壱文　切判代
　　金弐朱也　　　熊の沢ニ而
　　　　　　　　　川又村より
　　　　　　　　　米負候分
　　　　　　　　　駄賃助ケ
（角印）　〆金弐拾七両三分弐朱ト
　　　　　　　五百五拾三文　全ク渡
　右之通勘定相渡、残金
　不残相渡、此度出入差引
　無之致皆済候、依如件
　　　　　　　　紀州御用御材木
　　　　　　　　　野州河股山伐出
文政九年　　　　　会所（角印）
戌八月廿六日
　　　　　　杣頭
　　　　　　　弥兵衛殿
　　　　　　　新蔵殿

冒頭に「清帳」とあるのは、内容から考えて精算書の意味と考えられる。材木の伐採にかかる経費の精算と、契約した伐採費用の支払いについて記したもののようである。本史料は、早川町薬袋地区の旧家である水野家に伝わる文書であるが、同家の史料群の中でも、関連文書をもたない孤立した文書であった。早川入の古文書を読んできた限りでは、基本的に当地の住民が伐採に出かけるのは、地元か、同じ河内領内の山が多く、それ以外はせいぜい西に山を越えた駿州井川領（現在の静岡市）の山までであった。文書によると、伐採現場は「熊の沢」とあり、近くに「川又村」があるという。差出は「紀州御用御材木 野州河股山伐出会所」となっている。「紀州」と「野州」という遠く離れた二つの国名も見え、謎の多い文書であった。しかし調査の結果、ここに見える「川又」または「河股」は、下野国（栃木県）の川俣村と考えられた。同村は、日光の北側、奥深い山中の村であり、間近に「熊野沢」という川筋もある。ということは、甲州の職人たちが、はるばる直線距離にして二〇〇キロも離れた山中まで出稼ぎに出ていたことになる（図7）。

まず文書の宛名になっている人物に注目してみる。宛名は杣頭の弥兵衛と新蔵の二人である。本文書が残されていたことからすると、おそらく水野家の先祖が杣のリーダーとして野州川俣村の山まで出かけ、伐採の仕事に携わったのであろう。そして、仕事をやり遂げて、契約した金とともにこの精算書を受け取ったと考えられる。

次にもう一つの国名紀州についてであるが、これは「紀州御用御材木」として相当量が伐採されていることからすると、紀州藩の御用、それも「木の国」紀州本国での必要とは考えられないため、江戸屋敷での必要材と見なすことができよう。川俣から流れ出ている鬼怒川は、江戸時代には下流で利根川、さらに少し遡れば関宿付近で江戸川へとつながっていた。つまり、川俣の材は、江戸へ運ぶのに都合のいい水系上にあった。しかも、川俣村とその周辺は日光山領であり、幕府の遠国奉行が置かれて、徳川家の管理下にあった。水戸家の用材が川俣で伐採され、江戸まで送られた例もある（「山口栄家文書」四三一。以下、同文書は「山口」四三一のように略す）。とすれば、同じ御三家である紀州藩の用材が川俣で調達されたとしても不思議ではない。

このほか、この文書の内容で興味を惹かれるのは、杣頭へ渡された報酬が、給与として支払われたのではなく、お

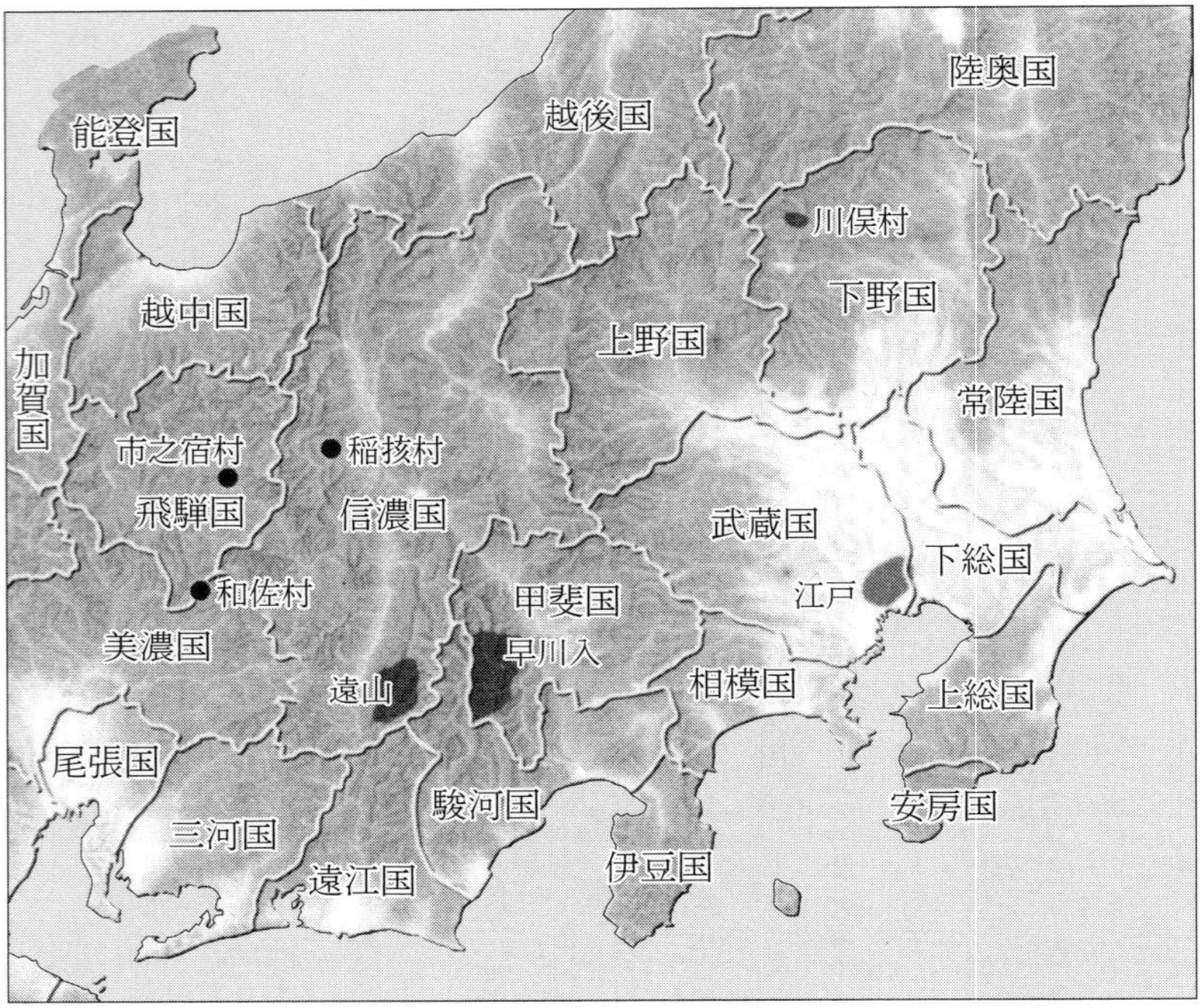

図７　川俣伐採をめぐる関係地

そらくは材木一本あたり約三四〇文の請負という契約で決められたものであったことである。文政九年（一八二六）の三月二八日から八月二六日までの五ヶ月の期間に合計一〇四一本の材木を伐採したのであるが、これは尺〆（計算上の基準材積）にして一三九〇本余にあたる。その請負金（厘代）は、金貨に換算して七二両余となっている。ここから職人たちの食糧代やその運賃、材木に切判銘を削り付ける切判代などの諸費用が差し引かれ、残った計二七両余が弥兵衛らに渡されたのである。おそらく杣は杣頭が、日雇は日雇頭が仕事を一括して請け負う形で雇われ、出稼ぎに来ていたに違いない。それだけ頭たちの責任と役割は大きく、同時に職人としての自立性をもっていたのであろう。職人は腕さえあれば、地元に限らず、どこでも働くことができたのであり、それがこのような遠隔地への出稼ぎを可能にしていたと考えられる。山を稼ぎの場とする職人たちは、山深い山村にこもっているばかりではなく、むしろ農業を中心とする百姓たちよりもはるかに広範に、外の世界と接する機会をもっていたといえる。

2　川俣へ出稼ぎに来る林業職人

しかし、川俣に出稼ぎに来ていたのは、甲州の者ばかりではなかった。甲州よりもさらに遠隔の地から、職人たちはやって来ている。今度は視点を川俣村に移して検討してみたい。

ここでは三点の史料を紹介したいが、これらの史料には特徴的な共通点がある。それは、遠隔地からやって来ていた職人が、この川俣の地で病死し、その後始末に関わる史料だという点である。まず一点は、文久元年（一八六一）のものである（「山口」三三四）。

差出シ申一札之事

一、此度信州木曽和田村百姓杣方渡世のもの、当三十九才ニ而ほうそふ相煩ひ死去仕候ニ付、無拠義ニ御座候故、当村地内江地代金百疋差出し借リ受取仕舞仕度儀ニ御座候、国元より六ヶ敷義申出候者御座候ハヽ私共引受、御掛方江少茂御苦労相掛ヶ申間敷候、為念一札差出シ申処仍而如件、

文久元年
酉三月廿九日

会所
茂右衛門（丸印）

杣頭
多左衛門（丸印）

同
吉之丞（丸印）

川又掛右ニ付
儀兵衛

川又掛
御掛役人衆中様

信州の木曽から来ていた杣人が疱瘡にかかり、死去してしまった。(7) 仕方なく川俣村の地内に地代を払って土地を借り、葬ることとしたい。もし万一、国元から文句をつける者がいたならば、署名した私どもで引き受けて解決し、貴殿には迷惑をかけません、という内容である。そして、会所（伐採事務所）の責任者である茂右衛門、杣頭の文左衛門・吉之丞、川俣村の儀兵衛が署名をし、担当の役人衆に宛てている。

次に、嘉永二年（一八四九）と文久元年（一八六一）の文書である（「山口」九二・九九）。この二点は、どちらも飛驒国益田郡（益田と増田は同じ）から日雇として働きに来た職人の文書である。

差出申一札之事

一、小野長右衛門様御支配所飛驒国益田郡阿多野郷市之宿村百姓助右衛門悴芳松与申者、此度野州塩谷郡川俣山へ出稼ニ参り居り候処、長々相煩ひ、薬用行届不申病死仕候ニ附、当村西光寺様之御廻向奉請度願上候処、早速御聞済成被下、忝仕合ニ奉存候、然ル上者国元旦那寺者不及申、親類縁者たり共、毛頭故障申者無御座候、万一故障申者御座候ハヽ、私共何方迄も罷出、急度埒明、貴殿方へ少茂御苦労相掛ヶ申間敷候、為後日一札差入申候、依而如件、

嘉永二酉年

八月七日

飛州益田郡阿多野秋神 市之宿 病死人兄　勇　吉（丸印）

右同村 引請人　甚之丞（丸印）

宮之前村 日雇頭　留次郎（丸印）

右同断 芳之丞（角印）

野州川俣村 当番名主 山口金左衛門殿

村役人 山口佐次兵衛殿

右同断 小松弥五右衛門殿

この文書では、市之宿村の芳松が病死後、川俣村の西光寺にて葬ってもらったことについて礼を述べ、親類縁者として異議のないことを確認している。

差上申一札之事

一、此度飛州増田郡和左村百姓清左衛門ト申者、当年美濃屋助次郎殿伐出山ニ相雇れ、無拠持病ニ而相煩病死仕候ニ付、当村地元ヘ金子百疋差出シ、地備埋メ仕度儀ニ付、村方江御願立候処、早速御聞済被下、難有仕合ニ奉存候、右清左衛門儀ニ付、万々一六ヶ敷儀出来候共私共引請、少々茂御苦労相掛ヶ申間敷候、為念一札差入申所、仍而如件

文久元年

酉八月十九日 日雇頭 久右衛門（丸印）

会所 善　作（丸印）

川又村名主 金左衛門殿

和左村の清左衛門は、美濃国出身の助次郎が伐採事業を請け負った現場に雇われたが、病死してしまった。そこで

川俣村へ一貫文の金を出し、埋葬してもらうことになった。その件について、何かと異議を唱える者がいれば、署名の二人がすべて対処し、地元へは迷惑をかけない旨が書かれている。これら三点の文書は、内容が似通っている。おそらく、現場で死者が出た際の事後処理については、このような形式の文書を作成することが慣例となっていたものと思われる。この他にも見逃せない共通点がある。それは文書の作成者の中に、必ず杣あるいは日雇の頭が含まれていることである。頭と一般の職人とはどういう関係で結び付いていたのであろうか。そこで手がかりとなるのが、先の嘉永二年の文書である。これのみ日雇頭の出身地が記されている。そこに見える宮之前村は、死去した芳松の住む市之宿村とは指呼の間にある。つまり、芳松は近隣村の留次郎をリーダーとする日雇組の一員として野州まで来ていたのである。杣にせよ日雇にせよ、たいへんな危険を伴う仕事であり、技術とチームワークがものをいう仕事である。とすれば、「日雇組」ということばがあるように、彼らはバラバラな個人の寄せ集めではなく、互いの腕を熟知した者どうしの技術者集団として仕事を請け負い、遂行していたと考えられる。

さらに、この文書の署名者に注目したい。ここに挙げた他の二点の文書では、差出人は会所の者と頭であって、明らかに国元へ持ち帰ることなく、現場で文書が作成されたことがわかる。先にも述べたとおり、病死のような事態が発生したときには、現場でこのような処理をすることが慣行になっており、いちいち国元へ帰って親族一同が相談をするようなことは行わなかったのではないかと思われる。とすれば、病死人の兄や身元引受人の同村の者が署名を連ねている嘉永二年の文書も、現場で作成された可能性が高い。そうなると、兄勇吉や引請人の甚之丞も芳松といっしょに川俣村に働きに来ていたと見ることができる。つまり、職人たちは「組」を編成して仕事を請け負い、親族を含む仲間とともに出稼ぎに来ていたのである。実に野州山中の伐採地には、飛騨・美濃・信濃・甲斐といったはるかに遠い土地からの職人が数多くやって来ていたのであった。

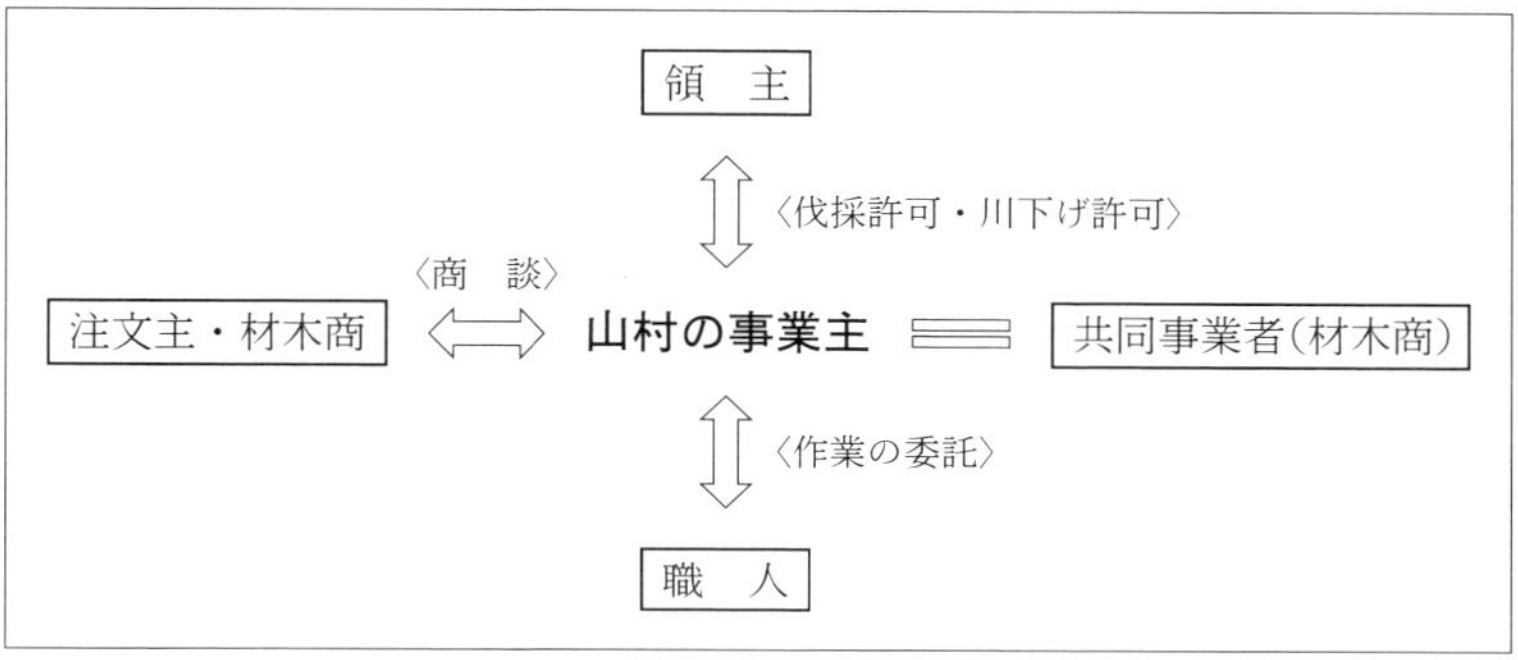

図8　林業をめぐる外部との関係図

川俣村の文書所蔵者の話によれば、かつて古文書の大部分が火災で焼けてしまい、残っているのはわずかであるという。その数少ない中から、これだけ他国稼ぎの職人のいたことが知られるとすれば、そして、病気や怪我もせずに帰郷した職人がほとんどであったとすれば、相当に多数の杣・日雇が来ていたことになる。大きな事業になれば、当然各地から職人が大勢動員され、彼らどうしの交流や情報交換も盛んに行われたであろう。

そもそもなぜかくも遠隔の地から職人たちはやって来ることになったのか、彼らはどのようにして遠い土地での仕事の情報を得たのであろうか。その理由についてはいくつかの可能性が考えられるが、その中に、現場での互いの仕事の腕を知ったうえで、彼らどうしの呼びかけや情報交換などによって参加した可能性も想定することができるのではあるまいか。現場での仕事を請け負った責任者が、ある縁で知り合った職人集団を、腕を見込んで呼び寄せるようなことも考えられるのではないだろうか。早川入の文書にも、信州から日雇の来ていた文書が残されていたが（「望月作太郎家文書」B―③―32）、このような他国稼ぎの者どうしのネットワークというのも想定することができるかもしれない。これら職人たちの出身地は、いずれも奥深い山中である。普通は、外との交流の限られた狭い世界と見なされることが多い。しかし、実際には平地での農業世界よりもはるかに広範囲にわたる情報交換や交流、出稼ぎが行われていたのであり、これこそが山の世界の特徴ということができる（図8）。

三　多様な交流の様相

以上、主に早川入の林業を手かがりとして、山村と外部世界との交流の問題を明らかにしてきた。しかし、早川入は林業のみで外部とつながっていたわけではない。その他にもさまざまな形で平地とのつながりをもっていた。史料は限られるが、最後に林業以外の交流について触れておきたい。

1　山地物産の生産と職人渡世

外部に売り出すことを前提にしたいわゆる商品作物は、外部とのつながりを示す一つの事例であるが、早川入に関していえば、代表的な生産物の一つに煙草が挙げられる。特に薬袋地区の煙草は質がよく、一種のブランド品となっていた。近世後期の地誌である『甲斐国志』（巻一二三・附録之五）には、「竜王」「萩原」「川浦」という品種と並んで「薬袋」を挙げ、「色赤ク香気有テ烈シ極テ上品」とその特徴を記している（『大日本地誌大系 甲斐国志 第五巻』雄山閣、一九九八年）。実際、その作付けや販売に関する史料も複数点残されており、武士が直接薬袋の名主から「上たはこ」を購入している例もある（「斎藤」A－g－②－10、同A－j－②－10－3、「佐野政男家文書」六〇、「水野定夫家文書」一次二三二など）。また、恒常的な商売とは考えがたいが、山地特有の産物である猿の皮や猿の肉を武士が求めている事例も見られる（猿肉に関しては、「斎藤」E－④－3－13－2、猿皮に関しては、同A－h－②－10－1がある）。動物の皮については、近世のごく初期、鉄炮利用の免許にあたって皮の上納を条件にした文書が残されており（『山梨県史 資料編8 近世一』四一号）、動物製品が山村に期待される産物であったことが知られる。こうした山の産物の移出も交流の手段となったことは確かである。

職人的な交流では、篩《ふるい》張り替えの出稼ぎや大工稼ぎが行われていたことも知られる。篩の張り替えについては、たまたまある事件が起きたことから、その存在がわかる。文政一三年（一八三〇）、薬袋村の百姓与惣治が相模国羽鳥村（現在の神奈川県藤沢市）まで出稼ぎに行っていたところ、その地において脇差で切り付けられる事件に巻き込まれた（「佐野政男家文書」一三二一・一三二二）。与惣治の言によれば、毎年、相模国や武蔵国まで出稼ぎに廻っており、藤沢宿には定宿にしている旅籠があったといい、定期的な出張であったことが知られる。また、駿河国富士郡中里村や甲斐国八代郡古関村の広泉院という寺院の再建に出かけた大工がいたこともわかる（「水野定夫家文書」一次一一九、同二次A－②－21）。出稼ぎの事実は、ふつう古文書には残りにくい情報であるが、これらはたまたま何らかの事情があって（主に争論・事件に巻き込まれて）、断片的な史実が伝わった事例である。おそらくこの背後には、より多数の出稼ぎ人がいたに違いない。篩張り替えにしても、大工にしても、専門の技術を身につけた仕事である。山地の住民は多様な技術を会得し、このように日常的に、あるいは定期的に平地とのつながりを維持していたのであった。

2　信仰の道

さらに、早川入の場合には、外から訪れる人々も多くいた。日蓮宗の信仰の拠点として知られた身延山久遠寺が近くに位置していたからである。久遠寺そのものは早川入にはなく、早川と富士川とが合流する地点の脇にあったが、久遠寺とセットで訪れる人の多かった西側の七面山は、早川入の高住村と雨畑村の間に位置していた。久遠寺の参詣を終えた人は、そのまま身延山の裏側斜面にある赤沢村の宿に泊まり、翌朝早くに谷を渡って対岸の七面山に詣でたのである。現在でも夏休みには、白装束に身をまとった参詣の集団が大型バスで訪れ、七面山麓の旅館や赤沢の宿に宿泊しては、題目を唱えながらの登山を行っている。一時より参詣者の数は減ったものの、早朝、身延山と七面山に挟まれた谷あいに、題目を唱える声が響き渡る情景は変わらず見ることができる。平成五年（一九九三）には、古い講中宿の密集する赤沢地区が国の「伝統的建造物群保存地区」に指定され、集落全体としての景観保全がなされている。

この身延山・七面山参詣の歴史は古く、すでに江戸時代初期から訪れる人も多く、さまざまな道中記なども書き残されている。金子誠司の研究によると、(8)甲州南端の万沢口留番所には、寛永一六年（一六三九）から文化四年（一八〇七）にわたる女手形が残され、特に会式が開催された享和二年（一八〇二）と翌年のものが多数を占めているという。氏によれば、近世中後期には、純粋な信仰心ばかりでなく、遊山的性格が強まって、案内記などの情報も増え、庶民の旅として参詣者が増大したという。もちろん、これは早川入でもごく下流部の一部地域のことではあったが、この山あいの地に全国から多数の人々がやって来たことは間違いない。文政九年（一八二六）、薬袋村前の早川渡船場は、当村人ならびに駿州信州往還の旅人らの助けであるので、少しの扶持または賃銭等の手当を下され、船を常備しておきたいとの願書が役所に宛てて出されている（「佐野政男家文書」一二一七）。薬袋村は、身延山と七面山の間を流れる春木川が早川に合流する地点の対岸にあたる。この「駿州信州往還の旅人」というのも、主には七面山参詣の人々を指しているのであろう。このような信仰・遊山を背景にした山村と外部との交流というのもあったのである。

おわりに

以上、早川入を中心とする山村と外部との交流について検証してきたが、こうした外界との交流を可能にした主たる要因は、山地特有の生産物と生業の技術であった。これらがあったからこそ、山村は外部と交流することができたといえる。現代の山村状況とは大きく異なるが、山村には多様な産物が期待されていたのである。

　このような山村のありようについて、近世の為政者の中にはよく理解している者もいた。山がちな河内領について、『甲斐国志』では、「合壱万五千八百石余　領村百弐拾弐、山長地広シ、澗中《たに》僻居シ、焼レ山雑穀ヲ種《う》ウ、水田少ク民衆《おお》シ」と述べ、水田は少ないのに多数の民が暮らしていると把握し（巻一）、早川入についても「早川土地麁悪ナラス、良材ヲ出シ、金坑多シ」（巻一一六）と、土質が悪くないこと、材木や金の特産地であることを了解している。また、甲州独特の「大小切」税法に関連して、河内領が「御年貢大切御直段」を国中《くになか》地域よりも一割高に設定されたことについて、宝永二年（一七〇五）に村々百姓が訴訟を提起しているが、その訴状の中で、そもそもこの一割高がいつどのように命じられたかが記されている。それによれば、「七拾三年以前秋山半右衛門様・石原平兵衛様御代官所之節、川内領之儀船筏勝手能、米穀并ニ居村等之竹木、其外布・木綿・たはこ諸事払方自由ニ候由、国中ニ壱割高ニ大切金納可申様与被仰付」とある（「斎藤」B—a—⑦—1）。富士川舟運による物流や山地物産の販売によって豊かなことが一割高の理由であり、代官はそのことをよく理解していたのである。

　さらに、前述したような林業や出稼ぎに関わる独自の技術・技能をもっていたことも見逃せない。これらの技業による稼ぎは領主の課税把握の埒外にあり、そのまま当事者の収入になり得た。水田が少ないにもかかわらず多数の民が生活を立て得た背景には、広大な山地を使った雑穀等の焼畑耕作のみならず、このような稼ぎによる収入が見えない部分で暮らしを支えていた可能性がある。

　つまり、山村は山地ならではの流通への関与、物産の生産・販売、そして技業による稼ぎで成り立っていたということになる。その意味では、交流というのは、山村にとって余裕があっての余技なのではなく、重要かつ不可欠な一要素となっていたといえるのである。

注

（1）荒垣恒明執筆「早川町金山史料集　解題」（『中央大学山村研究会古文書調査報告書Ⅰ 山村史料の調査と成果—山梨県南巨摩郡早川町 薬袋・榑坪・千須和—』中央大学山村研究会、二〇〇三年）。
（2）溝口常俊「甲州早川流域焼畑村落の研究」（『日本近世・近代の畑作地域史研究』名古屋大学出版会、二〇〇二年）。
（3）伴三千雄『江戸城史』（名著出版、一九七四年）。
（4）早川と関係のあった江戸の材木問屋については、赤澤春彦の考察がある（「材木原産地と深川木場材木問屋—山梨県南巨摩郡早川町斎藤義直家文書を素材に—」『江東区文化財研究紀要』一五、二〇〇七年）。
（5）川崎文昭「江戸時代の清水湊と廻船問屋」（『清水開港一〇〇年史』静岡県、一九九九年）。
（6）一志茂樹監修『長野県の地名』（平凡社、一九七九年）。
（7）ただし、木曽に和田村という名の村は見あたらない。現在の南信濃村に属する下伊那郡の和田村のことであろうか。
（8）金子誠二「近世後期における身延参詣について」（『山梨県史のしおり〈県史資料編11付録〉』二〇〇〇年）。

終章　前近代日本列島の資源利用をめぐる社会的葛藤

はじめに

現在、日本列島の三分の二を占める山々は緑に覆われ、全体として目立つほどの過酷な環境破壊の爪痕は見られない。かつて高度成長期には、工場から垂れ流される汚水や排気、家庭からの排水で海も川も酷く汚染されていた。しかし今、河川から洗濯槽のような泡は消え、魚影が戻ってきつつある。列島を取り囲む海にも、以前より減ったとはいえ多種多様な魚介類が生息しており、昔日の公害時代の悲惨な「自然破壊」の面影は薄くなった。明らかに日本では、自然をこれ以上急激に破壊してはまずい、少しでも自然を取り戻さなくてはならない、との思いが多くの人々に共有され、自然破壊や公害は抑制されたのである（いうまでもなく、自然破壊や公害は無くなったのではなく、あからさまには見られなくなったというのみであるが）。公害からの方向転換はおそらく、日本人にとって大きな自信となったのではないだろうか。そして現在では、「日本人は昔から自然と優しく共存してきた」というような耳当たりのいい言説が巷に溢れるようになった。今、確かに山には緑が溢れている。しかし、はたして日本の山は使うだけ使って疲弊した時期はなかったのであろうか、海の資源は枯渇したことはなかったのであろうか、という疑問も頭をよぎる。特に公害ははなはだしい時代を目の当たりにしていれば、なおさらである。

終章では、前近代において、日本列島に暮らした人々がどのように自然と付き合ってきたか、また、自然資源の利用にあたってどのような社会的問題を抱え、どのように解決してきたか、そして、その原動力はどこにあったのかについて考えてみようと思う。ここで注目したいのは山と海である。本書を通じて述べてきたように、日本は「農村」「農民」ばかりで成り立ってきたのではない。農業を主体としない海村や山村が多数存在してきたことは自ずから明らかである。そうした村々こそ、列島の人々がさまざまな形で先鋭的に自然と対峙してきた場であり、この列島を特徴づける人と自然との関係性の見えやすい場でもある。もちろん、前近代社会の多種多様な側面について語ることは筆者の能力を超える。限られた事例からの考察になるが、以下考えていきたい。

一　日本史像の再検討――山・海と列島の人々――

歴史の教科書は、今も縄文時代には狩猟・漁撈が生活の主をなしていたが、弥生時代に入ると稲作が普及し、本格的な食糧生産の時代に入ったと述べる。律令時代において日本の人々の主要な生業が稲作であったとも書かれる。その後の時代についても、各時代において取り上げられる産業は稲作を中心とする農業が大半であり、その他のなりわいについては、ほとんど触れられることがない。こうして我々は日本は古代から稲作の国、瑞穂の国であり、コメを主食としてきたというイメージを植え付けられている。しかし、はたしてそれは事実と見て良いのだろうか。

弥生時代から稲作が生業の柱になったのならば、なぜはるか時代の下った江戸時代において、多くの人々が度重なる冷害や旱害、それらがもたらす飢饉で苦しんだのであろうか。なぜ庶民は雑穀を主とし、コメはあまり食べられなかったのであろうか。なぜ近代以降の聞き取りの中で、古老がコメはハレの日にしか食べられなかったなどと語るのであろうか。

実際には、海に囲まれ山に覆われた日本列島では、多様な自然資源から食物を獲得する活動、いわゆる狩猟・漁撈・採集の活動は弥生時代以降も生活の重要な部分を占めるかたちで近現代に至るまで続けられてきたと考えるのが妥当である。今日でも山間地では狩猟や山菜採りの風習が伝統的に見られるし、河海でも漁撈・漁業が行われ続けてきていることは、各種の史料・民俗誌などに頻出する。(1) コメは政治的な貢納物としては重視され、支配者も水田の管理やコメ生産の奨励は行ってきたものの、人口の大半を占める民衆が、望めばいつでもコメの飯を食べられるようになったのは、第二次世界大戦後、特に高度経済成長期以降のことと見るべきであろう。もちろん地域的に偏差は大きく、都市部ではすでに江戸時代からコメを主食とする食事が広まっていたと考えられるが、都市部を除けば近代以前にはまだ雑穀食が広く行われており、コメのみの飯を食べることは普通ではなかった。(2) その意味では、歴史教科書に書かれた稲作中心社会のイメージは大きく実像と異なっているということができる。しかし、これは必ずしも日本の食生活が貧しかったことを意味するわけではない。むしろ多彩な山海の幸に恵まれた日本では、コメだけに頼らない地域色豊かな食材が利用されてきたと捉えなくてはならない。

例えば、山間地などでは肉食も広く行われていた。日本では肉や乳の利用を目的とした家畜飼育が発達せず、牧畜文化は民間に広まらなかったが、しかし、肉を食べていなかったわけではない。家畜の肉ではなく、野生鳥獣の肉を利用する文化が広く存在したのである。一般に近代以前の日本人は肉食をしなかったと誤解されているが、その一つの根拠とされるのが、古代に天武天皇が出したとされる「天武肉食禁止令」である。(3) 第二部第二章で述べたように、この禁令は確かにウシ・ウマ・イヌ・サル・ニワトリの肉食を禁じた文言があるが、全体として肉食自体を禁止した内容にはなっていない。詳細に読み直してみると、この法令で命じられているのは、人を害する恐れのある危険な罠猟の禁止、九月末日以前の一網打尽型漁撈具の設置禁止、そして家畜食の禁止であって、野生鳥獣の捕獲や肉食は、「そのほかは禁の例にあらず」とあるようにむしろ自由であることが保障されているのである。(4) 実際古代には、第二部第二章で述べたように、天皇自身が積極的に狩猟を催している記録が多数あるし、中世にも庶民が肉食を常としていた記載が多数見られる。山海の恵みである魚や鳥獣を、日本列島の人々が利用しなかったわけはないのである。

このように、これまで日本史像の常識とされてきたことがらには、実は見直しを必要とするものが多い。決して稲作ばかりの一面的なイメージで語れるものではないのである。その意味では、日本の環境を特徴づけるのは稲作に適した平野や盆地ばかりではなく、周囲すべてを囲む海や全土の三分の二を覆う山であり、この自然こそ、列島の人々が長くつきあってきた環境そのものなのである。現代でこそ地方の海村や山村は過疎に見舞われ、後継者不足もあって急速に衰退してきているが、かつては多数の人口を養い、多くの食糧や生活資材を生み出す重要な地域であった。そして、そこにこそ日本人と自然との接し方を探る大きな手かがりがあるのである。では、日本の人々は歴史的にどのように自然とつきあってきたのだろうか。

二 「日本人は自然に優しく生きてきた」のか？

時代によって「日本」の範囲も変動するので、歴史的には一概に「日本人」というくくり方はできないが、日本列島に暮らした人々という意味でいうなら、世界の諸民族と同様、この地の人々も与えられた環境を利用しながら生活してきたことは間違いない。ただ、その利用にあたって常に資源の持続性を考え、「優しく」接してきたかどうかということになると、はなはだ怪しくなる。以下、山の事例を中心に大まかに見ておこう。

古代、近畿地方の巨木が度重なる都の移転・造営によって枯渇してしまったことは、つとに知られている。その結果、鎌倉時代には東大寺再建にあたって料材を本州のはずれにあたる現在の山口県の山中から調達することになった。(5)古代には王土思想の広まりによって、自然を圧伏しての開発が行われたことが指摘されている。(6)『常陸国風土記』に見える伝承には、箭括氏麻多智なる人物が谷田の開発にあたり、「これより上は神の地と為すことを聴さむ。此より下は人の田と作すべし」と宣言して蛇神たる地元の自然神を山側に追いやった事例や、さらにのち、壬生連麿なる人物が用水池開発に抵抗する蛇神に対し、風化に従わぬことを批判し、工事にあたる人々に、「目に見る雑の物・魚虫の類は、憚り懼るるところなく、随尽に打ち殺せ」と命じたことが記されている。(7)中世を通じて自然木の伐採に頼る林業はますます発展し、戦国期には各地の戦乱に伴う建築と破壊の繰り返しで、多数の材木が消費された。近世には製鉄用の炭生産に伴って中国山地は広範囲にはげ山となったことが知られているし、良質のヒノキ材で有名な木曽の森林も近世開始期の過伐がたたって一七世紀中には「尽山」となり、森林保全策が急務となったことが明らかである。(8)同世紀の思想家熊沢蕃山は、「天下の山林十に八ツ尽き候」と述べているほどである。(9)こうした山の事例を概観しただけでも、日本の人々が必ずしも「自然に優しく」生活してきたわけでないことは明白といっていいであろう。

それでも日本列島の自然が回復不能なほどのダメージを受けなかった原因を考えると、高温多湿の気候下で旺盛な森林の回復力があったという自然的要因はもちろんであるが、人為的な問題としては、まず技術段階の低さによる影響の少なさが考えられる。例えば、森林伐採を考えても、チェーンソーや搬出用の架線・トラックなどは存在しなかったため、資源利用の規模が現在に比べて小規模でおさまっていた。広範囲に影響を及ぼす化学物質が使用されず、付随的な環境破壊なども低レベルにとどまっていた。しかし、こうした技術段階の問題だけが自然の残された理由と考えるのは困難である。むしろ当時の人々がもっていた自然への認識、社会的な規制・抑制の仕組みについて考えていく必要がある。

三　生物多様性の場としての山野河海——その非所有性——

前近代には、田畑や人の住む開けた里以外の場所を「山野河海」という言葉で表現することがある。日本列島の生物多様性を支えてきたのは、まさにこの山野河海といえる。ここは古い時代から人々の生業活動の場となり、林業・木工・狩猟・採集・漁撈・塩業など多様な生業に利用され続けてきた。にもかかわらず、自然が大きく損なわれずにきたのはなぜか。そこには山野河海という場の特殊性が関わっている。その特殊性とは、そこが個人の所有論理とは異質な場所であり、共同体や国家などの管理に委ねられる部分が大きかったことである。

すでに第二部第二章で述べたように、田畑は通常、個人の所有あるいは管理下にある。低湿地帯の水田が農閑期に共同の鳥猟の場になるような特殊な利用を除けば(10)、基本的に一つの田畑を農作物栽培の場として共同使用することは一般的にはない。今までの歴史学が研究の対象としてきたのも、主にはこの個人の使用、あるいは私的所有に関わる世界である。権力者や共同体に規制されつつも、私権・私有の世界が広がること、それを歴史の発展として捉えてきた。これに対して、例えば藤木久志が「棲み分け的な共同の場」という表現で説明したように、山野河海はそれと異なる論理を有した場である(11)。私的所有・私的使用になじまない性質の場所なのである(12)。その原因は山野河海のもつ資源の輻輳性にある。輻輳性とは、さまざまな資源が幾重にも重なり合っているということである。それらの資源は多様性があり、海も山も、誰か個人が一つの用途に限定して独占できる場ではないのである。

また、山野河海で行われる狩猟や漁撈が、移動する生き物を捕らえることを特徴とする生業であることもこれに関連している。待ち伏せする定置網漁や罠猟もあるが、それとて移動を前提として、捕らえやすい特定の場所にしかけるものであるから、やはり動く生き物が対象であることを特徴としているわけである。

このように、同じエリアが時には狩猟の場になり、時には山菜採集の場になり、木の実を拾う場所にもなるというような資源利用の輻輳性、そして、狩猟や漁撈に関わる移動性が山野河海には特徴的にある。とすれば、そこを個人の使用場所として細分化することはなじまない。山の農地利用である焼畑の場合も、作物の栽培期間には特定個人の管理下に置かれるが、その期間が終われば再び山の利用は循環していく場合が多かった。

こうしたいわば「共的」な場のあり方については、入会に関する研究などを除けば史学の分野で中心的に取り上げられることは少なかったといえよう。(13) しかし、実は前近代において、共的な場は予想外に広く存在し、一般的であったと考えられる。山野河海は集落やその間近に位置する田畑を中心とすれば、縁辺に広がる場所と見なされて「境界領域」などと呼ばれ、中心とは外れた周縁的な扱いを受けることが多かったが、こういう共的な場所の役割は、社会的に重要な位置づけをもっていたように思われる。

そして、生物多様性の豊かな山野河海は、在地の個人の所持に帰す場所でなかっただけに、「みんなで使う場所」であり、そのためには利用にあたってのルールが必要な場所であった。ルールは在地の住民集団の間で作られ、またはより上級の領主も絡み、あるいは国家的な権力までもが介入して決まる場合があった。言い換えれば、さまざまなレベルでのガバナンス（統治）が及んだ場であった。山野河海の自然資源が残されるか破壊されるかは、そのエリアを利用する多様な主体によるガバナンスのあり方が大きく影響していたと考えられる。海や山は領主支配の役割や支配の本質が認識しやすく、生業維持に果たす支配者の役割が見えやすい特徴もあった。

四　山野河海の資源をめぐる秩序

1　公私共利の原則

律令の令の中（雑令）に、「およそ国内銅鉄出すところあり、官いまだ採らざれば、百姓私に採るをゆるせ、もし銅鉄を納め庸調にへぎ宛てばゆるせ、自余の禁処にあらざれば、山川藪沢の利、公私これを共にせよ」という一条がある。銅や鉄が産出する山野において、国家が採掘していないものであれば「百姓」が私的に採ることを許せ、もし銅や鉄で庸や調の貢納に代えるというのであれば、これも採ることを許せ、その他国家が定めた禁処以外のところについては、「山川藪沢」からの利は公私が共にせよ、との意味である。この「山川藪沢、公私共利」の文言は、その後、平安時代にかけて山野河海をめぐる紛争に際して時折目にすることがある。(14)

例えば、延暦一七年（七九八）に朝廷の発した命令には、「山川藪沢公私共利」という原則が冒頭で書き上げられ、寺院や王臣家（有力貴族）・地方の豪民らが律令に背いて山野河海を占有し、一般住民を排除しているとして、これを批判している。(15)雑令での「公」は国家を意味するが、この文書では寺院から地方豪民レベルまでの支配者を指しており、それとの対比の中で一般庶民（百姓）の権利を認めている。八世紀末から一〇世紀初頭にかけては、類似の文言を持つ命令は他にもいくつもあり、当時、現実には中央・地方の有力者が競って山野河海の囲い込みを行っていたことが知られる。とはいえ、国家の立場としては、禁野など特殊な土地を除けば「基本的に山野河海は在地の人々が自由に利用しうる場である」という建前をもっていたことは注目すべきことといえる。

鎌倉時代に入っても、紀伊国で寺院どうしの境界争いが起こり、川の帰属が問題になった際、「山林河沢の実は、亦公私共にすべきの法か」との文言で、川はどちらの領域にも属さない「公領の河」たるべきことが朝廷の判決で述べられている事例がある（『鎌倉遺文』七二五五）。公領は紀伊国の役所たる国衙の支配地ということになるが、「公私共にすべき」とあるので、国衙領の民だけでなく「誰もが漁撈や採集を行える川」という解釈であったことになる。

2　漁業権の登場と展開

「山川藪沢」は中世に入ると「山野河海」の語に置き換えられるようになる。人々に身近な自然溢れる世界、すなわち「山野河海」は、院政期以降の領域型庄園の広がりによって、制度的に庄園領主の領域に囲い込まれることが普通になっていく。とはいっても、それは必ずしも権力者の恣意によって在地住民の利用を排除するために設定されるものではなかった。なぜなら領主が山野河海の幸を貢納物として徴収しようとすれば、在地住民の狩猟・漁撈・採集活動を通してしかそれは実現できなかったからである。貢納物は住民が山野河海から獲得する資源の一部であり、囲い込まれる庄園領域は庄園住民の生業領域を反映したものであったと考えられる。古代・中世を通して、自然資源が在地住民の利用から隔離された形で権力によって独占されることは基本的に普遍的ではなかったといえよう。

そして中世以降、山野河海の資源をめぐって競合関係が次第に激しく見られるようになってくる。これは人口に対して自然資源が無尽蔵にあった状態が変化し、人口の増加が一定地域の資源の奪い合いを引き起こしたことが大きな要因と考えられるが、同時に資源獲得の知識や技術が次第に高度化してきたことも一因といえる。すなわち、動植物に関する知識が豊かになって分布や性質が明らかになって有用性の高い場所が特定されるようになり、また、採取技術の進展で採取量が拡大したことが想定できる。鎌倉時代の若狭国（現在の福井県西部）や肥前国（現在の佐賀県と長崎県の対馬・壱岐を除く部分）の沿海部に残された史料からは、漁場や漁法をめぐる取り決めが大まかなものから次第に具体的・詳細なものへと変化していることが読み取れる。(16) 漁業秩序の詳細化は、漁業をめぐる知識・技術の高度化を如実に表しているのである。

紛争が多く起きるようになると、当然、裁判の重要性が高まることになる。在地住民どうしの競合は、住民が属する庄園や国衙領間の紛争として提起され、領主たちは支配下住民の代弁者として訴訟を闘い、あるいは支援することが求められた。逆にいえば、住民たちは紛争が起きた際に自らの生業を保証してもらうための対価として貢納を果たしていたともいえるのである。例えば鎌倉時代末期、若狭国の海辺に並んで位置する入江の集落である多烏浦と汲部浦とが、漁場をめぐって裁判となった（『小浜市史　諸家文書編三』〈小浜市、一九八一年〉所収秦文書四三号。以下、同文書の引用は「秦」四三のように略す）。このとき、多烏浦が近隣の須那浦という入江でのハマチ漁業権を主張するにあたって拠り所としたのは、二十数年前に領主から網の権利を保証された書類であった。その文書には須那浦など二ケ所での網を立てる場所について、多烏浦に権利を認めると書かれ、同時に「鰒網地御菜」を納入するようにと併記されている（「秦」二五）。このように、貢納を果たすことは権利を保証されるための要件になっていた。

中世の漁業裁判で注意しなければならないのは、資源利用に関する統一的な法体系・裁判体系は、必ずしも存在していなかったという点である。一時的な政治状況を除けば全国をカバーする統一権力は存在せず、複数の権力が並立して相互に補完あるいは対立しあう関係にあったからである。しかしそれは、裁判が有効性をもたなかったという意味ではない。在地のムラどうしの相論の場合、在地領主の裁判は意味をもったし、在地領主どうしの紛争では、守護の裁判で事態が収拾された。庄園や在地武士の関わる裁判では朝廷や幕府の判決が事態を解決した。それでも体系的な漁業法がなく、操業権の優先度が全国的に決まっていなかったことは確かである。そのため、漁業者は自らの力で操業に関わる保証をどこからか確保し、生業を維持することが必要であった。他者と漁業をめぐって争ったとき、漁業者はさまざまな形の権利をそれぞれが主張した。第二部第二章では、現代と異なる中世漁業権のあり方を、三つ（近世に関しては四つ）の類型に整理して紹介した。[17] その結果、天皇や幕府から在地領主によるものまで、漁業に対してはさまざまなレベルの支配者から保証がなされていたことがわかった。裁判を有利に進める証拠としては、まず第一に権利を記した古文書（過去の勝訴事例なども）が重視され、他にも在地の漁業慣習や古老の証言、それに操業実績などが取り上げられた。漁業者は貢納を果たし、あるいは相互の妥協点を探るなどの中から漁業権を必死になって確保していた様子がうかがわれる。年貢の徴収など支配者が課す負担は、民衆に対する一方的・恣意的な搾取と誤解されやすいが、漁業にかけられる負担を見る限り、基本的には在地住民の生業保証に関わる対価としての意味合いをもっていたことが確かである。

農業に関しては、領主の果たすべき役割としての「勧農」（農業の再生産を進めるために領主が行う田畠満作のための差配、道具類の貸与や種子農料の下行などをいう）が知られており、これは在地の農業生産の安定が確実な年貢などの収納につながるからでもあったが、同じことは農業村落ばかりでなく、山村・海村でも求められていたのである。在地からの貢納物は、その土地で本来行われている生業の生産物から徴収されるのが一般的であり、その意味では領主の支配も在地生業の庇護と表裏一体の関係にある。山野河海の生業では、直接の生産用具の貸与や種子の給与などに代わり、生業上のナワバリの確保や他村との紛争防止などに領主の力が必要とされる。在地において生業をめぐる紛争が生じた場合、さまざまなレベルの支配者がこれに関与するが、原則として過剰な競合状態を解消し、問題の起こらない状態にしていく方向性が取られる。その際、在地で直接山野河海と接する住民自身が収まりのつくことが必要とされるのであり、生業実態を無視した施策は結果的に持続していくことはない。そして、このような資源利用の競合に対する調整の仕組みには、無秩序な濫獲を抑止してきた一面があると考えられるのである。

3　江戸幕府の全国支配と資源利用

近世になると、山野河海の自然資源は、さらに質的にも量的にも利用の高度化が進む。社会の前提条件として中世と大きく異なる点は、江戸幕府という絶対的な権力が確立し全国支配を貫徹したという点にある。これがさまざまな影響を資源利用にも与えた。

著名な出来事としては、五代将軍徳川綱吉による「生類憐れみの令」の発布が挙げられよう。一般にはこの法令は綱吉という一風変わった将軍による個人的な性向から発せられたものと理解されがちである。が、一九八〇年代以来の歴史学の成果では、荒々しい武断政治の時代から近世の安定を得た政権が、次第に文治政治に転換していく社会状況を反映したものとして理解されている[18]。そして、この「生類」には動物だけでなく人間も含まれることが指摘されており、生きとし生けるものに慈愛を施す観念が社会に広まったのである。

ところが、これによって江戸時代の人々が「自然に優しく」暮らすようになったかといえば、必ずしもそうではない。むしろ綱吉の政策はさまざまな混乱を在地にもたらし、山野河海の生業に多方面で影響を与えた。例えば、綱吉は殺生を止めるとして、鷹を使って小鳥や小動物を獲る狩猟である鷹狩りを停止してしまった。鷹狩りが停止されると他の大名も次々とこれにならった。その結果、厳しい規制の下で鷹の幼鳥を捕獲していた山では、その規制・監視が緩んで森林伐採が急速に進み、これが紛争の原因になったところもある。本書第一部第二章で触れた秋山の例がそれである。また、鷹狩りの狩り場周辺では、（鷹の獲物確保のために）厳しく狩猟などが制限されていたのが緩和されることになり、下総国の手賀沼では沼での鳥猟や漁撈に対する規制が緩んでかえって盛んになった。一方で、これは厳しい規制下で特別に狩猟漁撈権を認められていた村とその他の村との間で、新たな対立の火種ともなった。[19]

近世には、河海に関する統一的な法原則が提示されたことも見逃せない。すでに江戸時代初期から漁業などをめぐる多数の争論が続いてきたが、それらに関する判例を集大成する形で、元文二年（一七三七）、幕府は評定所御定書を制定する。これは必ずしも個別紛争に対応した詳細を記したものではないが、幕府が河海の境界や用益に関する基本原則を定めたことは重要である。[20]

具体的には海に関して、「磯猟は地付次第、沖は入会」「漁猟藻草中央これを限りに取る」「浦役永これあるにおいては、他村前の浦漁猟たりというとも、入会の例多し」「漁猟入会場、国境には差別なくこれを取る」などの定めがあり、磯漁は村の地先のものとし沖の漁は入会で行うこと、漁業権は中央部を境に分けること、浦役を貢納している場合には他村の地先でも漁業権が認められる、沖の漁場は国境と無関係に漁業権が設定される、などが原則とされている。[21] 山に関しては、「官庫の絵図に国郡境の山を双方より書き載せ、双方共に外の証拠無きにおいては、論所の中央境たるべし」「国郡境山論水分けの論は、峯通り限り境たり」など国郡境の指標については述べるものの、村々の用益権に関わる規定は見られない。もちろん山論は各地で続発しており、規定がないことは紛争がなかったことを意味しないが、山論の多くは、国郡にまたがるものを除けば、大名や代官も近隣村の仲立ちによる調停に期待するところが大きかった。そして実際、村どうしの紛争は在地の仲裁で解決されることが多く、国を越えた争論の場合には幕府が乗り出したのである。

江戸時代は幕府の強力なリーダーシップによって資源保護的な政策が推進されたかのように理解されることもあるが、それは必ずしも正しいとは考えられない。[22] 幕府や一部の大名が資源の過剰利用に危機感を抱き、それを抑制する政策を取ったことは確かであるが、それは必ずしも近世を通じての基調ではなかったし、ごく一部の動きにすぎなかったといえよう。何よりそうした政策は自然そのものや生物多様性の保全を第一義とするものではなく、あくまで幕府や藩にとっての有用資源を維持しようとするものであり、時には在地住民の求める自然の状態と抵触する場合もあった。(23) 実際に資源をめぐる葛藤の当事者となっていたのは、それぞれの在地の住民たちであり、時には領主権力を利用し、時には権力に抵抗し、またときには利害の関わる者どうしで調整を行いながら資源の維持を図っていたのである。以下に山地を事例とする在地の事例を取り上げて紹介してみよう。

4 山地資源争奪の現実——秋山の事例から——

山地が、資源の豊かな輻輳性から多様な生業を生み出していることはすでに触れた。山地住民は季節により、時代により、林業・木工業・薪炭業・狩猟・漁撈・農業（焼畑）・採集・鉱山採掘などをさまざまに組み合わせながら生活してきた。中でも大規模産業としての林業は、地域の自然環境を大幅に改変する可能性があり、しばしば地域の生業と抵触してきた。以下では山地資源がどのような形で保全されてきたか、第一部で考察した中部地方秋山地域における近世の事例を参考に考えてみたい。

越後国（現在の新潟県）との国境に接する信濃国（現在の長野県）山間部の秋山では、近世、地元の自然資源を生かした多様な生業が営まれていた。もちろんその内容は、同じ江戸時代の間でも時期によって変遷があり、近世後期の姿をもって安易に近世全体の姿であったと見ることはできない。(24) ただ、近世を通して変わらなかったのは、秋山が小規模な家族的経営で生業を展開していた点である。林業では、地元の有力百姓と都市の有力な材木商とが手を結び、あるいは大名や幕府が絡んで伐採事業を展開する大規模林業（林業といっても、基本的には植林や育林よりも伐採・運材が主たる事業であった）が行われる場合もある。しかし、秋山の場合には地元有力者が差配する大規模林業の形跡は認められず、基本的には焼畑耕作や狩猟・採集による自給と、木工品や材木・採集に関わる多少の商品生産・販売などが組み合わされる構造になっていたと見られる。

この秋山に大規模な伐採計画がもちあがったのは、一八世紀初頭の宝永五年（一七〇八）冬のことであった。同六年春には江戸から武士が材木見分のために秋山を訪れ、伐採の下見をする旨、地元百姓は代官所から通達された。これに対して秋山の百姓たちはこぞって反対の請願を提出し、「御用木山となってしまったら秋山の百姓は家業が成り立たなくなってしまう。江戸への出訴でも何でもして、村中が難儀しないように取りはからって欲しい」と名主に願い出ている（島田汎家文書一〇六六号。史料番号は栄村教育委員会編『島田氏古文書目録』一九八二年による。以下、同家文書は「島田」一〇六六のように略す）。

ところでここで問題となるのは、なぜ御用木山になると秋山百姓の家業が成り立たなくなるのか、ということである。御用木山とは領主の必要な材木を供給するための山をいい、それに指定されれば大量の樹木が伐採される恐れがあった。それは木材資源だけでなく森林を多様な形で利用し、生活を営んできた秋山の人々にとって、計り知れない変化をもたらすことになる。生活が根本から覆されるような転換を意味していたと考えられるのである。しかし結果的には、この幕府の目論見は実現しなかったようで、以後の史料にも御用木山となった形跡は認められない。だが、このの ちも伐採圧力は続いている。

享保年間（一七一六〜三六）には西側の山向こうから、さらに北側の越後領から、商品としての薪や木工材を伐るために、次々と森林伐採の圧力が加わってきている。西側の夜間瀬村など三ケ村からは「一日に八、九百人、または千五六百人もの人数が徒党を組んで秋山山内に入り込み、立木をわがままに伐採している」という状態が迫りつつあり（「島田」四八五）、また、越後領内からも赤沢村など六ケ村とその枝村の者たちが「徒党を組んで材木・薪・売木などを伐採に侵入してくる」状態にあった。この事態は、秋山住民に深刻な不安を抱かせるものであった。なぜなら越後衆は数十年の間に越後領の広大な山林を伐り尽くし、ついに信濃側の山へも迫ってきたという経緯があったからである。「このままでは箕作村枝郷の秋山は亡所になってしまう」と幕府への訴状では嘆いている（「島田」一〇八〇）。実際、この争論に際して作成された絵図では、越後側の山はすっかり立木がなくなり、畠が開かれている様子が描かれており、絵図に貼られた注記には「信越の境は分明である。その証拠は信州分は木立が茂り、越後分は切替畑（焼畑）・萱地となっている」と書かれている（「島田」一七三五）。

この越後側との争論は三年半以上にわたって続くが、最終的には信濃側が勝訴して終結を迎えた。これによって秋山をはじめ箕作村が守ろうとした森林は保全されることになったが、このとき信濃側が勝った最大の要因は、係争地が巣鷹山であるという主張を繰り出したことにあった。巣鷹山は領主の管理下にあり、樹木の伐採はもちろん、営巣期の立ち入りなども厳しく制限されていた。当然、越後衆も巣鷹山には手が出せないはずであった。ところが「生類憐れみの令」発布の影響により、秋山では貞享五年（元禄元年＝一六八八）以降巣鷹山制度が三十数年にわたって停止され、巣鷹山の管理はすっかり弛緩することになった（「島田」一一二八）。この間に越後衆は次第に巣鷹山にも伐採の手を伸ばしてきていたのである。

その後、生類憐れみの令の廃止とともに、当地からの巣鷹献上は正徳年中（一七一一〜一六）に再開されるが（「島田」一一二八）、箕作村の巣守や秋山の人々は、森林を保全するために、巣鷹山の復活を利用して、問題の場所が巣鷹山であることを前面に出して訴訟に臨んだ。訴状に見える「四拾ヶ年以前元禄年中より三拾余ヶ年の間御鷹御用に御座なく候内、年々少し宛て御巣鷹場近所にて盗み取り申し候、近年御鷹御用に付き盗み取り申さず候ところに、去る未春中より今年に至り大勢徒党強勢に立木伐り荒らし、前々より入り込み候と申し上げ候義、もってのほかなる相違にて御座候御事」などの表現は、領主管理の地に不法な伐採が進行していることを印象づけるものとなっている（「島田」一〇八〇）。そして享保一五年（一七三〇）、幕府は「係争地の山は信濃国と認定する。そして当該地は御巣鷹山であるから、以後両国の者が立ち入ることは堅く禁止する」との判決を下し、信濃側の森林保全を命じたのである（「島田」一一二七）。

ただ、ここで注意しておきたいのは、箕作村の人々にとって巣鷹捕獲が生活を支える重要な仕事ではなかったということである。巣守には近世初頭より税の免除や相当の扶持などが給付されていたが、それも本訴訟の頃にはほとんど廃止されており、まして巣守以外の村人や秋山の住民にとっては、巣鷹山の規制は邪魔でありこそすれ、積極的に守るべきものではなかった。さらに注目すべきは、巣鷹献上停止の間には、巣鷹献上に関わる知識や技術がすっかり途絶えてしまっていることである(25)。このことは、言い換えれば巣鷹に関わる仕事は地元の人々にとっては持続的に行われる「生業」ではなかったことを意味しており、地元百姓にとっては支配者側の設けた制度に合わせて行われてきた生活度の薄いことがらにすぎなかったといえる。

それでも巣鷹山を表看板にして越後側と闘ったのは、訴訟上それが幕府を説得する好材料であったからにほかならない。幕府権威によるガバナンス（統治）をうまく利用したのである。実際、越後・信濃両国の住民の立入禁止を定めた判決にもかかわらず、それは厳密には守られておらず、その後も巣鷹山は地元住民の管理の下に一定の利用がなされている（「島田」一一三九・七四七・一一四四・一一四五・一一四九など）。つまり、現地の管理を実質的に担っていたのは在地の住民だったのであり、彼らは一方で巣鷹山の設置や停止という中央権力の政策に振り回されつつも、一方では立入禁止との幕府判決をよそに、別の在地秩序のもとで管理・利用していたのである。その意味では、巣鷹山の環境を守ったのはそこを生活の必須の舞台としていた人々自身だったといえ、結局環境が守られるかどうかは、その自然環境を破壊されては困るという在地住民の強固な意思の有無に依っていたといえる。

五　生物多様性はどうして守られたか

1　守るべき資源とは何か？

人口凋密な日本にあって、なぜ自然環境が大幅に改変されず残されてきたのか、この問題を考えるのはかなり難しい(26)。在地の住民も、地域の有力領主も、あるいは大名も、また全国政権の支配者も、それぞれに何らかの形で資源を「守る」ための動きを見せている。「社会各層のみんなが守ろうとしたから自然が守られたのだ」というのが答えならば、こんな簡単なことはない。しかし実際には、ことはそう簡単ではない。

例えば、社会の中のどの立場の者がどういう資源を守りたいと望んでいるか、これが必ずしも同じではない。草原を例にして考えてみる。日本の気候では、自然の状態でいつまでも維持される草原というのはない。野火が入って焼け、開けたところに草が生えて草原ができたとする。しかし、放っておけばやがて草原には木が生え始め、次第に大きくなり、やがて樹種も遷移しながら森になっていく。牛馬の餌や茅葺き屋根の萱、あるいは堆肥の原料にするための草を確保したいという人々は、当然ながらいつまでも草原であることを望むであろう。一方、燃料にする薪を欲しい人は、広葉樹のコナラやクヌギが生える明るい林の状態になることを望む。鬱蒼とした森林の中に生息するクマなどの動物の狩猟をしたい人は、そうした森の状態を最善と考えるであろう。建築材を提供させたい領主がいれば、これもまた森林の状態を好ましいものと考え、無用な伐採や火入れは厳しく規制することになる。

とすれば、どういう資源が誰にとって保全すべきものかも多様に考えられることになる。万人にとって好ましく利用しやすい自然の状態ということ自体が想定できないし、まして歴史的にその状態が長く続いてきた、ということもありえないわけである。「自然を守る」と一口にいうが、どの状態の「自然」が守るべきものなのか、人の手の入らない原始のままの状態から不断に人の管理が及ぶ状態まで、そのイメージするところは論者によってもさまざまであろう。

本章の冒頭で述べたように、前近代において自然環境が残された一つの理由は、技術段階の低さにあろう。しかしそれだけが理由ではない、と述べた。日本列島の自然自体のもつ特性からいえば、適度な気温と湿度、降水量による旺盛な植物の繁茂も理由であろう。ただこれだけでは、列島に暮らした人間の社会制度や意志とは無関係ということになってしまう。はたしてそうであろうか。

結局その土地の自然を日常的に利用するのは、地元の住民自身である。また、支配者がその土地の資源を利用するとしても、それは支配者本人が自ら出向いて利用するわけではなく、その土地に住む住民を通して提供させることになる。とすれば、最終的に自然環境を左右するのはその土地に生きる住民自身ということになる。もちろん支配者の強い意向によって強制的な森林伐採や逆に立入禁止の措置などが取られた場合もある。中世には在地社会に対する支配者の依存度が高いために、殺生禁断などの観念的圧力以外には広範囲・持続的にはそのような政策はあまり採られなかったと見られるが、近世には木曽山林の管理などの例に見られるように、そのような事態も起こった。あるいは経済的な欲求から、支配者ならぬ近隣地区や都市部の百姓・商人らによる資源利用の働きかけもあった。その期間には地元住民による資源の管理は充分行き届かないが、住民がそこに住み続けようとする、あるいは住み続けざるをえない限り、その土地で生きていけないような状態に対しては嘆願が繰り返される。地元住民はその場合、年貢などの貢納を果たせないことを強調し、また同時に生活の永続の困難を望む文言を挙げて訴えることが多い。「百姓（生活の）成り立ち（永続）」は近世社会を表すキーワードであり、支配者を牽制する重要な大義名分であった。[27] 支配者としては、庇護下の百姓を生活できない状況にさらすことは、名分の立たない事態であり、年貢などの収納にも問題となった。したがって一時的・局所的な場合を除けば、永続的なシステムとして百姓の存続を危うくする政策は取ることができなかったと考えられる。

2　資源をめぐる綱引き——残したい者、消尽も厭わない者——

千葉県にあって過去水質汚濁日本一の汚名を連年浴び続けた湖沼が手賀沼である。かつては魚や水鳥・水草が豊かに息づき、沼辺の人々の生活を支え続けてきた水界であった。その手賀沼がなぜかくも酷い状態に陥ったのか、それを考察した菅豊はこう結論づけている。周辺の住宅開発、都市からの人口流入などいわれてきた原因は、いずれも直接的ではあるが表面的なものにすぎず、真の原因は沼辺の人々が沼の自然を利用して生きる生活から離れ、沼に対して関心をもたなくなったことにあると。[28]

ある地域の自然が残されるか否かは、地元の住民の意思によるところが大きい。特に小規模な在地生業で生活している人々の場合は、環境の改変をより以上に恐れるようである。これに対して、外部の者は自らの生活に密着した土地でないだけに、開発・破壊を厭わない向きが強い。資源を採れるだけ採り、利用するだけしたら、あとは他の場所へ移っていくのである。近世秋山に周辺の村から一日に数百人もの大規模な伐採に入ってきたのは、そのような事例の一つといえる。もちろん在地住民であっても、あるいはだからこそ過剰な利用を行って自然に圧力をかけすぎ、資源を損なうこともある。が、その場合には土地の自然環境を根こそぎ改変するような形は取らず、代替の生業が成り立つ程度での破壊にとどめる場合が多い。秋山の人々も、自ら針葉樹を枯渇させはしたが、外部からの商用伐採で森林が失われることに強く反発したのは、見てきたとおりである。つまり、自らの生活と、それを支える生業とが地域の自然環境に依存したものであることを充分承知している在地住民は、生活スタイルや生業が大幅に転換しない限り、地域の自然環境を守る側に立つのである。これが日本において自然が維持されてきた一つの理由と考えられる。

これまでに見てきた各種の在地での紛争も、究極的には自然を保全しようというよりは、利用の均等化をめぐる調整という色合いが強いことに注意する必要がある。もちろん他者の参入によって資源が枯渇する恐れがあることは経験的に理解していたであろうが、それが直接的な自然資源の保全という意識ではなく、主には限られた資源を欲する近隣住民どうし不平等の出ないように利用しようという意識として表出していたのである。「山の口」「海の口」などと称され、前近代から続いてきた解禁日を設定する資源管理のやり方も、資源へのアクセス機会の均等を図る智恵の明確な表出ということができる(29)。ところが、あくまで利害の調整にすぎないこれらの智恵は、結果的に過当競争による行きすぎた資源奪取を防止し、持続的な資源利用をもたらすことになった。それは機会の均等が同時に、アクセス権をもつ地域の人々に、ある程度充分な資源採取を保証するためのものでもあるからである。また、各藩の役人など為政者による資源保護の動きも一八世紀〜一九世紀にかけて盛んになってくるが、その動機は生物多様性を保全するためではなく、地域産業の維持発展とそれによる税収の確保を目指すためであったことも指摘できる(30)。地域の資源が利用し尽くされなかった理由を考える際に、これら資源利用の均等化と税収確保という動機は見すごせない要因といえよう。人々は常に自然環境の保全を考えてきたわけではなく、この場合は結果的にそれが守られたということになる。

以上に見てきたことを総括すれば、地域のある程度人手が入った状態の自然環境が好ましいものとして保全されるかどうかは、究極的には在地住民の意思（直接自然を守るためという目的意識をもつかどうかにかかわらず）によるということがいえる。どのような形で人の手が入った状況を好ましいと見るかも、地域の住民の意思によるところが大きい。外部の民衆たち、あるいは大名権力などの支配者による過剰な改変の働きかけがある場合には、それらを排除すべく在地住民は動いた。とすれば、自然環境の維持は、その状態を守ろうとする地元住民と、それが破壊されても構わないと考える外部者との綱引き関係で決まったということができよう。

3　手段のためには目的を選ばず？

そしてまた、地元住民がその環境を維持したいと思う理由についても考えておくべきことがある。そこには明確な実利的目的がない場合もある、という点である。例えば、富士山の北麓の広大な裾野地域に、「富士吉田市外二ケ村恩賜県有財産保護組合」の管理する草原・林が広がっている。近世には肥料・秣となる草や燃料材などを採取する複数村の入会地であった。近世の間にも幾度も村どうしの争論が起きており、どの村が権利を持つかをめぐっては意見が分かれることもあったが、大きくいえば入会地であったことは間違いない。ところがここは明治時代に入り、国有林に編入されて「皇室御料林」とされ、地元住民の利用秩序が大きく乱されるに至った。その後、大規模水害に際してこの地は県に返還され、「恩賜林」と呼ばれて実質的には地元住民の利用に供されてきた。しかし第二次世界大戦前、当地は再び軍の演習用地として国家により強制買収されることになる。さらに戦後戻ってくるかと思われた土地はそのまま占領軍に接収され立入禁止となった歴史がある。(31) 結果的に「恩賜林」は住民に返還されたが、今も、使用協定を結んでのことではあるが、一部は自衛隊の演習地として使用されている。

ところで、現在、同組合が自衛隊演習地を除いて管理している土地は、採草や薪採取のために使用されているわけではない。組合事業としての林業はそれなりに行われているし、また、自衛隊演習場関係などの莫大な借地料や財産収入が入るものの、目的事業として最近最も強調されているのは健康増進や林野環境そのものの価値である。(32)入会地であることを確認する明認行為として、毎年草原への火入れが行事として行われてはいるとはいえ、住民自身にとっては、その地はかつてのような日常生活に不可欠の役割は果たしていない。それでも入会組合としての組織は維持され、自然環境が維持・管理されているのである。つまり時代によって目的は変わりながらも環境の維持は行われている、言い換えれば環境を変えずに維持すること自体が重要視され、目的は時代の要請に応じてあとからついてきているといっても的外れではない。

しかしこうしたことは、個人レベルでもしばしば見られるもので、実は環境保全上重要な心理的要因をなしている可能性が考えられる。「先祖伝来の畑を自分の代で荒らしたくないので、食べきれない野菜を毎年作っている」というような、田舎でよく耳にする話も同様である。本来食料を作るために開いた畑だが、過疎化による耕作放棄地の拡大の中で、食料を作るためではなく、畑という環境自体を維持していくために野菜を、それも自分が食べきれないほどの野菜を栽培するというのである。何世代にもわたって続き、なじんできた景観を変更してしまうことへの忌避感が、結果的に環境を維持させていることになる。こうした環境・景観の継続性への願望を、目的からはずれた愚かな行為と断ずることはできないのではあるまいか。

以上のように、日本列島において自然（生物多様性）が大きく消滅させられなかった要因としては、自然的な気候環境のほか、人間社会に関わるものとして、①技術段階の低さによる影響の小ささ、②地元住民の生業維持のための環境改変の抑制、③資源利用の均等原則による過剰利用の抑制、④環境・景観改変への忌避感、の四点を挙げておきたい。

おわりに

山の姿は、数十年単位で見ると意外に大きく変化している。が、一人の人間の世代として見れば、数十年かかる変化は緩やかすぎて感じ取りにくく、個人には不変なものと映りやすい微妙な時間レベルでもある。一方、日本の自然は旺盛で、かつて使い尽くされ禿げ山であった山々も、数十年経てば緑に覆われるほどの回復力を示す。現代の緑は、逆に手入れを怠り、放置された結果でもあるが、ともかく現代の山地には森林が溢れていることは確かである。

人は数十年の時間で容易にかつての過ちを忘れ、緑の山を見て「日本人は自然に優しい」と誤解しがちである。しかし、自然を過剰に酷使し放置した時代があったこと、そして、限られた自然をめぐって熾烈な紛争、訴願があったことを肝に銘じておかなくてはならない。

注

(1) 近代以前の日本で、山野を舞台とする農業以外の多様な生業が盛んに行われていた事実に触れる論考は枚挙にいとまがないが、とりあえず『講座日本の民俗学5 生業の民俗』(雄山閣出版、一九九七年)を挙げておく。
(2) 瀬川清子『日本の食文化大系 第一巻 食生活の歴史』(東京書房社、一九八六年)。
(3) 『日本書紀』巻二九 天武天皇四年卯月庚寅(一七日)条。
(4) 白水智「野生と中世社会―動物をめぐる場の社会的関係」(小野正敏・五味文彦・萩原三男編『考古学と中世史研究6 動物と中世 獲る・使う・食らう』高志書院、二〇〇九年)、本書第二部第二章に収録。
(5) コンラッド・タットマン著、熊崎実訳『日本人はどのように森をつくってきたのか』(築地書館、一九九八年)。

（6）黒田日出男「広義の開発史と『黒山』」（『日本中世開発史の研究』校倉書房、一九八四年）、保立道久「中世における山野河海の領有と支配」（網野善彦他編『日本の社会史 第二巻』岩波書店、一九八七年）。
（7）「常陸国風土記」（秋本吉郎校注『日本古典文学大系 風土記』岩波書店、一九九三年）。
（8）所三男『近世林業史の研究』（吉川弘文館、一九八〇年）。
（9）「宇佐問答下」『蕃山全集 第5巻』（名著出版、一九七八年）。
（10）菅豊「『水辺』の生活誌―生計活動の複合的展開とその社会的意味―」（『日本民俗学』一八一、一九九〇年）。
（11）藤木久志「境界の裁定者―山野河海の紛争解決―」（朝尾直弘他編『日本の社会史 第二巻』岩波書店、一九八七年）。
（12）前掲注（4）白水論文。なおこの点、ヨーロッパでは私的所有が卓越したとされ、日本との相違がイメージされるが、近年のコモンズ研究では、各地で法的な土地の所有権とは別に自然資源の利用ルールが存在したことが明らかにされてきている。ただし、誰でも資源や場の利用にアクセスできるオープンコモンズと呼ばれる方向が強いため、限られた構成員による生業のための入会はさまざまな圧力を受けているという（三俣学・森元早苗・室田武編『コモンズ研究のフロンティア―山野海川の共的世界―』東京大学出版会、二〇〇八年）。
（13）「共的」という語は聞き慣れないかもしれない。意味としては「公共的」に近いが、国家公権が関わる印象を与える「公的」と在地社会の主体が皆で合意し取り組む意味の「共的」を区別する必要があるので、ここではあえて「共的」という語を用いた。近年のコモンズ論では、「公」と「私」の間にある「共」概念が提示されており、「公共」では表現できない課題に迫っている（前掲注（12）三俣他編著、三俣学・菅豊・井上真編著『ローカル・コモンズの可能性―自治と環境の新たな関係』ミネルヴァ書房、二〇一〇年など）
（14）水野章二「古代・中世における山野利用の展開」（湯本貴和編・大住克博他責任編集『シリーズ日本列島の三万五千年 人と自然の環境史3 里と林の環境史』文一総合出版、二〇一一年）。
（15）『新訂増補国史大系 類聚三代格 後編』（吉川弘文館、一九七四年）四九七頁。
（16）白水智「西の海の武士団松浦党」（網野善彦他編『海と列島文化4』小学館、一九九二年）、同「中世の漁業と漁業権―近世への展望を含めて」（神奈川大学日本常民文化研究所奥能登調査研究会編『奥能登と時国家　研究編2』平凡社、二〇〇一年）。

(17) 前掲注(16)白水論文(二〇〇一年)。また、漁業権主張の類型と山野における権利のあり方との共通性については、前掲注(4)白水論文において触れている。

(18) 塚本学『生類をめぐる政治』(平凡社、一九八三年)。

(19) 『我孫子市史 近世篇』(我孫子市教育委員会、二〇〇五年)。

(20) 丹羽邦男「近世における山野河海の所有・支配と明治の変革」(朝尾直弘他編『日本の社会史 第二巻』岩波書店、一九八七年)。

(21) 「庁政談」(石井良助編『近世法制史料叢書 第三』弘文堂書房、一九四一年)。

(22) ジャレド・ダイアモンド著、楡井浩一訳『文明崩壊 下』(草思社、二〇〇五年)など。江戸時代の日本に関する記述は、かなりの事実認識の錯誤に基づいている。ダイアモンドは、近世日本の資源枯渇を抑止したのは幕府によるトップダウン的な施策であったとして次のように述べる。「将軍たちは儒教の論理に訴え、国を災厄から守るため、消費を抑えて予備物質を蓄えるよう奨励する上意を布達した。(中略)農業に対する圧力を緩和するため、魚介類やアイヌとの交易で得た食料への依存を増やしたことだ。漁獲量拡大策として、特大の漁網や遠洋漁業など、新しい漁業技術が採り入れられた。(中略)つまり、徳川幕府が採った資源枯渇問題の解決策の一部は、別の場所の資源枯渇を招くことによって、日本の資源を保護することだったのだ」「さらに、方針転換のいくつかの面が、木の消費を削減するのに役立った。十七世紀後半以降の日本では、燃料として木よりも石炭が多く利用され始めた。重厚な木造の家に代わって、軽量な建築物が建てられ、覆いのない炊事炉に代わって燃費のよい竈が設置され、家全体を暖める習慣に代わって移動可能な小さい火鉢が使われ、冬のあいだは太陽を頼りに暖を取ることが多くなった」。典拠の記載がないのでよくわからないが、かなり荒唐無稽な説といってよい。しかし、文理融合の共同研究の際には、理系研究者などからはかなり参考にされていた(総合地球環境学研究所における二〇〇六年度から五年間にわたるプロジェクト「日本列島における人源‐自然相互関係の歴史的・文化的検討」)。

(23) 近世から近代にかけての日本での水産資源の繁殖政策については、高橋美貴『「資源繁殖の時代」と日本の漁業』(山川出版社、二〇〇七年)、同『近世・近代の水産資源と生業—保全と繁殖の時代』(吉川弘文館、二〇一三年)にまとめられている。この中で、やはり権力が関わる資源保全政策は、藩にとっての「有用」資源を維持発展させることが目的であったことが指摘されている点、重要である。近代初頭の秋田県において、県が「主産」魚と位置づけたフナの繁殖に障害となる零細漁民の生業たるゴリ漁を禁止した例（第二部第一章）などはその典型例といえる。

（24）白水智「近世山村の変貌と森林保全をめぐる葛藤」（湯本貴和編・池谷和信他責任編集『シリーズ日本列島の三万五千年―人と自然の環境史5　山と森の環境史』文一総合出版、二〇一一年）。本書第一部第二章に収録。

（25）荒垣恒明「巣鷹献上と巣守の仕事」（地球研プロジェクト中部班編『秋山の自然と人間―その歴史と文化を考える2』私家版、二〇〇九年）。

（26）前掲注（22）の総合地球環境学研究所のプロジェクトにおいては、この課題について、文理融合の一〇〇名を超える研究者が集い、成果を挙げた。本プロジェクトの公式成果としては、『シリーズ日本列島の三万五千年―人と自然の環境史』全六巻（文一総合出版、二〇一一年）があり、また、同プロジェクト「中部班」の成果として白水智編著『新・秋山記行』（高志書院、二〇一二年）がある。

（27）深谷克己『百姓成立』（塙書房、一九九三年）。

（28）菅豊「コモンズとしての「水辺」―手賀沼の環境誌」（井上真・宮内泰介編『コモンズの社会学』新曜社、二〇〇一年）。

（29）島田汎家文書一五八九-四四五によれば、秋山周辺の地域で、近世にトチの実拾いに「山之口」を定めて数集落が採取を管理していたことが記されている。

（30）為政者にとっての資源保護については、前掲注（23）を参照。

（31）『恩賜林組合史 概説編』（富士吉田市外二ヶ村恩賜県有財産保護組合、二〇〇一年）。

（32）『富士吉田市外二ヶ村恩賜県有財産保護組合　要覧２０１６』（同組合発行、二〇一六年）。

あとがき

本書は、私にとっての初めての単著論文集である。年齢的には研究者として遅い著作になろうかと思う。これまで出版社とのご縁がなかったからというのが一番単純な理由であるが、もう一つ、論文集をまとめることについて自分の中に今ひとつ積極的になれないものがあったことも理由に数えられる。

大学院生の時代、専門分野について深く師事したのは網野善彦先生であった。膨大な史料の博捜と史料の背後まで見通す血の通った解釈、そして、大胆な発想をもとに一時代の歴史研究をリードした網野さんは、日本という国の歩んだ歴史を、市井の人々に届く言葉で語った学者でもあった。酒の入った網野さんがしばしば口にしたのは、研究者は一部の学界向けにものを言うのではなく、「一億の民に向かって語りなさい」ということであった。私も一般市民に語らずして何の研究者か、と考えていたので、網野さんの言葉に力を得て、まずは自分の研究していることを広く市民向けに訴えられる選書の類を書くことに精力を注いだ。こうして二冊の著作を出すことができた（『知られざる日本―山村の語る歴史世界―』日本放送出版協会、二〇〇五年、『古文書はいかに歴史を描くのか―フィールドワークがつなぐ過去と未来―』NHK出版、二〇一五年）。

その一方で、論文は書きつつも、論文という形式の文章を発表することについての意義をなかなか見出せないでいた。もちろん、簡潔にして要を得た明快な論文、歴史に名を残す名論文があることは承知していた。冷徹な筆致の中に熱い情熱までも感じ取れるような優れた論文にも出会っていた。しかしながら、学界という狭い世界を対象とする文章であることに引っかかるものを感じ、自らの業績を上げるために充分な史料解釈を経ずに上辺の論理を先行させた論文を積み重ねる例を散見するにつけ、論文というものに懐疑的になっていたのである。

今から考えれば愚かなことではあるが、論文という形式でものを書き発表することの社会的な意味を明確に見出すようになったのは、近年になってからのことである。そうした中、昨年二月に吉川弘文館の編集者矢島初穂さんから論文集刊行のご提案をいただいた。本当にありがたいことであった。

ところで、私は日本史の研究者としてはあまりない僥倖に恵まれてきた。当初から史料の現地に出向いて自分の目と耳でそのありようを確かめないと納得できなかった私は、しばしばフィールドワークに出かけたが、その出先で多くの方々と出会い、刺激をいただいてきた。もともと中世史研究から出発した私は、網野先生のご紹介で神奈川大学日本常民文化研究所でアルバイトをするようになってから、史料修復（裏打ち）の基礎的な技術を身につけることができ、また、それまで触れることのなかった近世文書に接し、それを調査し整理する手法も体得していった。一九九一年から仲間と始めた中央大学山村研究会では、自力でじっくりと地域の古文書を調査・整理する体験を積み重ねることができた。さらに、秋山郷を対象に二〇〇六年から始まった文理融合の共同研究では、それまで全くご縁のなかった生態学・林学・自然地理学などの理系分野、文系でも異分野の民俗学・人文地理学・環境経済学などの研究者たちと刺激的な研究を行うことができた。その共通フィールドであった長野県栄村が大地震に見舞われて以降、初めて文化財の救出・保全活動に携わることになったが、ここでも今まで身近に出会う機会のなかった民具学や考古学など多分野の方々と接するようになった。そして何より、現地の多くの皆さんと接する機会を得、地域の歴史を解き明かし、伝えることの重要さを強く実感するようになった。二〇一六年度には、勤務先である中央学院大学の国内研究制度を利用して、秋山郷に一年間住むことができ、断片的な滞在では知る機会のない日常の食文化や行事に触れることもできた。

史料を自ら探索し、整理し、時に修復し、多分野の視点・関心をもって地域の来歴を探ることを覚え、文献史学という核を持ちながら、多様な分野に関心を広げられる研究者を目指せるようになれたことは、実に幸運な数多の出会いのおかげである。本書に収載した論文は、こうした過程で生み出されたものである。この場を借りて、さまざまな刺激を与えてくださった多くの方々に感謝するとともに、それに報いるためにも、学問的に堅実で社会的説得力のある論文をこれからも書いていきたいと思う。

二〇一八年九月

白水　智

初出一覧

序章　「山村と歴史学―生活文化体系という視座から―」（『民衆史研究』六九、二〇〇五年）をもとに改稿

第一部

第一章　「近世山間地域における環境利用と村落―信濃国秋山の生活世界から―」『国立歴史民俗博物館研究報告』一二三、二〇〇五年）

第二章　「近世山村の変貌と森林保全をめぐる葛藤」（池谷和信・白水智責任編集『シリーズ日本列島の三万五千年―人と自然の環境史5　山と森の環境史―』文一総合出版、二〇一一年）

第三章　「山地の資源とその掌握」（笹本正治他編『定本・武田信玄』高志書院、二〇〇六年）

第四章　「山村と飢饉―信濃国箕作村秋山地区の事例を通して―」（『信濃』六六―三、二〇一四年）

第二部

第一章　「山の世界と山野相論―名手・粉河相論を手がかりに―」（峰岸純夫編『日本中世史の再発見』吉川弘文館、二〇〇三年）

第二章　「野生と中世社会―動物をめぐる場の社会的関係―」（小野正敏・五味文彦・萩原三雄編『考古学と中世史研究6　動物と中世―獲る・使う・食らう―』高志書院、二〇〇九年）

第三部

第一章　「ある山間荘園の生業と外部交流—若狭国名田荘の場合—」『民衆史研究』三九、一九九〇年）

第二章　『知られざる日本—山村の語る歴史世界—』（日本放送出版協会、二〇〇五年）の第二部第二章をもとに改稿

終章　「前近代日本列島の資源利用をめぐる社会的葛藤」（松田裕之・矢原徹一責任編集『シリーズ日本列島の三万五千年—人と自然の環境史1　環境史とは何か—』文一総合出版、二〇一一年）

著者略歴
一九六〇年、神奈川県に生まれる
一九八三年、上智大学文学部卒業
一九九二年、中央大学大学院文学研究科単位取得満期退学
現在、中央学院大学法学部教授

〔主要編著書〕
『知られざる日本―山村の語る歴史世界―』（日本放送出版協会、二〇〇五年）
『新・秋山記行』（編著、高志書院、二〇一二年）
『古文書はいかに歴史を描くのか―フィールドワークがつなぐ過去と未来―』（NHK出版、二〇一五年）

中近世山村の生業と社会

二〇一八年（平成三十）十一月二十日　第一刷発行

著　者　白《しろ》水《うず》　智《さとし》
発行者　吉川道郎
発行所　株式会社　吉川弘文館
郵便番号一一三―〇〇三三
東京都文京区本郷七丁目二番八号
電話〇三―三八一三―九一五一〈代〉
振替口座〇〇一〇〇―五―二四四番
http://www.yoshikawa-k.co.jp/

印刷＝株式会社 理想社
製本＝誠製本株式会社
装幀＝山崎　登

ISBN978-4-642-02949-0

索　　引

事　　項

あ　行

か　行

さ　行

た　行

な　行

は　行

ま　行

や　行

ら　行

わ　行

人　　名

あ　行

か　行

さ　行

た　行

な　行

は　行

ま　行

や　行

ら　行

わ　行

地　　名

あ　行

か　行

さ　行

た　行

な　行

は　行

ま　行

や　行

ら　行

わ　行